视听媒体虚拟现实内容创作研究

郭艳民 张 宁 著

电子工业出版社
Publishing House of Electronics Industry
北京·BEIJING

内 容 简 介

本书以国内外 360 度全景影像、VR 新闻、VR 直播、VR 纪录片、VR 电影、VR 声音创作典型案例为主要研究对象，对现有的视听媒体虚拟现实作品创作方法进行深入研究，力求理论与实践相结合，既有实践方法的总结提炼，也有学术理论的思考提升，既有史论的介绍梳理，又有未来的预测展望。

本书共分十章，前三章主要介绍虚拟现实的基本概念、内涵、梳理相关从业发展历史；第四章至第九章是本书的主体部分，阐述目前主要的视听媒体虚拟现实作品形态及其创作理念和方法，以及与之相关的理论问题；第十章主要从新技术角度探讨虚拟现实视听创作的未来发展。

本书适合作为广大视听媒体虚拟现实内容创作者（如编剧、策划、导演、编导、摄影、编辑、记者、剪辑师等）的创作参考手册，可以作为高校视听新媒体专业、虚拟现实专业的教材，也可以作为广大虚拟现实视听产品爱好者的专业知识学习书籍。

未经许可，不得以任何方式复制或抄袭本书之部分或全部内容。
版权所有，侵权必究。

图书在版编目（CIP）数据

视听媒体虚拟现实内容创作研究 / 郭艳民，张宁著. —北京：电子工业出版社，2022.3
ISBN 978-7-121-41987-4

Ⅰ. ①视… Ⅱ. ①郭… ②张… Ⅲ. ①视听传播－内容－创作－研究 Ⅳ. ①G206.2

中国版本图书馆 CIP 数据核字（2021）第 186916 号

责任编辑：许存权　　文字编辑：杜　强
印　　刷：三河市华成印务有限公司
装　　订：三河市华成印务有限公司
出版发行：电子工业出版社
　　　　　北京市海淀区万寿路 173 信箱　邮编　100036
开　　本：720×1000　1/16　印张：19.5　字数：436 千字
版　　次：2022 年 3 月第 1 版
印　　次：2022 年 3 月第 1 次印刷
定　　价：89.00 元

凡所购买电子工业出版社图书有缺损问题，请向购买书店调换。若书店售缺，请与本社发行部联系，联系及邮购电话：（010）88254888，88258888。
质量投诉请发邮件至 zlts@phei.com.cn，盗版侵权举报请发邮件至 dbqq@phei.com.cn。
本书咨询联系方式：（010）88254484，xucq@phei.com.cn。

前　言

虚拟现实是科技界多年来一直在研发的技术，但是，其走进普通公众视野则是近几年的事情。2015年Facebook用20亿美元收购Oculus，这一消息助推虚拟现实在中国成为一个全民皆知的概念，并且带来了一波虚拟现实推广的热潮。

对于虚拟现实产业的发展，国家有关部门给予了大力支持。2016年3月8日发布的《中华人民共和国国民经济和社会发展第十三个五年规划纲要》提出，新产业方面要大力推进先进半导体机器人增材制造智能系统、新一代航空装备空间技术综合服务系统、智能交通、精准医疗、高效储能与分布式能源系统、虚拟现实与互动影视等新兴前沿领域创新与产业化，形成一批新增长点。2018年12月25日，工信部发布《关于加快推进虚拟现实产业发展的指导意见》，提出总体要求、重点任务和推进措施，明确重点任务中包括推进"VR+文化"行业应用发展，"发展虚拟现实影视作品和直播内容，鼓励视频平台打造虚拟现实专区，提供虚拟现实视频点播、演唱会、体育赛事、新闻事件直播等服务。"意见提出了"到2025年，我国虚拟现实产业整体实力进入全球前列"的发展目标。此后，工信部作为虚拟现实产业的国家主管部门，发布了一系列文件，在技术标准、产业规范、发展导向等方面对虚拟现实产业给予指导和管理。

在2016年虚拟现实概念普及、虚拟现实行业快速发展的背景下，我们启动了"视听媒体虚拟现实（VR）作品内容创作研究"项目，关注虚拟现实技术与视听媒体行业的结合，希望在跟进技术发展的同时，加强关于内容创作方面的研究，特别是VR新闻、VR直播、VR纪录片、VR电影等核心内容创作层面的研究，避免虚拟现实成为简单的"技术噱头"，促进行业健康发展。

然而，虚拟现实产业的全球发展并非一帆风顺，风潮过后是概念泡沫破裂、技术瓶颈凸显、价值内容缺失、投资链条断裂，虚拟现实产业大起大落，进入所谓的"寒冬期"。业界实践的变迁不可避免地影响到了本项目预定研究工作的开展，但也让我们能够更客观、更冷静、更全面地看待自己的研究对象。大浪淘沙、浮华落尽，我们发现，虚拟现实发展已由概念炒作进入理性调整阶段，一些行业核心公司和团队仍在持续开发技术、推出产品、创作作品，在执着前行中期待下一个风口的到来。

2018年，世界范围内虚拟现实行业回暖，10月19日至21日，由工信部、江西省人民政府主办的第一届世界VR产业大会在南昌举办，大会提出了"VR让世界更精彩"的口号，展示了虚拟现实领域的最新技术和内容创作成果，汇聚国内外知名VR厂商、专家学者、各相关行业人士，共同探讨虚拟现实领域的关键问题和前沿问题，搭建产、学、研、用交流平台，推动和引领虚拟现实产业健康发展。2019年10月、2020年10月，第二届、第三届世界VR大会按计划如期在南昌召开，为我国和世界虚拟现实产业发展做出了贡献，也宣示了我国大力发展虚拟现实产业、参与甚至引领世界虚拟现实产业发展的信心和决心。

2018年年底，工信部出台的《关于加快推进虚拟现实产业发展的指导意见》，对产业发展进行了顶层设计，具有指引和推动作用。2019年开始商用的5G技术，也给虚拟现实技术的推广应用带来了新的希望和信心，尽管受到众所周知的国际因素的影响，5G技术的推广普及速度慢于人们的预期，但科技进步和时代发展的潮流不可阻挡，虚拟现实产业发展和学术研究都迎来了新的发展机遇。

与虚拟现实相关的研究目前主要包括两大领域，一是 Virtual Reality（简称VR，中文译为"虚拟现实"），二是 Augmented Reality（简称AR，中文译为"增强现实"），两者既有联系又有区别，本书论述的内容以前者为重点。在VR、AR的基础上，又发展出了 Mixed Reality（简称MR，中文译为"混合现实"）和 Extended Reality（简称XR，中文译为"扩展现实"），相关内容本书也会有所涉及。

目前，虚拟现实技术已经开始应用于智能制造、网络电商、互动游戏、文物重建、医疗卫生、教育培训、国防军事等多个领域，其在视听传媒领域的应用也逐渐增多。尽管从产值和体量方面来讲，虚拟现实在视听媒体中的应用难以和其在其他产业中的应用比肩，但是，因为视听媒体与人们的生活密切相关，虚拟现实在视听媒体中的应用更容易引人注意，它会对信息的传播和接收方式带来改变，使视听内容的传播效果发生明显变化，进而对人们的生活产生明显影响。

本书专注于研究虚拟现实技术在视听媒体领域的应用，与此前的大多数研究不同，我们不是侧重于技术角度，而是强调从应用角度、内容创作维度来展开研究，我们不执着于虚拟现实的技术原理，而是专注于其与人们的社会生活最接近的实际应用层面。本书不是技术测评报告、实验数据的汇编，而是立足于虚拟现实技术基础,从典型的虚拟现实视听媒体作品案例入手,总结其经验和不足,重点探讨与之相关的创作理念、实践方法、艺术规律等。可以说,本书不是给理工专家阅读的"技术手册",而是为广大视听媒体虚拟现实内容创作者(如编剧、策划、导演、编导、摄影、编辑、记者、剪辑师等)研究总结的"创作参考手册"。

虚拟现实技术带来了全新的视听内容生产、传播和接收方式,对传统视听作品的生产流程具有颠覆性影响。自摄影技术诞生百余年来,人们通过图片、电影、电视、网络视频的实践和研究,总结出了相当成熟、完善的传统视听媒体实践方法和学术理论,然而,这些方法和理论,在虚拟现实时代,很多都显得格格不入,不再适用。虚拟现实技术不仅是对此前技术的一种简单延续,也不是一种浅层次的更新迭代,而是一种跨越,是一种不同本质的技术系统,在其基础上,产生了全新的、形态迥异的虚拟现实视听媒体作品。尽管人们在现阶段还难以避免地借用传统视听媒体作品的类型划分来界定虚拟现实视听媒体作品,但是,对于其本体特性的发掘和研究正逐渐成为业界和学界关注的重点。虚拟现实技术为视听媒体的生产和传播提供了新的技术可能,带来了新的创作空间,现在迫切需要人们去认真研究它的本体特性、实践法则和艺术规律。

经过几年的观察和研究,我们认为,虚拟现实视听作品是一种新的媒介作品形态,它与传统影视作品有一定的联系,但又有着本质的不同,虚拟现实视听作品的出现并不会使传统影视作品快速消亡,两者不是取代和被取代的关系,而会长期并存、共同发展。

时至今日,虚拟现实技术的大众化推广应用仍然面临着优质内容短缺、信号传输不畅、接收终端昂贵、用户体验欠佳等难题。虚拟现实技术还处于探索初期,它还有很多需要改进和提高的地方,还有许多问题需要技术人员去解决,我们会随时关注该领域技术的新发展,将其与视听媒体实践和理论研究相结合,研究出比较有价值的学术成果,以更好地指导视听媒体内容的创作。

由于虚拟现实技术一直处于快速发展变化中(在本书成稿过程中,不断有各种新技术在试验应用,不断有 VR 产品初创或消亡),本书只是关于视听媒体虚拟现实内容创作研究的阶段性成果,我们会持续关注该领域的实践发展和理论创新,争取不断更新相关内容。本书内容如有不够准确或错误之处,敬请各位专家指出、斧正。

作　者

目　录

第一章　虚拟现实技术界说 ································· 001
第一节　虚拟现实、增强现实、混合现实 ················· 002
一、虚拟现实 ······································· 002
二、增强现实 ······································· 006
三、混合现实 ······································· 008
第二节　虚拟现实技术的本质特征 ······················· 009
一、沉浸性（Immersion） ···························· 009
二、互动性（Interaction） ··························· 014
三、构想性（Imagination） ··························· 015

第二章　视听媒体虚拟现实作品美学特性辨析 ················· 017
第一节　虚拟性与真实感 ······························· 017
一、技术层面：趋近现实 ····························· 018
二、声音保真与拟真 ································· 020
三、内容层面：超越现实 ····························· 021
四、对真实感和体验感的适度把握 ····················· 022
第二节　"旁观"与"体验" ····························· 025
一、视点的转换 ····································· 025
二、参与感与用户体验 ······························· 029
三、作品主题的指向性与多义性 ······················· 031
第三节　故事与游戏 ··································· 033
一、故事是传统视听媒体作品的核心 ··················· 033
二、"故事+游戏"是VR视听作品的基本建构模式 ········· 035

第三章　虚拟现实的三次浪潮及发展述评 ····················· 037
第一节　第一次浪潮——从科幻到现实 ··················· 037

一、科幻小说和预言著作中的概念 ································· 037
　　二、至今仍有参考价值的工程图 ································· 039
第二节　第二次浪潮——科学应用和商业探索 ··························· 042
　　一、虚拟现实（VR）技术的商业化尝试 ························· 043
　　二、增强现实（AR）技术的诞生 ······························· 046
第三节　第三次浪潮——进入大众生活 ································· 046
　　一、汇聚多学科知识的 VR 新技术 ······························· 046
　　二、视听媒体虚拟现实技术应用 ································· 055
　　三、5G 技术助力 VR 成为主流媒体平台 ························· 063
第四节　摹写现实、超越现实 ··· 065
　　一、虚拟对现实的复原 ··· 065
　　二、虚拟对现实的创造性处理 ··································· 067

第四章　虚拟现实与 360 度全景影像 ································· 076
第一节　360 度全景影像与传统影像 ··································· 076
　　一、视角拓展与 360 度全景影像 ······························· 077
　　二、360 度全景影像与 2D、3D 影像的异同 ····················· 078
　　三、360 度全景摄影影像与 VR 影像 ··························· 080
　　四、拍摄 360 度全景影像的主要摄影器材 ····················· 081
第二节　360 度全景图片的拍摄与制作 ································· 085
　　一、自动缝合全景摄影机拍摄 ··································· 086
　　二、多机组合全景摄影机拍摄 ··································· 087
　　三、数码单反相机逐张接片式拍摄 ······························· 088
第三节　360 度全景视频的拍摄与制作 ································· 091
　　一、纪实类 360 度全景视频 ··································· 091
　　二、艺术类 360 度全景视频 ··································· 094

第五章　VR 新闻 ··· 098
第一节　VR 新闻的特性 ··· 099
　　一、现场感——在场感 ··· 099
　　二、VR 新闻适合表现重大主题和特殊题材 ····················· 100
　　三、VR 新闻适合报道场景信息丰富的事件性新闻 ··············· 101

四、VR 新闻适合报道传统新闻难以共情的事件 ⋯⋯⋯⋯⋯⋯⋯⋯⋯⋯⋯⋯ 103
　第二节　VR 新闻的分类 ⋯⋯⋯⋯⋯⋯⋯⋯⋯⋯⋯⋯⋯⋯⋯⋯⋯⋯⋯⋯⋯⋯⋯ 104
　　　一、360 度全景摄影新闻 ⋯⋯⋯⋯⋯⋯⋯⋯⋯⋯⋯⋯⋯⋯⋯⋯⋯⋯⋯⋯⋯ 105
　　　二、CGI VR 新闻 ⋯⋯⋯⋯⋯⋯⋯⋯⋯⋯⋯⋯⋯⋯⋯⋯⋯⋯⋯⋯⋯⋯⋯⋯ 115
　　　三、360 度全景实拍与 CGI 相结合的 VR 新闻 ⋯⋯⋯⋯⋯⋯⋯⋯⋯⋯⋯⋯ 119
　第三节　VR 与新闻的相融与悖反 ⋯⋯⋯⋯⋯⋯⋯⋯⋯⋯⋯⋯⋯⋯⋯⋯⋯⋯⋯ 122
　　　一、VR 新闻——融合新闻报道的手段之一 ⋯⋯⋯⋯⋯⋯⋯⋯⋯⋯⋯⋯⋯ 122
　　　二、VR 新闻——受限的互动 ⋯⋯⋯⋯⋯⋯⋯⋯⋯⋯⋯⋯⋯⋯⋯⋯⋯⋯⋯ 124
　　　三、新闻专业主义与 VR 新闻 ⋯⋯⋯⋯⋯⋯⋯⋯⋯⋯⋯⋯⋯⋯⋯⋯⋯⋯⋯ 125

第六章　VR 现场直播 ⋯⋯⋯⋯⋯⋯⋯⋯⋯⋯⋯⋯⋯⋯⋯⋯⋯⋯⋯⋯⋯⋯⋯⋯⋯ 128
　第一节　VR 现场直播的优势与不足 ⋯⋯⋯⋯⋯⋯⋯⋯⋯⋯⋯⋯⋯⋯⋯⋯⋯⋯ 128
　　　一、让受众同步置身于现场 ⋯⋯⋯⋯⋯⋯⋯⋯⋯⋯⋯⋯⋯⋯⋯⋯⋯⋯⋯ 129
　　　二、个性化、差别化体验 ⋯⋯⋯⋯⋯⋯⋯⋯⋯⋯⋯⋯⋯⋯⋯⋯⋯⋯⋯⋯ 130
　　　三、VR 现场直播的局限与不足 ⋯⋯⋯⋯⋯⋯⋯⋯⋯⋯⋯⋯⋯⋯⋯⋯⋯⋯ 130
　第二节　VR 现场直播的主要类型 ⋯⋯⋯⋯⋯⋯⋯⋯⋯⋯⋯⋯⋯⋯⋯⋯⋯⋯⋯ 133
　　　一、VR 新闻直播 ⋯⋯⋯⋯⋯⋯⋯⋯⋯⋯⋯⋯⋯⋯⋯⋯⋯⋯⋯⋯⋯⋯⋯⋯ 133
　　　二、VR 体育直播 ⋯⋯⋯⋯⋯⋯⋯⋯⋯⋯⋯⋯⋯⋯⋯⋯⋯⋯⋯⋯⋯⋯⋯⋯ 136
　　　三、VR 文艺娱乐直播 ⋯⋯⋯⋯⋯⋯⋯⋯⋯⋯⋯⋯⋯⋯⋯⋯⋯⋯⋯⋯⋯⋯ 143
　第三节　VR 现场直播的实践操作 ⋯⋯⋯⋯⋯⋯⋯⋯⋯⋯⋯⋯⋯⋯⋯⋯⋯⋯⋯ 148
　　　一、VR 现场直播的基本技术框架 ⋯⋯⋯⋯⋯⋯⋯⋯⋯⋯⋯⋯⋯⋯⋯⋯⋯ 148
　　　二、机位设置 ⋯⋯⋯⋯⋯⋯⋯⋯⋯⋯⋯⋯⋯⋯⋯⋯⋯⋯⋯⋯⋯⋯⋯⋯⋯ 149
　　　三、场景性质："可进入"与"仅旁观" ⋯⋯⋯⋯⋯⋯⋯⋯⋯⋯⋯⋯⋯⋯⋯ 151
　　　四、场景大小对 VR 现场直播的影响 ⋯⋯⋯⋯⋯⋯⋯⋯⋯⋯⋯⋯⋯⋯⋯⋯ 152
　　　五、解说、同期声引导用户注意力 ⋯⋯⋯⋯⋯⋯⋯⋯⋯⋯⋯⋯⋯⋯⋯⋯ 152
　　　六、虚拟影像与实拍影像结合 ⋯⋯⋯⋯⋯⋯⋯⋯⋯⋯⋯⋯⋯⋯⋯⋯⋯⋯ 153

第七章　VR 纪录片 ⋯⋯⋯⋯⋯⋯⋯⋯⋯⋯⋯⋯⋯⋯⋯⋯⋯⋯⋯⋯⋯⋯⋯⋯⋯⋯ 155
　第一节　VR 纪录片创作概况 ⋯⋯⋯⋯⋯⋯⋯⋯⋯⋯⋯⋯⋯⋯⋯⋯⋯⋯⋯⋯⋯ 155
　　　一、国内 VR 纪录片"360 全景"式创作模式 ⋯⋯⋯⋯⋯⋯⋯⋯⋯⋯⋯⋯ 155
　　　二、国外 VR 纪录片的 CGI 制作传统 ⋯⋯⋯⋯⋯⋯⋯⋯⋯⋯⋯⋯⋯⋯⋯ 162
　第二节　VR 纪录片概念辨析 ⋯⋯⋯⋯⋯⋯⋯⋯⋯⋯⋯⋯⋯⋯⋯⋯⋯⋯⋯⋯⋯ 168

一、从全景到CGI：VR纪录片的类型探索……………………168
　　　二、CG动画纪录片的合法性…………………………………171
　　　三、CGI成为纪录片新的"真实性要素"……………………173
　第三节　VR纪录片创作模式初探……………………………………175
　　　一、格里尔逊式和直接电影式VR纪录片……………………175
　　　二、"纪实声音+抽象视觉" VR纪录片………………………177
　　　三、"CGI自传体" VR纪录片…………………………………179
　　　四、民族志VR纪录片…………………………………………184
　第四节　叙事"枷锁"或新的可能性…………………………………187
　　　一、叙事时间线性化……………………………………………187
　　　二、叙事空间舞台化……………………………………………188
　　　三、技术约束下的客观真实……………………………………189
　　　四、边界融合和移情引擎………………………………………191

第八章　虚拟现实电影创作理念与方法……………………………………195
　第一节　VR电影的分类和技术实现路径……………………………196
　　　一、真人VR电影………………………………………………198
　　　二、VR实时渲染动画电影……………………………………201
　　　三、VR游戏电影………………………………………………205
　　　四、VR角色扮演电影…………………………………………209
　第二节　虚构故事与虚拟现实…………………………………………212
　　　一、从有"框"艺术到无"框"艺术…………………………212
　　　二、VR电影的视点控制………………………………………215
　　　三、用"时刻"构建"场景"…………………………………219
　　　四、VR电影中的时空处理……………………………………224
　　　五、VR故事的非线性呈现和空间情节密度…………………226
　第三节　银幕电影的传承和VR电影的革新…………………………228
　　　一、VR剧作扩大了编剧的"权力"…………………………228
　　　二、导演、表演更靠近戏剧……………………………………230
　　　三、VR电影摄影造型功能改变………………………………231

第九章　VR影音作品中的音频技术与听觉空间营造……………………235
　第一节　基于虚拟现实的空间音频技术基础…………………………235

一、影视作品的听觉空间问题 ……………………………………………… 235
　　二、VR 影音作品中空间音频定位的基本原理 …………………………… 237
　　三、VR 影音作品中空间音频的实现方式 ………………………………… 242
　　四、VR 影音作品中的声音制作流 ………………………………………… 244
　第二节　VR 影音作品听觉空间的艺术营造 ………………………………… 247
　　一、语言营造听觉空间：引导性叙事 ……………………………………… 248
　　二、声景营造听觉空间：真实环境的再现 ………………………………… 249
　　三、VR 影音作品中的听觉主观性 ………………………………………… 251
　第三节　技术瓶颈及新的可能 ………………………………………………… 253
　　一、舒适度、安全性问题 …………………………………………………… 253
　　二、AR 音频 ………………………………………………………………… 254
　　三、VR 游戏的启示 ………………………………………………………… 256

第十章　当下虚拟现实技术瓶颈与未来发展可能 …………………………… 259
　第一节　当下影响虚拟现实发展的主要因素 ………………………………… 259
　　一、头显设备 ………………………………………………………………… 259
　　二、互动装置 ………………………………………………………………… 265
　　三、内容生产 ………………………………………………………………… 269
　　四、5G 通信与 VR …………………………………………………………… 274
　第二节　虚拟现实新技术及其可能性 ………………………………………… 279
　　一、容积捕捉 ………………………………………………………………… 280
　　二、光场摄影 ………………………………………………………………… 283
　　三、超高清影像技术 ………………………………………………………… 286
　　四、眼动追踪 ………………………………………………………………… 289
　　五、脑机接口 ………………………………………………………………… 291

参考资料 …………………………………………………………………………… 294

后记 ………………………………………………………………………………… 297

第一章
虚拟现实技术界说

对于虚拟现实技术，人们有不同的预期。有人对它寄予厚望，认为其前途无量，和互联网技术同等重要，是21世纪使人类充满希望的两大科技之一；也有人对虚拟现实持怀疑的态度，认为它是一种技术噱头，只是昙花一现，不一定能够给人们带来实际的重大改变。

2016年被人们称作"虚拟现实元年"，在这一年，虚拟现实热潮席卷全球，各种虚拟现实技术公司层出不穷，各种商业资本竞相进入虚拟现实相关领域逐利。虚拟现实一夜之间成为人们街谈巷议的话题，尽管它还没有真正成为绝大多数人的生活体验。微软、三星、诺基亚、乐相科技、暴风科技、强氧科技、Insta360等公司纷纷推出自己的VR硬件产品，YouTube、优酷、爱奇艺、搜狐视频等视频网站纷纷开设VR频道，微鲸、3D播播、橙子等VR相关App如雨后春笋般诞生，纽约时报、BBC、CNN、NBC、新华社、央视网、澎湃新闻等多家媒体机构纷纷试水VR新闻、VR纪录片、VR直播等。

2016年第四季度，在大多数人还没来得及亲身体验虚拟现实产品之时，虚拟现实热就开始退潮，2017年更是被人们称作虚拟现实的"寒冬期"，诸多虚拟现实公司无疾而终，大量商业资本也纷纷撤出该领域，虚拟现实泡沫纷纷破碎，仿佛印证了虚拟现实悲观论者的预言。

在游资和炒作者退出虚拟现实领域的同时，真正脚踏实地的从业者、研究者依然在虚拟现实领域执着前行，并取得了一些现实成果。在人们的日常生活中，虚拟现实技术的应用正在逐步推广，越来越多的旅游景区增设了虚拟现实体验项目，虚拟现实图片和视频摄影在多家视听媒体中得到运用，虚拟现实游戏线上线下到处开花，虚拟现实在军事、医疗、教育、购物等领域的应用也在不断地向前发展。

2019年，5G技术开始进入商用阶段，5G技术为大数据高速率、低延时传输提供了保障，解决了虚拟现实技术发展和应用中的一大瓶颈，势必对虚拟现实技术和产业的发展产生一定的推动力。

近几年人们讨论虚拟现实话题时，有多个概念会交叉混合出现，如虚拟现实、增强现实、混合现实、扩展现实，它们之间有什么联系，又有什么区别呢？

第一节　虚拟现实、增强现实、混合现实

简单来说，虚拟现实就是利用数字虚拟技术为人们提供接近、等同或超越现实的"真实感"体验，利用这一技术，人们可以在一定程度上突破现实时间、空间以及其他客观条件的限制，来丰富感知或改变世界。

一、虚拟现实

虚拟现实的英文原文为 Virtual Reality，简称 VR。虚拟现实技术是一种模拟人类视觉、听觉、力觉、触觉等感知行为的高度逼真的人机交互技术，涉及数字图像处理、计算机图形技术、多媒体技术、人机接口技术、计算机仿真技术、传感器技术及网络并行处理技术等多项技术。VR 可以通过显示设备向用户呈现一个特定的虚拟场景，利用动作捕捉、运动模拟、位置空间追踪、传感器等设备，用户可以与该场景互动，产生身临其境的体验感，达到一种虚拟的"真实在场"状态。场景可以是"虚拟"的，但感觉却必须是"真实"的。

人们对客观世界的感知主要通过自己的感觉器官，视觉、听觉、触觉、嗅觉、味觉在人类感知世界的过程中发挥重要作用，通俗来说，虚拟现实技术就是试图通过一些技术设备（如头显、互动设备等），来控制和影响人类的各种感觉器官，当人们感知世界的通道被控制，人们对世界的认知也就被控制了，尽管 VR 营造的世界都是虚拟的，却能给人带来真实的体验。

人们需要借助一些技术设备来使用或体验虚拟现实技术，其中，最主要的是头显设备和互动设备（互动手柄、互动手环、可穿戴互动设备、动作捕捉仪、全向跑步机等）。Oculus Rift、HTC Vive、Sony PS、Samsung Gear VR 等是境外

比较知名的 VR 品牌，3Glasses、暴风科技、大朋、小米等多家境内公司都生产 VR 设备，但是，以移动级 VR 眼镜和互动设备为主。虚拟现实技术通过头显设备将 VR 使用者和现实世界分开，使其各种感官知觉彻底进入虚拟现实世界，沉浸其中，在虚拟现实中体验到非常真实的感觉。

HTC Vive 是一款在中国市场占有率比较高的 VR 设备，它主要由头显（眼镜）、主机、互动手柄、动作定位器几部分组成（如图 1-1-1 所示），不仅能提供 VR 游戏体验，还可以与诸多 VR 应用（如房地产设计、安全生产教育、军事训练、汽车驾驶等）相结合，其头显显示分辨率达到 2K，基本可以满足用户正常的视觉质量需求。

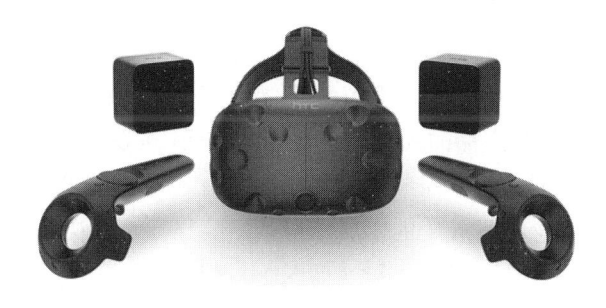

图 1-1-1　HTC Vive

HTC Vive 头显通常需要与高速运转的主机、动作跟踪器、互动手柄配合使用，这款头显能够给观众提供 2K 清晰度的全景影像，也能通过互动手柄和某些 VR 游戏、VR 作品进行互动。这款头显用户体验较好，但是价格较高，更适合公司和单位购买使用。HTC 公司已经开发出 Cosmos、Pro Eye、Pro、Vive、Focus 等系列头显及互动设备，可以满足不同用户的需求。

近两年，HTC Vive 着力开发应用软件，以更好和硬件开发相配合。已经推出 Vive XR Suite 软件包，主要为远程教育、远程办公、远程社交、远程娱乐、远程会议等场景提供虚拟现实服务。

Sony PlayStation 是另外一款市场占有率较高的 VR 设备，它包括主机、头显、互动手柄、游戏手柄等组成部分，其市场销售价格大约为 HTC Vive、Oculus Rift 全套设备的 1/4 左右，其主要内容是 VR 游戏，可以为用户带来比较好的沉浸感和体验感（如图 1-1-2 所示）。

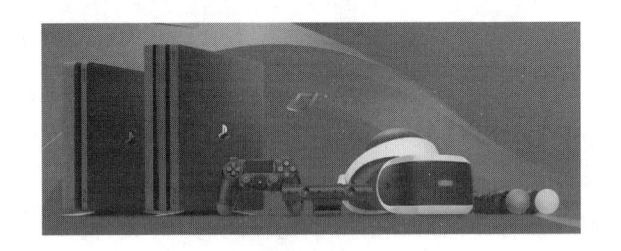

图 1-1-2　Sony PlayStation

三星 Gear VR 是针对普通用户推出的虚拟现实消费级产品，它的主体是一个便携的头戴式眼镜，需要插入一部三星手机作为 VR 视频、VR 游戏的播放源，将 360 度全景影像资源下载到手机中，使用 VR 播放器进行播放，由于目前市场上绝大多数手机的屏幕分辨率最高为 1920×1080，所以，其影像清晰度相对较差，能够给观众带来的沉浸感、体验感也不佳。这种头显价格比较便宜，属于消费级头显，这款产品的优势是价格相对较低，可以满足普通消费者的 VR 尝鲜体验。只有普通消费者能够接受 VR，VR 才有真正的未来，三星 Gear VR 就是秉承这样的理念推进 VR 的发展，但是，要想真正让观众满意并接受，还需要整个产业链条的技术不断进步（如图 1-1-3 所示）。

图 1-1-3　三星 Gear VR

国内有多家公司借鉴三星 Gear VR 的理念研发自主品牌的 VR 头显设备，如暴风魔镜、小米 VR 等，其核心显示设备都是不同品牌和型号的手机，受到手机显示屏幕技术的限制，其体验感往往与用户预期之间存在较大差距。2018 年以来，需要插入手机的头显设备受到市场冷落，逐步被无线一体头显设备所取代。

除上述这些代表性 VR 设备外，还有不少厂家生产便携头戴式无线 VR 头显设备，这些头显设备外观和三星 Gear VR 之类的头显看上去比较相似，但内在有本质不同，其本身具有一定的存储功能，可以事先将一些 VR 视频、VR 游戏等资源下载存储其中，利用自身的播放器播放、应用程序驱动为用户提供体验服务。这些头显设备还可以通过无线网络信号和互联网相联，通过网络支持，为用户提供更多的 VR 资源体验。但是，由于 VR 内容资源往往数据量较大，受到无线网络数据传输速度的限制，VR 内容资源影像要么不够流畅，要么不够清晰，其体验感也常常难以令消费者非常满意。

各家虚拟现实设备提供商还努力打造与自己品牌设备适配的内容平台，或者与一些内容平台合作（如表 1-1-1 所示），通过内容平台，虚拟现实设备商可以更好地为用户提供服务，持续保持对用户的吸引力，同时，内容产品的开发和销售也可以为厂商带来持续、丰厚的经济回报。硬件设备销售只是市场竞争的第一步，真正决定虚拟现实厂商未来的是其后期服务和内容提供。

总体来说，VR 头显设备、互动设备会向着网络化、高性能、便携化方向发展，依靠高速无线网络将云端资源给用户提供体验。头显设备、互动设备要具备快速、精准反应能力，视、听等各种感官效果更加真实，佩戴使用更加轻便、舒适，才能满足用户的需求。

表 1-1-1　代表性虚拟现实设备及平台

代表性虚拟现实设备	代表性虚拟现实平台
Oculus Rift CV1	Oculus Rift
HTC Vive	SteamVR
PlayStation VR	Daydream
Daydream View	WebVR
Google Cardboard	Windows 10 VR

对于虚拟现实概念的理解，可以分为广义和狭义两种。广义上来讲，360 度全景视频和数字生成的全视域互动影像都属于虚拟现实。狭义上来讲，只有能够进行"互动"的全视域数字生成空间影像才是虚拟现实作品，360 度全景视频因为不能为用户提供充分互动的可能，所以不属于虚拟现实作品。

在现阶段，人们通常使用广义虚拟现实概念，认为 360 度全景视频和数字生成全视域互动影像都属于虚拟现实作品。360 度全景视频尽管不能让用户进入所拍摄的场景自由活动并充分互动，但是，其与传统影视影像相比有本质不同，用户可以"沉浸"于事件场景之中，可以自由选择观看的方向、观看的对象，还可以通过互动工具，选择、点击画面中的互动图标，使 360 度全景视频作品呈现出不同的情节发展走向，其"互动"虽不全面彻底，但也并非完全没有。为了比较全面地反映视听媒体虚拟现实作品的创作情况，本书以广义虚拟现实概念为基础进行后续的研究和探讨。

二、增强现实

增强现实的英文原文为 Augmented Reality，简称 AR。增强现实也被称为扩增现实（中国台湾等地）。增强现实是一种将真实世界信息和虚拟世界信息"无缝"集成的新技术，广泛运用了多媒体、三维建模、实时跟踪及注册、智能交互、传感等多种高科技手段，将生成的文字、图像、三维模型、音乐音响、视频等虚拟信息应用到真实世界的不同场景中，真实的环境和虚拟的物体实时地叠加到同一个画面或空间。通俗来说，增强现实就是把虚拟世界信息叠加在现实世界信息上。

与虚拟现实技术不同的是，增强现实不需要将人们与现实世界"隔离"，而是在现实世界信息基础上实时叠加相应的虚拟信息，使两者合二为一，有机结合在一起，给人们带来真实的感觉和体验。增强现实技术不会改变人们对现实世界的基本认知，而是在其基础上增加一些信息，对其进行补充、完善、强化，这些虚拟信息只是作为辅助信息存在，不会成为主体信息。

在增强现实的各种关键技术中，显示技术尤为重要，因为它决定了用户使用 AR 应用时的沉浸感、体验感，直接影响其互动效果。目前，增强现实显示设备主要分为三种：头戴显示设备、手持显示设备和投影显示设备。

2012 年，谷歌公司推出的谷歌眼镜（Google Project Glass），就是一种增强现实产品，它集相机、全球定位系统、网络搜索等功能于一体，在用户看到的现实世界景象中增加相应的图文、视频、声音等信息，引起人们极大的关注。谷歌眼镜具有和智能手机一样的功能，可以通过声音控制拍照、视频通话和辨明方向，还可以上网冲浪、处理文字信息和电子邮件等。同时，谷歌眼镜非常轻便，便于佩戴和使用。尽管谷歌眼镜拥有众多令人心动的优点，但是，成本过高、缺少应用、分散注意、侵犯隐私、产业链不完善等问题，都为其发展造成了严重阻碍。2015 年谷歌公司宣布停止接收谷歌眼镜个人订单，但不会彻底放弃谷歌眼镜（如图 1-1-4 所示）。

2015 年，微软公司推出 HoloLens 增强现实眼镜（HoloLens 官网称其为 MR 产品），如图 1-1-5 所示。该设备具有全息影像、立体声、智能互动等功能，成为头戴式增强现实显示设备的代表。使用 HoloLens 可以在看到现实世界场景的同时，在用户眼前叠加各种虚拟信息，用户可以通过自己的手指与虚拟影像进行互动，如将其拉近或推远、放大或缩小、移动位置，以及与其中的事物进行交互。这些虚拟影像大多是事先制作好的应用或游戏，在和现实世界影像实时叠加方面，HoloLens 还不能充分满足用户的需求。现阶段，HoloLens 价格比较昂贵，普通用户很难接受，其购买者多为专业机构或研发单位。

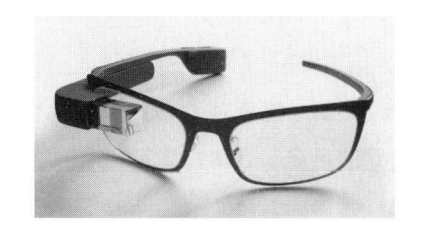

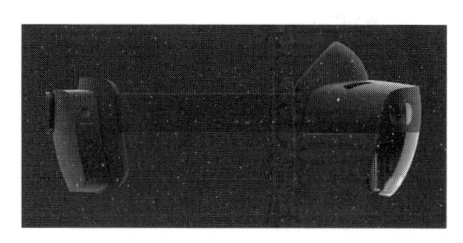

图 1-1-4　谷歌眼镜（Google glass）　　　图 1-1-5　HoloLens

2016 年，任天堂公司推出手机游戏 Pokemon Go，把数字虚拟的精灵和真实世界场景叠加在一起，让很多玩家玩得不亦乐乎。

2017 年 12 月，Magic Leap 公司发布了自己的第一款增强现实 AR 眼镜产品 Magic Leap One（如图 1-1-6 所示），官方称之为"Creator Edition 版本"。这家公司在多轮融资过程中非常成功，但是，其实体产品的推出频率、进程低于公众预期，到 2020 年年底，Magic Leap 都没有再发布新的增强现实产品。目前已经发布的实体产品虽然属于世界一流的 AR 头显设备，但与 HoloLens 也没有本质上的差别。

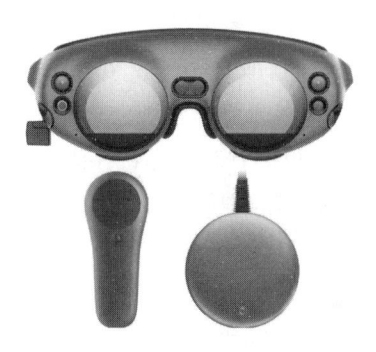

图 1-1-6　Magic Leap One

现阶段，增强现实在技术实现难度上比虚拟现实更高，但是，其体验感也更好。更为重要的是，在增强现实体验中，人们是能够感受到周边真实世界的，能够与周围真实环境物体、增强虚拟影像及各种数据信息进行互动，而不像 VR

体验那样，人们必须与周围的环境完全脱离，会对周围真实世界无所感知，或者出现感知上的误差。所以，很多人认为 AR 应该是虚拟现实未来发展的主流方向。

三、混合现实

混合现实的英文原文为 Mixed Reality，简称 MR。混合现实技术是在 VR 和 AR 基础上的新发展，这种技术需要把现实世界的场景、活动和虚拟世界信息混合起来，并使二者产生相应的互动。简单来说，混合现实就是将真实环境和虚拟环境相融合，将实景和虚景相结合，给使用者带来高临场感的多维场景体验。

有人认为，MR 与 AR 的区别在于，前者是在虚拟世界中加进现实的事物信息，后者是在现实世界中加进虚拟的事物，前者需要先将现实世界的事物通过影像采集技术虚拟化，才能和虚拟世界的影像相融相加，产生新的可视化环境，而且要求现实和虚拟信息的结合必须是实时的，其难度要高于增强现实。有人认为，区别 MR 和 AR 主要看两个标准，一是看虚拟物体的相对位置是否会随设备的移动而移动，如果答案为是，则属于 AR，如果答案为否，则属于 MR；二是看虚拟物体与真实物体是否能够被区分，如果能够被明显区分，则属于 AR，如果虚拟物体和真实物体真假难辨，则属于 MR。还有人干脆认为，MR 本身就涵盖了 AR。

由于目前还缺乏足够多能让大家公认的混合现实（MR）典型成功案例，因此，混合现实（MR）主要还停留在概念和开发实验阶段。人们对于混合现实（MR）的理解也有诸多不同，甚至很多人将增强现实（AR）和混合现实（MR）混为一谈。只有技术进一步升级，更多具有本体特征的混合现实（MR）应用和作品出现，才能帮助人们更好地体验和理解混合现实（MR）的准确含义。

在 VR、AR、MR 之外，还有一个概念是 XR，即 Extended Reality，中文译为"扩展现实"。扩展现实技术是指通过计算机技术和可穿戴设备产生的一个真实与虚拟组合的、可人机交互的环境。扩展现实（XR）包括虚拟现实（VR）、增强现实（AR）、混合现实（MR）等多种形式，XR 其实是一个总称。XR 分为多个层次，从通过有限传感器输入的虚拟世界到完全沉浸式的虚拟世界。XR 目前还是人们对虚拟现实技术下一步发展的美好设想，其对设备性能要求更高，需要更低的功耗、更小的尺寸、更强的扩展性，未来所能适用的领域也应该更广。

第二节　虚拟现实技术的本质特征

VR、AR 和 MR 都属于大的虚拟现实技术范畴，尽管它们之间存在着一定差别，但是，它们还是拥有一些共同的本质特征，有人称其为"3I 特性"，即沉浸性（Immersion）、交互性（Interaction）、构想性（Imagination）。这是它们区别于此前其他技术的根本所在，从严格意义上来讲，只有同时具备了这些本质特征，才是真正的虚拟现实。

一、沉浸性（Immersion）

沉浸性又称浸入性，是反映用户体验感、参与感的特性。在传统的视听媒体体验过程中，无论是欣赏电影、电视、网络视频还是各种媒体影像，它们的视域都是有限的、有边界的，受众都是置身屏幕影像世界之外，处在一种"旁观"的状态，"由外向内"观看。虚拟现实技术彻底改变了传统的视听体验方式，通过头显等设备的帮助，它可以让用户感觉自己完全沉浸在虚拟仿真环境当中，产生一种身临其境的真实感。通过虚拟现实技术，用户由被动的观众变成了主动的观察者、体验者、参与者，自己置身于所观看和体验的场景之中，仿佛成为所看到的虚拟世界的有机组成部分，"由内向外"观看。因为虚拟世界的视听效果都非常逼真，所以，虚拟现实用户经常会觉得真假难辨。

沉浸感主要通过影响人们感觉器官对外部世界的感知这种方式来获得，具体包括视觉沉浸、听觉沉浸、触觉沉浸、嗅觉沉浸、味觉沉浸和其他感官沉浸等。在所有的感觉器官中，视觉和听觉对于人们获取信息最为重要，目前，虚拟现实头显、互动工具等也主要是通过影响视、听两大器官来控制人们的体验感。

（一）视觉沉浸

视觉通道给人的视觉系统提供图形、图像显示，人类获取客观世界的信息大约有 3/4 需要通过视觉获得，视觉沉浸对虚拟现实系统非常重要。通过虚拟现实头显设备，用户可以"置身其中"，仿佛处在头显设备提供的影像场景中间，自由地向四周观看。

要想获得理想的视觉沉浸感受，虚拟现实头显需要达到以下基本要求。

1. 显示的像素应该足够小，并且要保证像素的连续感

单位面积像素越多，影像就越清晰。现在高清、超高清、4K、8K、16K甚至更高质量的影像摄制技术已经成熟，使得虚拟现实影像的质量也大幅度提高。目前，市场上主流的专业级虚拟现实头显设备（如HTC Vive）的分辨率为2K，它们往往需要连接高速主机获得支持，这些头显设备已经能够给用户带来比较好的视觉体验，而大多数消费级便携式虚拟现实头显设备的分辨率较低，影像和声音的质量较差，给用户带来的沉浸感也较差。

2. 设备的刷新频率应该足够高，保证画面的连续

理论上讲，头显设备的刷新频率越高，影像就显得越连贯，用户看起来与正常看世界的视觉感受就越接近。在实际应用中，设备的刷新率要和分辨率综合考虑设定，虚拟现实头显设备一般需要较高的刷新率。如果影像出现卡顿，就会极大地破坏用户的沉浸感，让其马上"出戏"，意识到虚拟场景的虚假性。

3. 提供具有双目视差的影像，以形成立体视觉

具有合理双目视差的影像，可以给用户带来更好的空间感、立体感，可以增强用户体验的真实感。当然，拍摄或制作生成这样的影像，与传统2D影像相比，其数据量会成几何倍数增加，对于数据的生产、存储、传输等需要更高的技术要求。

4. 视场角要足够大，理想情况是显示影像充满整个视场

头显设备的视场角最好要大于人眼的正常视场角，这样其显示的影像才能充满人眼视场，随着用户视线转移、头部转动、身体转动，头显设备可以将视点周围上下360度范围内的影像依次适时显示出来，给用户带来良好的沉浸感。如果眼镜等头显设备视场角不够大，用户很容易就可以看到其边框，也就是影像的边界，那样的话，沉浸感会大打折扣。

5. 可以与真实世界隔离，避免受到外界影响，以获得完全沉浸感

VR需要让用户完全沉浸在虚拟信息世界中，所以，必须要通过头显、耳机等设备将用户的主要感官和现实世界隔离开来，这样，用户才能更好地感受虚拟世界影像、声音等信息。

对于 AR 头显设备来说，能够让用户在看到现实世界影像的基础上，再在其中增加一些虚拟的信息，它不是让用户沉浸在纯虚拟世界里，而是沉浸在现实世界和虚拟信息组合而成的影像世界中。

（二）听觉沉浸

听觉器官是人们感知客观世界的另一个重要通道，虚拟现实技术要能够提供和视觉同步的声音效果，才能更好地使用户获得真实感、沉浸感。

由于用户在使用虚拟现实头显设备时，其观看行为具有一定的随机性，用户可以根据自己的个人兴趣，随时转头、转眼观看自己感兴趣的方向、感兴趣的物体，这就要求虚拟现实耳机设备也能够实时提供相应的声音信息，而且这种声音必须是全方位立体声的声音场效果，声音不仅要清晰、准确，还要具有方位感、距离感、空间感、层次感，这对虚拟现实录音及声音还原技术都要求很高。

此外，人们听取声音的行为，还与其心理因素相关，用户关注的主体对象不同，会对听到的声音场里的各种声音有所选择、过滤，人们会优先听到自己关注的主体对象的声音，其他的声音会在一定程度上成为被忽略的背景声。传统的录音技术，能够清晰完整地记录和还原现场的客观声音信息，但是，却很难提供与不同用户心理需求、随机观看行为实时结合的声音选择、过滤功能，这也是虚拟现实技术发展过程中，摆在录音专业人员面前的一道难题。

（三）触觉沉浸

触觉器官是人们感知客观世界的又一个重要通道，人类对于自己"看到""听到"并感兴趣的事物，更进一步的心理需求就是"触到"。"看到"和"听到"基本属于"远观"，"触到"才是人们探索事物的真正开始，通过这种方式，人和客观事物才能真正发生实在的关系，客观事物也才能反作用于人类自身，给人带来更真切的感受。

人类主要通过皮肤触觉感知客观事物，其中手、脚、四肢、躯干、头部等的触觉最为重要。此外，人们还可以通过牙齿等器官接触事物，从而对其属性产生准确判断。人类通过触觉器官可以辨别客观事物的温度、湿度、硬度、重量，可以区分其材质，还可以感受疼痛感、压迫感、震动感等。

在人们体验虚拟现实世界时，不仅需要看到虚拟世界的事物，听到其声音，还需要与其相接触,这样,才和人们在现实世界中对事物的感知方式更加接近。

目前,世界范围内有多家公司在研发虚拟现实互动设备,比较主流的有互动手柄、互动手套、互动衣服等,通过这些互动设备,为用户提供与虚拟现实视听形象相匹配的触感,比如,虚拟现实头显设备中给人看到的是一杯热水,那么,用户尝试将其端起来,手上就真的会有重量和温度的感觉。

虚拟现实互动设备的研发是其系统工程中的重要环节,也是难度比较大的一个环节,与虚拟现实视听技术设备相比,现有的互动设备只能部分达到比较真实的触觉沉浸感,距离充分满足用户触觉体验的需要还有较大的差距。

(四)嗅觉沉浸

嗅觉器官主要是鼻子,在人类感知客观世界时具有重要作用。不同的客观事物具有自身独特的气味,用户在虚拟世界中面对虚拟物体时,期望获得与真实世界相同的嗅觉感觉,这就需要借助各种特殊的设备,能够在空气中释放分子合成气体,营造虚拟环境中主要的气味效果。世界上万事万物的气味都有明显或细微的不同,要想实时营造出多种多样的虚拟世界景物的气味,技术上非常困难。再加上,还必须考虑用户心理因素,嗅觉技术不能仅仅是将事物的气味客观还原,还要考虑用户心理的需求和好恶,这就更加增大了该项技术的难度。目前,嗅觉技术还基本处于实验阶段,未有实质性推广应用。

(五)味觉沉浸

味觉器官主要是舌头,可以品尝各种食物、饮品的味道。在用户体验虚拟世界时,遇到食物类、饮品类事物时,也希望能有真实的味觉感受。然而,在现阶段,虚拟世界毕竟是"虚拟的",尽管其看起来、听起来很真实,却仍然不能真正完全替代现实世界的客观事物,因此,味觉沉浸技术还处于实验或概念阶段,是用户和研发者的一种理想状态,还未有实质性推广应用。

从虚拟现实技术的发展现状来看,距离实现全方位的沉浸感还有很大的差距,虚拟现实技术还处于初级发展阶段。

2019年10月,视频体验联盟(Video Experience Association,简称VEA)发布的《虚拟现实(VR)体验标准技术白皮书》,阶段性地建立起了VR体验评估模型。"VR体验评估模型从视听沉浸体验质量、观看体验质量和交互体验质量的角度,对分辨率、帧率、码率、FOV、MTP、自由度等20多个指标进行量化,采用分级映射的方式构建评估模型,是VR体验评估标准化进程的重要里程碑。"[1]从 VEA 发布的"影响用户 VR 体验的关键因素"表格中可以看到，现阶段影响用户沉浸感体验的主要还是视听效果，头显设备、内容品质、网络传输速率是决定视听效果的重要因素（如表 1-2-1 所示）。为了改善用户体验，VR/AR 头显设备需要进一步小型化、轻便化，改进其佩戴舒适度、提高其屏幕分辨率、扩大视场角度；在内容方面，视频 360 度全景影像清晰度要达到 8K 以上，并且全部实现 3D 立体视觉效果，帧率提升到 60 帧/秒以上以缓解眩晕感。

表 1-2-1　影响用户 VR 体验的关键因素

体验需求		影响因素			
		终端	网络	平台	内容
沉浸体验	画面清晰	☆☆☆☆☆		☆☆☆	☆☆☆☆☆
	画面流畅	☆☆☆		☆☆☆	☆☆☆☆
	画质优	☆☆☆		☆☆☆	☆☆☆☆
	画面立体感	☆☆☆			☆☆☆☆
	音质优	☆☆☆		☆☆☆	☆☆☆☆
	空间化音效	☆☆☆		☆☆☆	☆☆☆☆
	大视场角	☆☆☆			
	画面无畸变	☆☆☆			☆☆☆
观看体验	无卡顿	☆☆☆	☆☆☆☆☆		
	无花屏	☆☆☆	☆☆☆☆☆		
	无眩晕感	☆☆☆	☆☆☆☆		☆☆☆
	无黑边或拖影	☆☆☆	☆☆☆☆	☆☆☆	☆☆☆
	音视频同步	☆☆☆	☆☆☆	☆☆☆	☆☆☆
设备体验	头显佩戴舒适	☆☆☆☆☆			
	头显续航持久	☆☆☆			
	头显便携	☆☆☆			
	无疲劳感	☆☆☆			
	视力障碍友好	☆☆☆			

1　VEA 视频体验联盟秘书处.VR 体验：终端是基础，内容是核心，网络是保障[J]，通信世界，2019(10):24.

二、互动性（Interaction）

互动性是指用户能够通过虚拟现实的技术设备参与或干预虚拟现实场景、内容，与之发生相互作用，并相互影响。通过用户与虚拟现实产品的互动，可以有效提升沉浸感、参与感、体验感，也有助于解决"VR眩晕"问题。互动性是虚拟现实技术的本质特征之一，互动程度也是衡量虚拟现实技术产品、虚拟现实作品优劣的重要标准。

虚拟现实技术的互动性主要体现在以下三个方面。

（一）用户主导

在用户与虚拟现实仿真场景和虚拟事物互动的过程中，用户应该处于主导地位，用户根据自己的需要，主动做出动作或发出指令，虚拟场景和虚拟事物随之做出相应的反馈。总体而言，用户应该可以控制互动的进程、节奏和速度。

需要注意的是，尽管在虚拟现实互动过程中，用户处于主导地位，但是，互动过程和互动结果却不一定完全由用户控制，用户和虚拟现实场景和事物的互动通常需要遵循一定的规则，不同的用户行为会带来不同的反馈，也就会产生不同的互动过程和互动结果。

在用户与虚拟现实场景和事物互动的过程中，总体而言，用户是主动的，但是，在一些具体的环节设置上，虚拟现实场景和事物也会按照设定的规则运行，对用户形成一定的限制和约束，两者是作用与反作用的关系。整体"主动"，局部"被动"，是用户与虚拟现实场景和事物之间互动关系的基本写照。

（二）工具交互

目前，用户还不能像在现实世界中一样，单纯依靠自己的手、眼睛等直接与虚拟现实场景和事物进行互动，用户需要利用专用的三维交互设备实现交互，如头盔显示器、互动手柄、互动手环、数据手套、三维空间交互球等传感设备。通过使用这些互动设备、工具，用户可以使自己置身于虚拟现实场景中，并与其中的事物发生互动关系，真切地感受到视觉、听觉甚至是触觉、温度、硬度、湿度等感觉，给用户以非常真实的体验感。互动手柄、互动手环之类的互动工具可以幻化为虚拟场景中的相应事物，如虚拟现实电影中的各种道具，让用户通过虚拟场景、虚拟事物获得非常真实的体验感。

除了使用工具交互，虚拟现实交互还有多种交互方式，如用户行为检测交互，即通过动作捕捉仪、红外检测摄像头、感应器、全向跑步机等设备，搜集用户行为动作信息，与虚拟现实场景形成互动；再比如语音识别交互，即通过识别用户发出的声音信息，与虚拟现实场景及其中的景物进行互动。

目前，工具交互主要可以分成以下几种方式：简单地点击互动、手柄手环类交互、固定空间位移交互、无距离限制的位移交互等。人们也可以将工具交互、动作捕捉、行为检测、语音识别等交互方式综合运用，以提高用户在行为上的互动体验。

（三）用户交互

初级阶段，用户和虚拟现实场景的互动只能单人进行，用户戴上虚拟现实头显（眼镜）和耳机，自己沉浸于虚拟现实世界中，其他用户无法同时进入其中，无法同时参与其活动。现在，越来越多的虚拟现实游戏、应用等，已经可以使多名用户同时进入同一虚拟现实场景，用户与用户可以在虚拟现实环境中互动，共同克服困难、解决问题，也可以分享成功与欢乐。

在同一虚拟现实场景中实现多名用户的相互交互，使得实际物理空间距离不再是人与人之间交流和互动的障碍，相隔遥远的人们可以通过虚拟现实技术在一起相聚、交流，人们可以一起游戏、一起办公、一起学习，还可以一起举行生日聚会等，这是人与人之间前所未有的交流方式，虽然交互的场景是虚拟的，但是，人们的感受却是非常真实的。

在用户与虚拟现实场景、事物交互方面，自由度丰富、操作响应快速、操作精准、内容加载快速是获得良好交互体验的重要基础。

截至目前，虚拟现实交互技术还存在一定的瓶颈，硬件设备对人体自由行动还有明显的限制，虚拟现实场景中的力反馈、温度、质感、语言交流等交互手段方面还缺乏理想的解决方案。

三、构想性（Imagination）

构想性是指在虚拟现实环境中，用户可以根据所获取的多种信息和自身在系统中的行为，通过联想、推理和逻辑判断等思维过程，随着系统的运行状态变化，对系统运动的未来进展进行想象。

借助于虚拟现实技术，人们有可能从定性和定量集成的虚拟环境中得到感性和理性认识，进而深化概念、产生创意和构想，主动地寻求、探索信息，而不是被动地接受。这就更体现了虚拟现实的创意和构想性。

虚拟现实毕竟是虚拟现实，永远不能取代真正的现实，它给人们带来的是"真实感"，而不是"客观现实"的替代品。在使用虚拟现实技术过程中，还需要用户明确这条底线，调动自己的思维和想象，参与到与虚拟现实场景和事物的互动之中，以获得最佳的真实感、体验感。

美国学者埃弗雷特·罗杰斯（E. M. Rogers）于20世纪60年代提出了创新扩散理论，认为创新扩散是对新观念、新事物、新产品进行传播的社会过程，通常需要经历从创新者——早期采用者——早期大众采用——后期大众采用——保守传统人群采用这样五个阶段。"从创新扩散理论的五个阶段来看VR技术的应用可以发现，VR还是一项不断迭代更新的新传播技术，目前用户规模还不大，主要是一些创新者在使用，也就是处于五个阶段中的第一阶段，还没有进入到大众使用层面。"[1]随着虚拟现实产业相关技术的日益进步，虚拟现实硬件设备的技术性能会迅速提高，虚拟现实的软件开发、内容创作也会迎头赶上，虚拟现实市场也会逐渐培育成熟，虚拟现实的后续创新扩散过程也许会呈现出加速的趋势。把握虚拟现实技术的本质特征，可以更好地理解和运用虚拟现实技术，为视听媒体虚拟现实作品创作做出贡献。

---

1 徐晨霞，张洪忠.5G条件下VR产业发展的突破预期.教育传媒研究[J].2020(1): 30-33.

第二章
视听媒体虚拟现实作品美学特性辨析

视听媒体虚拟现实作品的创作与传播,与此前的电影、电视、网络视频等视听媒体作品具有本质的不同,二者在审美过程和心理感受上均有明显差异。对"真实感""体验感"的营造是其超越此前电影、电视、网络视频等视听媒体作品的突出特点。

第一节　虚拟性与真实感

虚拟现实可以理解为用各种虚拟符号给用户带来非常真实的现实感知,甚至使用户觉得真假难辨,将客观现实与虚拟现实融合起来。人类对真实的感知,除了依赖客观真实,还会有主观感受,这不仅是一个物理过程,还是一个心理过程,两者结合,缺一不可。视听艺术(特别是影视艺术)的发展史证明,人们通过虚拟的影像和声音能够获得身临其境般的真实体验感,虚拟现实技术的出现,使得视听媒体通过虚拟符号为人们传递真实感受的能力产生了质的飞跃。

一、技术层面：趋近现实

视听媒体虚拟现实作品主要追求给用户带来非常强烈的真实感和体验感，要想实现这一目标，需要依靠各种技术手段，控制用户的各种感官，使其接收信息时的视觉、听觉、触觉等各种感受最大限度地接近客观现实，从而在生理上、心理上最大限度地产生真实感。从技术层面来讲，视听媒体虚拟现实作品的制作品质必须非常精良，容不得半点粗制滥造。

（一）影像的虚与实

在各种虚拟符号中，"影像"是最具代表性的，视觉一直是人们感知客观世界的最重要的通道之一。根据产生的方式不同，可以把虚拟现实影像大体分为两大类：摄影实拍360度全景影像、数字制作全视域影像。

数字制作影像可以细分为CG（Computer Graphics）动画和CGI（Computer Generated Images）影像。CG本意是指计算机绘图，主要应用在艺术与设计、游戏、动画、漫画四大领域。影视行业中的CG特指二维和三维动画、特效合成。CGI指计算机生成图像，强调的是实时渲染和动态呈现。通俗地说，CGI是基于一个可交互的虚拟环境，在人机交互之前它是不确定的，只存在事先建构的模型和数据。一旦人机交互开始，按照事先设计的逻辑，不同用户输入的指令不同，产生的结果也会有差异。

有些研究者主张，摄影实拍影像是现实景物影像的直接拷贝，所以，其属于纪实影像，不属于虚拟现实影像，而数字制作影像不囿于现实景物形象，可以随心所欲地进行主观创造，用户还可以进入某些CGI影像构建的空间，与之进行更高层次的互动，这样的影像才是真正的虚拟现实影像。

笔者认为，对虚拟现实影像的判定不能完全取决于影像的产生方式（实拍或数字制作），而是取决于其效果和功用，只要能够给用户带来沉浸感、互动感、参与感，能够使受众通过虚拟现实设备（头显、互动设备等）在非现实的时空中体验到超越传统影视的、强烈的真实感的影像都属于虚拟现实影像。事实上，现在各种虚拟现实产品生产或作品创作实践中，也越来越多地将两种影像结合起来运用。

需要说明的是，影像永远无法取代客观事物本身，从这个意义上来讲，影像永远是虚拟的，即便是实拍的影像，也只是客观事物的光影符号，其本质上给用户提供的只能是真实感，虚拟和现实之间存在着一条永远无法逾越的边界。人们在使用各种虚拟现实设备体验 VR/AR 等产品（或作品）时，都是试图用各种信号欺骗自己的感觉器官，即生理意义上的感性自我，却很难蒙蔽心理层面理性的本我。在虚拟现实产品（或作品）体验过程中，人们尽其所能将虚拟与现实之间的间隔距离压缩变窄，能够让用户多大程度上实现忘掉客观现实，从而沉浸于虚拟现实时空，达到忘我（即理性认知程度降低，感性认知程度增强）状态，是衡量其真实感强弱的重要标志。

1. 摄影实拍 360 度全景影像

建立在摄影实拍基础上的 360 度虚拟现实影像，模拟了人眼对客观事物的观看方式，拷贝了客观事物的光影形象，能够给用户带来非常强烈的真实感。尽管 CGI 虚拟现实影像也可以获得客观事物比较真实的影像效果，但是，在现阶段，其需要付出的成本要远大于摄影实拍。不断发展的摄影技术，可以使摄影实拍 360 度虚拟现实影像不断趋近人眼观看景物的效果，从而给用户带来愈加强烈的真实感，摄影实拍 360 度虚拟现实影像在满足人们视听感官真实感方面具有先天优势。

超高清摄影技术可以给人们提供更高清晰度、分辨率的影像，超高清影像的亮度范围、色域也更宽，帧率也更高，动体的运动感更加连贯流畅，影像看上去更加趋近人眼对景物的实际观察。人们发现，即便其他技术指标都没有明显改进，单纯影像的分辨率成倍提高，人们观看虚拟现实影像的体验感就会获得明显的改善。超高清摄影技术近几年发展较快，在拍摄、制作环节已经获得了长足进步，其目前主要的瓶颈是信号传输和接收环节，因为超高清摄影使得影像的数据量大大增加，所以，原有的影像压缩、解码、传输、接收技术都需要相应更新，设备也需要彻底更换，这需要巨大的资金和时间成本投入。

除了超高清摄影技术，光场摄影、3D 扫描等技术也是人们正在探索的影像采集新技术，它们都致力于获取物体的三维（甚至多维）影像信息，一定程度上等同于用数字影像手段为物体建模，突破了传统摄影技术只能获得二维影像的局限。获得物体的全方位影像数据后，在虚拟现实产品（或作品）中，用户就可以自由地在物体周围环绕移动观看，这更加接近人们在现实生活中观看事物的方式。

尽管现在超高清摄影技术正在快速发展，光场摄影、3D 扫描等获得物体三维立体影像信息的技术也在不断进步,但是,现阶段,摄影技术、扫描技术对于影像数据的采集和记录,和人的眼睛对于客观事物的观看和感知相比,还存在明显差距的,无论是景物色彩,还是亮暗反差,以及物体质感、立体感、空间感等,虚拟现实产品都不能完全达到人眼观看景物实体的效果。影像只能是客观事物的一个光影摹本,它永远无法取代客观事物本身,在追求影像带来真实感的探索中,人类还有很长的路要走。

2. 数字制作虚拟现实影像

以电脑数字制作为技术基础的 CG 动画和 CGI 虚拟现实影像,其虚拟特征更加明显,因为此类影像都是利用数字信号生成的,而不是由客观世界的物体影像复制而来,甚至某些 CG 动画、CGI 影像根本不存在客观现实母版,完全是创作者主观意象的创造,数字制作虚拟现实影像更多呈现的是创作者将客观现实和心理想象结合之后的心像。随着数字影像制作技术日新月异,此类影像在空间感、立体感、质感、动感、光感等多方面更加拟真,甚至有时让人觉察不出来是数字制作的影像,从而能够给用户带来非常强烈的真实感。

CGI 虚拟现实影像的一大优势就是可以较好地实现互动,借助互动工具,用户可以进入虚拟现实空间,在其中自由活动,参与到虚拟事件的进程中,与其中的事物发生关系,并且带来相应的变化。

尽管现阶段很多数字制作虚拟现实影像看上去还比较卡通,在直观视觉效果上与实拍影像的真实感有差距。但是,人们对于真实的感觉,不仅是来自直接视听感官的条件反射,很大程度上还取决于多种心理因素,合理和精妙的内容、逻辑、情节、情感等都有助于真实感的获得,数字制作虚拟现实影像往往需要将更有趣、更超越现实的内容运用到创作中。

二、声音保真与拟真

视听媒体虚拟现实作品中的声音主要包括同期声、音响、音乐、解说等,同期声通常由前期录音获得,而音响、音乐、解说等主要通过后期制作完成,前者的客观性较强,后者的主观性更明显。

当代的录音技术已经可以高保真地复制客观环境的声音效果,但通过简单便携的耳机设备、外放设备还不能将声音的全部效果很好地还原出来,声音的空间感、方位感、立体感等都会受到一定程度的影响。观看和体验视听媒体虚拟现实作品，对于头显设备的声音还原系统有非常高的要求，它必须随着用户注意力方向的随机转移，即时提供该方向最理想的声音场效果，这也是目前视听媒体虚拟现实作品创作过程中声音部分面临的一大难题。

除了直接采集于客观世界的声音，虚拟现实视听作品中的其他声音要通过后期制作的方式完成。在对一些直接录音不能完成的声音效果进行拟音时，要强调声音效果的心理真实，声音要有声源依据，要具有合理性。对于其他创作者添加的声音元素，如音乐、主观音效等，也要强调其与作品内容的契合度，追求浑然天成，避免人为痕迹过重，分散用户的注意力，使其游离于主体内容之外。

三、内容层面：超越现实

视听媒体虚拟现实作品能够给用户带来非常强烈的真实感和体验感，但是，其题材、内容却不能只满足于物质现实的复原，不能只是复制和摹写常规现实生活，而要追求与大众日常生活的距离感，要有新鲜感、陌生感，也就是说，虚拟现实作品内容必须具有一定超越现实的特征。

人们借助虚拟现实体验设备，希望进入的是自己在现实生活中无法抵达的梦境，期待体验的是自己在现实生活中无法企及的感觉，渴望实现的是自己在现实生活中没能实现的愿望，而且，这些本质上超越现实的诉求可以通过非常真实的感官体验来实现。从深层次来讲，它使体验者彻底摆脱了自己所处的客观世界的束缚，徜徉于虚拟现实世界中，头显、手柄等互动设备成为用户进入这个自由世界的"如意门"。

在纪实类视听媒体虚拟现实作品中，世界各地的自然或人文景观是吸引大众观赏和体验的重要内容。世界很大，人们都想去看看，但是，受到各种现实因素的影响，绝大多数人并不能走遍天下。借助虚拟现实互动设备，用户可以足不出户，免受舟车劳顿、游客拥挤之苦，在世界著名景点中"穿越"，体验、游览人间美景。

另一种适合纪实类视听媒体虚拟现实作品的题材内容是重大新闻事件。记录和再现具有重大影响力的新闻事件，让用户"身处新闻事件现场"，"设身处地"地经历新闻事件的发展过程，通过这种方式，将现场感推到极致，变成在场感。在现阶段技术条件下，VR/AR 新闻（或纪录片）的制作和传播还不够方便、快捷，要想获得较好的视听、互动效果需要较复杂的过程。所以，VR/AR

新闻（或纪录片）还不能成为新闻报道的常态，而精心选择重大新闻事件，制作VR/AR新闻专题片或纪录片，更多偏重于深度报道，时效性上会有一定的时延。

尽管虚拟现实技术具有前所未有的营造真实感的能力，但是，很多时候，人们在观看、体验视听媒体虚拟现实作品时，却不仅是为了满足对真实感的单一追求，特别是在用户观看、体验虚拟现实电影、综艺、广告、新媒体等艺术性作品时，主题创意及视听效果的设计创新会显得更加重要。沉浸感和真实感只是虚拟现实视听作品的一个基本标准。

在创意类视听媒体虚拟现实作品中，VR/AR电影是重要组成部分，创作者通常会将故事内容与互动游戏结合起来，将传统电影与虚拟现实技术的优势相结合，创造出全新的艺术作品。目前，诸多世界级的电影节都增设了虚拟现实作品的展映或竞赛单元，并有一些佳作逐渐问世。VR/AR广告、MV、新媒体艺术等文艺类作品的创作方法与VR/AR电影类似，VR/AR技术可以赋予艺术家超乎寻常的想象力和表现力，将他们创造出来的各种意象以非常真实、具体的视听形式呈现出来，使受众置身于超现实的虚拟时空，但却能产生非常真切、超越以往经验的具体感受。

教育培训类内容是未来视听媒体虚拟现实作品的重要组成内容，在创作方法上，它可以纪实为主，也可以创意为主，还可将纪实与创意方法综合使用。这类虚拟现实作品可以改变用户学习知识的本质，即由原来的模仿转变为体验。

视听媒体虚拟现实作品内容强调超越现实的特性，追求新鲜感和陌生感的同时，其对于合理性也提出了非常高的要求。因为人们视听等感官接收到的信号都是非常逼真的，所以，无论是纪实主题还是超现实主题，其设定的场景、时空都会给受众带来非常真切具体的感受，其叙事逻辑、情节设计、人物关系、互动规则等都需要经得起严格推敲，不能随意胡编乱造，出现明显不合理的因素，否则，会大大破坏用户体验的真实感。

四、对真实感和体验感的适度把握

回顾视听媒介的发展历史，可以将其简单地概括为"一部真实感、现场感不断增强的历史"，随着视听技术的不断进步，影像的空间感、立体感、质感、色彩、纹理、层次等方面的表现能力越来越强，声音的录制、还原质量也越来越好，视听媒体对客观世界的复制和摹写能力也在不断提高，人们的体验感也在逐渐升级，由黑白——彩色，由无声——有声，由平面——立体，由标清——高清，由旁观——沉浸，人们通过视听媒体，在心理感受上距离被表现的客观事物越来越近，观看者与被观看者在时间、空间的距离和隔阂逐渐缩小。

事实上，在视听技术手段处于初级阶段时，其带来的视觉效果、听觉效果与人类的视觉、听觉感知能力相差较远。因此，在相当长的时期内，视听技术发展的重点在于满足人类视听感官的基本需求，避免影像和声音与客观现实存在明显差异。超高清、3D、VR/AR、高保真录音等技术的出现，使得视听媒介在影像和声音的采集、还原方面，已经能够满足人类视觉、听觉器官的基本需求，能够给人们带来前所未有的真实感、在场感和体验感。当感官满足得以较好实现的时候，心理因素就会显得更加重要。人们究竟需要多么强烈的真实感、在场感和体验感呢？人类追求真实感、在场感和体验感的界限在哪里？技术工程师主要负责将科技设备的功能做到最强，而视听媒体创作者则需要考虑如何适当地使用这些科技设备，以及在视听媒体作品中最优化地发挥其功能。

（一）心理舒适度

毫无疑问，人类对于真实感的追求不是无限度的，而是有选择性的。

人们不是对任何情境、事件都想亲身体验，保持与视听作品中人物、场景、故事适当的"距离"，对不同场景、不同内容做出"趋近"或"远离"的不同选择，是符合人们的正常心理需要的。

决定人们好恶的一个重要指标是心理舒适度。通常情况下，对于那些能够给自己带来愉悦感、幸福感、满足感的事物，如鲜艳、芬芳的植物，温顺、可爱的动物，美丽、宜人的景色，香甜、可口的食品等人们更愿意观看、接触和体验。对于那些容易给自己带来恐惧、悲伤、愤怒、痛苦等感觉的事物，如腐烂、难闻的植物，凶残、丑陋的动物，恐怖、诡异的景象，恶臭、刺鼻的气味等人们则会厌恶观看、接触和体验。所以，在视听媒体虚拟现实作品创作中，必须要考虑不同场景、不同事物对用户心理舒适度的影响，从而有针对性地进行选择、处理。

当然，大众的心理舒适度既有一定的共性，也有不同的个性，不同个体在心理舒适度感受方面存在着明显的差异。比如，有的人喜欢体验恐怖探险类虚拟现实作品，有的人则比较排斥。由于人们具体的审美标准不尽相同，人们的心理需求、心理承受能力各异，对同样的事物，人们呈现出来的好恶反应也会不尽相同。

视听媒体虚拟现实作品如果想获得比较广泛的传播，就要以大众广泛接受的心理舒适度为基本准则，这样才能吸引更多用户去观看和体验。在选题内容、互动感受方面，要尽量避免过于个人化、极端化，避免单纯追求新、奇、怪。

（二）规定性与选择性

视听媒体虚拟现实作品基本上由两大部分组成，一是规定性内容，二是选择性内容。前者包括作品的基本框架结构、互动规则等，后者主要是多种互动选项，即用户体验过程中的多种可能性选项。

在纪实类视听媒体虚拟现实作品中，规定性内容相对更多一些，作品的缘起、时空、人物、事件、结局等都是不可改变的，选择性内容主要体现在过程中，用户可以采用不同的方法与虚拟现实时空中的事物互动，用户的行为不同，会带来不同的局部反馈，但是其最终的结局是不可改变的。比如，VR/AR新闻（或纪录片）作品的背景、起因、发展脉络、结局都是取材于真实事件或现象，不能随人们的主观意志而改变，创作者能够做到的是，借助互动体验设备，让用户逼真地参与到新闻事件的发生发展过程中，和主要新闻人物一起，随着事件进程去尝试各种应对、处置方法，深切体会最终结果如何产生。

在创意类视听媒体虚拟现实作品中，规定性内容主要体现在互动规则、游戏逻辑上，其过程和结果都应该是可变的，这一方面需要在前期制作时提供大量数据保证互动可能性的多样化，另一方面也对此类作品的智能化程度有较高的要求，作品应该能够根据用户行为的变化做出智能化反馈，自动生成相应的结果，而不仅是从创作者设定的数据库中提取既定的结果。

无论是纪实性还是创意性视听媒体虚拟现实作品，规定性内容都是由创作者掌控的元素，创作者可以通过规定性内容确保作品的形态、结构和价值观。在此基础上，各种视听媒体虚拟现实作品都需要为用户提供丰富的选择性内容，这部分内容可以为用户带来较大的自由度，也可以为用户带来丰富的互动体验空间，体验的结果也可以是多元化和多义性的。这样，用户才会感受到更大的主动性，拥有更优的体验感，对视听媒体虚拟现实作品的感受才会与传统视听媒体作品有本质的区别。

现阶段，在视听媒体虚拟现实作品创作中，用户互动反馈结果这部分内容主要还是来自创作者前期设定的数据库，用户的某种行为会对应数据库中相应的反馈结果。数据库越丰富，用户体验感相应越好。但是，在这种设计方式下，创作者为用户体验提供的可能性终究是有限的，只有将人工智能（AI）充分应用于视听媒体虚拟现实作品创作，用户行为与互动结果的关联才有无限可能，才能够真正为视听媒体虚拟现实作品创作插上自由飞翔的翅膀。

第二节 "旁观"与"体验"

传统视听媒体的受众通常被称为"观众"，因为其主要接受方式是观看和倾听，无论是 2D 图像还是 3D 影像，都为观众提供了一个观看世界的窗口，画框是其影像的基本边界，将视听媒体的影像世界与观众所处的现实世界分割开来，观众都是处在所观看的影像之外，被动地、客观地旁观视听媒体内容的发展变化。经过一百多年的探索，传统视听媒体创作和摄制已经形成了比较成熟完备的体系，确立了比较成熟的视听语言语法，也培养了观众的接受习惯，可以通过各种技术手段、艺术方法营造比较逼真的视听效果，给观众带来相当强烈的现场感、参与感，在心理层面，观众经常会沉迷于视听媒体内容的情节、情感之中，并随之欢喜、悲伤、愤怒、哀愁。

虚拟现实技术为视听媒体的发展提供了新的可能，将两者结合起来的新作品与传统视听媒体作品有着本质的不同。首先，影像的边界消失，画框不复存在。窗口消弭，受众所处现实时空和视听媒体影像的物理分界线消遁无形，影像成为全视域的，超出了人眼的正常视野范围。其次，观众变成了用户。在理想状态下，借助虚拟现实头显和互动设备，受众可以进入到视听媒体虚拟现实作品的影像世界之中，沉浸在虚拟现实场景中，甚至成为其构成元素之一，参与到其情节内容的设置和变化中，与虚拟现实场景中的各种事物进行互动。互动程度的高低，经常成为人们评判视听媒体虚拟现实作品优劣的重要标准。在视听媒体虚拟现实作品的传播过程中，受众不再只是客观旁观，而是主动参与和体验。能否互动，也成为区别传统视听媒体作品和虚拟现实视听媒体作品的本质界线。这种本质不同的传受方式，可以为用户带来前所未有的在场感、真实感和体验感。

一、视点的转换

传统视听媒体创作理论将视点分为四种，即主观视点、客观视点、主客观结合视点、主客观转换视点。主观视点又称作第一人称视角，即从作品中人物或动物的视角出发，拍摄影像和录制声音，甚至与被摄对象进行对话、接触等互动，能够给观众带来强烈的代入感、参与感，让观众较好地体验作品中人物或动物的所见、所闻、所思、所感。客观视点又称作第三人称视角，让观众处在客观旁观的位置，观看被摄对象及其故事按照自身逻辑发展变化，观众与视听作品中的对象并不发生互动关系。主客观结合视点是指通过前后影像的铺垫和关联，某些镜头既体现作品中人物或动物的视点效果，又体现观众的视点效果，将两者结合统一起来。主客观转换视点是指在一个连续的镜头拍摄过程中，通过机位的运动或改变景别，在主观视点和客观视点之间进行转换，既交代客观境况，又体现作品中人物或动物的主观视觉效果和心理感受。在大多数传统视听媒体作品中，客观视点所占比例最大，观众观看此类作品，总体上是处于一种客观旁观的状态。而在视听媒体虚拟现实作品中，受众的视角却发生了根本的变化，由内向外的第一视角成为其与生俱来的规定性视点。

（一）外部视角

在传统视听媒体作品传受过程中，受众总是与作品中的事物处于不同的时空。无论电影、电视、网络视频还是一些新媒体影像作品，都需要电影院、电视机、电脑、手机或平板电脑之类工具的支持，都要通过屏幕（或银幕）这种媒介向观众呈现影像和声音，观众和屏幕（或银幕）之间必定存在一定的物理空间距离，而且，在长时间的使用过程中，人们还根据屏幕（或银幕）的尺寸大小，总结出了不同的最佳观看距离。

传统视听媒体作品的影像都是有画框存在的，画框一方面成为一个窗口，让观众可以看到与现实世界不同的影像世界；另一方面，画框成为一个界线，将现实世界和影像世界明确地分割开来。

画框和观看距离的存在，确保了观众所处的现实世界与视听媒体作品影像世界之间的间隔，使得观众永远只能置身事外，偶尔出现的主观镜头或主客观结合镜头，更多的是建立在心理假设的基础上，由摄影机镜头代替观众按照创作人员设定的方式参与和互动，而观众并没有真正参与其中。

这种外部观看视角，保证了观众和传统视听媒体作品内容的距离，无论作品内容多么精彩纷呈，观众注意力如何被其吸引，大家都能够明确地区分现实世界和作品世界，作品中的惊天动地、悬疑惊悚、曲折离奇都是别人的故事，与观众处于不同的时间、空间，观众只能对其进行观赏，而不能"真正"参与其中，更不能对其有任何"改变"。

（二）内部视角

在视听媒体虚拟现实作品传受过程中，通过头显等设备，受众进入了作品表现的时空，与作品中的事物共处。受众的视点天生为主观视点，基本视角为第一视角，受众由旁观者变成了内观者，受众的观看视角由外部视角变成了内部视角，观看行为也从由外向内变成了由内向外。

视听媒体虚拟现实作品的一个基本特征就是水平、垂直方向 360 度全视域影像，这可以为受众带来明显的沉浸感，受众再也不是身处所观看故事的场景之外，而是"置身其中"，受众的注意力方向也不再只是屏幕（或银幕）所在的固定方向，而是随着内容情节的变化或自己的个人意愿，随机向四周的任意方向观看。

视听媒体虚拟现实作品将受众视点置于所表现的场景之中，受众由传统的向前看变成了向四周看，除了定点观看（Head Turn），受众还可以四处"走动"观看（Walk Around），与所表现场景中的事物互动，我们可以将受众视角分为以下两种形态。

1. 幽灵视角

在以摄影实拍为基础的视听媒体虚拟现实作品中，其 360 度全景影像主要由全景摄影机拍摄获得，如果有意隐藏摄影机的存在，那么受众在观看此类作品时，受众就会像悬浮的无形幽灵存在于作品场景之中，可以看到周围事物的发展变化，可以随着全景摄影机的运动进行自身位置的移动，但是，却不能和场景中的事物产生互动，不能加速或延缓其发展进程，也不能改变其发展轨迹和结果，我们称这种视角为"幽灵视角"。全景摄影机的拍摄位置决定了受众的视点位置，全景摄影机位于常人视点位置时，受众的视觉体验也属于常人视觉效果；全景摄影机位于非常规位置时（如地面、空中、水下、航拍等），受众的视觉体验也会超越常人的视觉感受。

从本质上来讲，这种视角属于视听媒体虚拟现实作品中的客观视点，尽管其给受众带来了全视域的视野范围和观看方向的自主性，但是，却并未赋予其与表现对象深入交互的能力。与观看传统视听媒体作品相比，此种受众视角带来体验的本质还是客观观看，在观看恐怖情景时，受众虽惊恐却不能逃离；在观看美人遇险时，受众虽勇敢却不能出手相救，身处其中，却不能参与其中，只能如幽灵般悬空四处观看，在给人们带来一定的视觉新奇感之余，这种视角形态经常会让受众觉得无力、无助、缺憾、失落，容易产生不满足感。突破技术局限，充分实现虚拟现实技术的可能性，是视听媒体虚拟现实作品创作者和受众共同的心愿。

以数字生成影像（CGI）为基础的视听媒体虚拟现实作品，也可以将受众视角设定为幽灵视角。如果作品只是用数字技术制作了动画影像，没有互动引擎，那受众体验效果和上述摄影实拍的虚拟现实作品效果基本相同。如果作品中设置了互动引擎，那么受众一定程度上就可以在虚拟现实场景中移动位置、控制速度、掌握时间，甚至可以通过互动改变作品内容的发展过程和结局。但是，因为受众在虚拟场景中是隐身的、无形的，其互动方式会受到一定的限制，更多呈现为对选项的选择，其故事性、角色化会弱化。

幽灵视角的优点是可以按照创作者的需要，在不同场景中自由变化视点位置，前一个场景还是常规视点，下一个场景就可以变成非常规视点，可以给受众带来比较丰富的视觉效果。

2. 阿凡达视角

在以摄影实拍为基础的视听媒体虚拟现实作品中，如果给全景摄影机赋予明确的角色身份，让全景摄影机镜头具有明确的视点依据，并且在360度全景影像中可以看到该角色的部分影像（如手臂、身体等），那么其受众视角形态就属于"阿凡达视角"。受众在观看此类视听媒体虚拟现实作品时，自身仿佛和全景摄影机所依附的角色融为一体，甚至成为故事中的一员而参与到作品内容之中，与周围的事物对话、互动，参与感、体验感也会进一步加强。但是，在以摄影为基础的视听媒体虚拟现实作品中，这种互动是规定性的，只能按照创作者事先设定好的方式进行，时间上也不能延缓或加速，只能按照编辑好的时间线按部就班地展开。

数字生成影像（CGI）为基础的视听媒体虚拟现实作品，更适合将受众视角设定为阿凡达视角，让受众成为作品中的某个角色，由现实时空更好地进入虚拟现实时空。而且，此类虚拟现实作品可以很好地实现受众与虚拟现实场景事物的互动，受众精神和意识附着的"阿凡达"可以按照设计规则，在一定范围内自由活动，更主动地参与虚拟现实作品内容，并影响其进程和结果。

阿凡达视角可以很好地增强受众的沉浸感、参与感、体验感、真实感，但是，这种视点设计也有缺憾，它会使受众的视点受限于某一具体设定的角色，而不能像全知全能的上帝一样自由变换观看的位置和角度。

在视听媒体虚拟现实作品创作中，需要借鉴传统影视创作的一些艺术创作手法，将幽灵视角和阿凡达视角有机结合运用，将幽灵视角场景段落和阿凡达视角场景段落交叉使用，以最大限度地满足受众的心理需求。

二、参与感与用户体验

（一）观众参与感的营造

传统视听媒体作品经过百余年的创作实践，总结出了多种增强观众参与感的方法。

首先，可以采用主观视点拍摄或制作影像，让被摄对象和摄影机镜头进行直接交流，仿佛是与观众在面对面直接交流，这种方式我们在前文已经做了较多论述，这里不再赘述。

其次，采用跟随表现对象运动的方法进行拍摄或制作，可以使观众与表现对象一起面对同样的事物，一起经历同样的运动过程，心理上容易给观众带来一定的伴随感，让其能够更好地理解和体会表现对象的心理状态和思想感情。

再次，在3D影视或网络视频创作过程中，创作者间或有意识地使用"出屏影像"，使作品中的事物近距离靠近人的眼睛，造成比较强烈的视觉冲击力，也可以给观众心理上带来比较明显的互动感。影像的立体感也是影响观众感知的一个重要维度，为了保证视觉舒适度，在3D影像创作中，较多采用入屏影像表现空间和立体效果，对于出屏影像的应用则比较谨慎。

另外，在一些传统视听媒体作品创作过程中，会采用热线电话、网络投票、直播连线、有奖竞猜等方法吸引观众参与其中。但是，这种方式只能使少量观众按照既定的规则介入作品的创作过程，受到不同时空的限制，观众的参与度及对作品的影响力还是比较初级的。

总之，在传统视听媒体作品传受过程中，传者和受众依赖的主要手段都是视听语言，主要作用于受众的视觉、听觉器官，创作者能够给观众营造的只是一种心理上的参与感，而并不能真正让观众参与到作品内容的创作之中，不能对其施加直接的影响并产生相应的反馈。简而言之，传统视听媒体作品主体都是别人的作品，创作者和观众属于传播链条的两个环节，是明显不同的群体。

（二）用户体验

视听媒体虚拟现实作品与传统视听媒体作品最根本的不同就是其能够让受众体验，体验是视听媒体虚拟现实作品传播的核心，如何丰富互动手段，改善体验效果，是所有视听媒体虚拟现实作品创作者最着力和用心之处。

1. 进入作品时空

在视听媒体虚拟现实作品传受过程中，通过头显设备，受众可以"进入"作品的时空之中，而不像观看传统视听媒体作品那样只能置身事外，这与日常生活中，人们观察和感知周围现实世界事物的方式更加接近，也更容易给受众带来在场感和真实感。受众也可以更好地融入作品之中，一定程度上，观众与创作者共同完成作品的创作，使其成为双方共同的"作品"。

2. 自由互动

充分发挥了现代科技的视听媒体虚拟现实作品，可以使创作者获得更加丰富的创作手段，更加自由的创作空间，也可以为受众的参与提供多种可能。互动度成为判断视听媒体虚拟现实作品质量优劣的最重要的标准，互动的可能性、互动方法的多样性、互动结果的智能化都是其中的重要因素。从理论上来讲，视听媒体虚拟现实作品中的互动不可能是绝对随心所欲的，它必须遵循前期设定的互动规则、游戏逻辑，也一定会受到前期数据量的限制。程序设计的合理性、科学性、智能化、人性化显得至关重要。

3. 多感官体验

在视听媒体虚拟现实作品传受过程中，不仅能调动人们的视觉、听觉器官，还能利用其触觉、嗅觉、味觉等感觉器官，全方位地接收和反馈信息。"沉浸感知体验是 VR 系统最基本的特征，让人脱离真实环境，沉浸到虚拟空间之中，获得与真实世界相同或相似的感知。虚拟现实技术将连接虚拟和现实，打开新的感知、交互、融合维度，在那个维度里，现实无足轻重，体验才是王国真正的货币"[1]。通过各种互动工具，受众可以通过自己的行为对作品中的事物施加影响，使其发生相应的改变。这种感知方式更加接近人们在日常生活中感知周

---

1 VEA 视频体验联盟秘书处.VR 体验：终端是基础，内容是核心，网络是保障[J]. 通信世界，2019(10):23.

围世界的方式,也会让人觉得更加的自然、真切。当然,在现有的条件下,利用触觉、嗅觉、味觉、温度感知等感觉器官进行互动感知的技术还不够成熟,真正达到多感官体验视听媒体虚拟现实作品的理想状态,还需要相关科技的创新和突破。

三、作品主题的指向性与多义性

(一)创作者主导的指向性

传统视听媒体作品通常有明确的主题,创作者将自己的思想、感情、观点融入作品之中,通过各种艺术手法,有效地传达给受众,试图让受众理解和接受。

在一百多年的发展过程中,传统视听媒体积累了丰富的创作经验,形成了成熟的艺术语言体系,创作者可以利用多种艺术手段引导观众的观看方式、限制观众的注意力重点、约束观众的思维导向,让受众按照自己设想的方案,得出自己希望受众得出的结论。

首先,创作者可以通过影像语言来规定受众的观看内容和观影方式。传统视听媒体作品可以通过画面构图对表现对象、表现场景进行取舍,框架成为剪裁世界的工具。景别决定取景范围的大小,也就决定了表现对象的重点区域。景深是焦点平面前后影像近似清晰的范围,利用虚实变化,创作者可以进一步控制观众的注意力——关注清晰影像,而忽略虚化的事物。通过镜头的运动,创作者可以更加有效地吸引观众的注意力,可以建立起事物之间的相互关系,可以由点到面,也可以由面到点,还可以形成一定的视觉节奏,张弛有度,与情绪、主题紧密结合。

其次,创作者可以通过后期剪辑强化自己的主观表达,引导观众的思维指向。有人说"影视是剪辑的艺术",通过后期剪辑,创作者将前期视听素材有机组合,使其具有更加明确、清晰的表意功能,并使其表达效果更加集中、强烈、生动,以便使观众更好地理解和接受创作者想要传达的主题和理念。

传统的视听媒体作品在创作完成后,就会形成一个固定的作品,观众可以观看、解读,但是,却不能再对作品进行改变。创作与观赏是界限比较清晰的两个环节,两者有所关联,但却不能相互交融。

尽管在一些传统视听媒体作品中,创作者有时也会保留开放式的结局,希望给观众留下比较大的联想、解读空间,但是,事实上,这种空间还是相对比较有限的,这种延展只能在受众思想层面进行,并不能再反馈到作品创作环节,除非是制作后续的续集作品。尽管受众在解读传统视听媒体作品过程中会结合自己的生活经验、思想感情,有一定的二次创作空间,可以赋予其一些新的内涵,但是,并不能改变其基本的故事框架、作品形态、主题立意,它们已经完成并相对固化。

(二)创作者与受众互动的多义性

视听媒体虚拟现实作品的创作、传播方式发生了根本性的变化,创作者在相当大的程度上失去了约束受众注意力和限制受众解读方式的能力,受众的自主性、自由度明显扩大,创作者只能探索新的表现方法,顺应受众心理,设法吸引受众按照自己所希望的方式观看、倾听、互动,而不是强制。

首先,视听媒体虚拟现实作品的影像由有限视域变成了360度全景视域。存在一百多年的画面"框架"消失了,创作者失去了限制引导观众注意力的一大利器,视点位置周围的所有影像信息都呈现在视听媒体虚拟现实作品中,受众不再是按照创作者选定的角度、方向、面积大小来观看影像,而是根据自己的心理、兴趣、目的自由选择观看360度全景视域的某个部分。在CGI影像VR/AR作品传受中,受众还可以自己控制视线停留的时间长度,对感兴趣的事物可以多注视一会儿,对不感兴趣的事物可以一带而过。

其次,视听媒体虚拟现实作品中的影像失去了景别、景深概念。景别与框架紧密相关,是传统视听媒体影像创作艺术语言的重要组成部分,不同的景别就是不同的"词汇",有不同的表现重点和不同的表意能力。景深控制是传统视听媒体作品影像创作的基本技法,直接体现为画面中的影像清晰范围,也是营造画面艺术效果的重要方法。在视听媒体虚拟现实作品中,景别和景深的概念都不复存在,画框消失了,360度全视域影像超过了人眼的视野范围;景深消失了,视点位置周围的事物由近及远影像都是清晰的,受众仿佛置身于现实世界,周围的景物都完整地呈现出来,而没有经过创作者的过滤、加工和精选。360度全景影像信息全面丰富,受众可以自己选择关注对象和重点,从而得出各自不同的观察结论。

更为重要的是,在视听媒体虚拟现实作品传受过程中,受众可以和作品内容进行充分地互动,并产生相应的"化学反应"。不同用户个体体验同一虚拟现实作品时,其行为方式不尽相同,出现的互动结果也会不同,互动方式、互动结果更加多样化、个性化、智能化。受众对视听媒体虚拟现实作品的体验感知不再是规定性的,而是千差万别的,是多样化、多义性的,真正实现了"一千个人眼里会有一千个哈姆雷特"。

这种多义性在不同的视听媒体虚拟现实作品中体现的程度会有所不同,VR新闻、VR纪录片等纪实性作品相对主题立意指向性更强一些,观看、互动的方法可以多种多样,但是,殊途同归,故事的发展变化逻辑和结局是不变的。在VR电影、VR视频艺术等艺术性虚拟现实作品中,这种多义性可以体现得更充分,可以千变万化,充分实现个性化、差异化。创作者更大意义上是给受众提供一个数字化体验平台,或者说提供一个进行体验的数字工具,最终作品的实现和完成需要受众的介入和参与,作品传播效果的实现需要创作者和受众的共同努力,某种意义上来说,视听媒体虚拟现实作品是创作者和受众的共同作品。

第三节　故事与游戏

传统视听媒体作品的核心是故事,无论电影、电视剧、纪录片、新闻片,还是网络视频、直播、综艺作品等,大多数都是在通过视听语言给观众讲故事,在讲述、演绎故事的基础上,形象、生动地表达主题思想。视听媒体虚拟现实作品本质的特征是互动,目前互动功能实现最好的视听媒介体游戏。如何将两者有机结合,成为视听媒体虚拟现实作品创作的核心问题。

一、故事是传统视听媒体作品的核心

故事可以分为真实故事和虚构故事两大类,讲述真实故事的作品就是纪实性作品,讲述虚构故事的作品就是艺术性作品。

故事的要素往往包括时间、地点、人物、事件等。

时间可以分为过去、现在和未来。发生于过去的故事可以称作历史故事,了解历史,可以以史为鉴,总结经验,更好地应对当下现实;正在进行中的故事可以通过视听媒体的直播方式传播,观看这种视听作品,能够让观众感受到很强的即时性,有一种共同经历的体验感,观众容易与故事中的人物共情同感;有些故事设定的发生时间是未来,这种故事属于科幻或童话故事,创作者在现有生活基础上,充分调动想象力,带领观众一起思考和探索未来。

地点在视听媒体作品中又可以被称作场景,场景是故事发生的舞台,其中

的自然景物可以展现地理环境，其中的人工器物更能体现人类文化的积淀和传统。不同的场景可以为故事提供丰富的场信息，可以交代故事背景，还可以渲染故事氛围。场景作为空间元素和时间元素紧密相关，同一场景在不同的时间会呈现出完全不同的状态，比如春、夏、秋、冬的时间演变会对场景样貌带来本质的影响。场景的不同状态与故事的情感、主题可以协调一致，也可以形成鲜明反差。

人物往往是故事的核心要素，人物有不同的角色身份，有不同的行为目标，有不同的思想情感，人物是事件的行为主体，人物驱动了故事情节的发展。故事中经常有多个人物，他们相互之间形成了复杂的人物关系。人物形象的塑造是故事的重要任务，人物情感、人物命运通常是最吸引观众的故事内容。某些故事中的主体是动物或其他事物，但是，动物或其他事物却往往被人化处理，具有了人类的思维方式和思想情感，这种表达方式更适合观众的接受心理。

事件是故事的主要内容，事件的产生往往有其具体的背景原因，有些是偶然事件，有些是必然发生。事件和时间、地点、人物等要素结合起来，使得故事得以产生。故事在结构上往往有起承转合，具有开端、发展、高潮、结局等组成部分，且各部分之间环环相扣。

视听媒体在长期发展过程中，积累了丰富的讲故事的方法，要想使故事吸引受众，设置悬念、营造矛盾冲突、曲折起伏、多线索叙事等都是常用的基本方法。

悬念设置是指创作者对故事情节发展、人物命运变化等进行未知设计，这样做能够充分调动受众的期待心理，吸引受众持续关注作品。在传统视听媒体作品中，创作者往往是明知答案但却有意识地设置悬念，然后再引导受众抽丝剥茧、层层深入、逐一释疑、揭晓谜底。影视作品中的"一分钟营救"理论和方法，就是典型的悬念设置操作。

矛盾冲突是增强作品故事性、戏剧性的重要元素，没有矛盾冲突，故事就失去了发展变化的动力，失去了内容的张力，也难以形成跌宕起伏的故事情节，从而显得平铺直叙，平淡无奇。故事有了曲折变化，才能形成叙事节奏，张弛有度，疾徐有序，可以更好地渲染气氛，吸引受众，强化表达效果。

故事线索是故事的基本脉络，单线索叙事往往容易清晰明了，但也容易受到时间、空间元素的限制，难以产生丰富的变化。多线索叙事可以表现更丰富的故事内容，展现更复杂的人物关系，时间、空间的变化也更多样化。在视听媒体作品创作中，使用多线索叙事手法，往往会采用系列化、连续性作品形态，这对于创作者影像叙事、结构作品等专业能力往往也有更高的要求。

在传统视听媒体创作过程中，当表现一些比较抽象或概括的对象和主题时（如经济形势、科学研究等），创作者往往会采用"故事化"的方法，赋予被表现对象一定的角色身份，将其人格化，设置一定的悬念，人为营造矛盾冲突，使其具备情节化特征。故事化处理的最大优点就是生动形象、通俗易懂，符合大众的接受心理，可以充分发挥视听媒体的优势，能够吸引受众注意力，并容易使其受到情节、情感的感染。

二、"故事+游戏"是 VR 视听作品的基本建构模式

当我们试图将虚拟现实技术与视听媒体作品创作结合起来的时候，需要充分发挥其各自优势，扬长避短，争取获得"1+1>2"的效果。优秀的视听媒体虚拟现实作品既需要引人入胜的故事，也需要感同身受的互动，现阶段，能够将交互性发挥到最佳程度的大众文化产品就是数字游戏。

数字游戏和视听媒体作品具有一些相似之处。数字游戏的环节设置有些类似于视听媒体作品的情节设计；数字游戏的升级闯关，蕴含着基本的悬念设置理念；游戏规则的设定，与视听媒体作品的矛盾冲突设计相仿；数字游戏的人物、场景、道具等影像设计与视听媒体作品的此类元素更是有异曲同工之妙。这些相似共通之处，奠定了数字游戏和视听媒体作品相互借鉴、相互学习的基础，在传统视听媒体作品和 2D、3D 数字游戏创作过程中，两者之间就经常进行良好的互动。

游戏内容和游戏规则一起构成了游戏的内核，近些年来，随着文化产业的蓬勃发展和数字游戏制作技术的进步，情节化、场景化成为游戏内容创作的重要方法，创作者越来越多地借鉴一些影视剧创作方法进行游戏创作，游戏内容不再是简单地胡编滥造，游戏中的角色设置更加丰富，情节更加丰富曲折，场景更加逼真，除了动作层面的互动，心理层面的互动得到进一步加强。在实践创作领域，影视剧和游戏相互借鉴、相互推动的现象屡见不鲜，长期存在游戏和影视剧结合改编的案例，如《仙剑奇侠传》《古剑奇谭》《古墓丽影》等由游戏改编成影视剧；《射雕英雄传》《侏罗纪公园》《军师联盟》等由影视剧改编成游戏。传统媒体视听作品在故事内容方面的优势与数字游戏在互动技术方面的长处相结合，两者互相促进、相得益彰。

数字游戏依靠 CGI 技术提供逼真的影像，凭借游戏引擎技术的支持，能够让用户深度参与，并能获得即时反馈，数字游戏制作技术与虚拟现实技术具备较高的相似度、适配度和可融合度。在现阶段，VR/AR 游戏是虚拟现实技术在文化产业领域应用最成功的产品类型，也是市场反馈效果最好的产品类型。虚拟现实技术与游戏技术相结合，将数字游戏提升到一个新的高度，即影像的高度逼真、受众的深度沉浸、用户的充分互动。虚拟现实技术和人工智能技术大大拓展了游戏的自由度，但是，为了避免其成为简单的技术噱头，故事性内容必不可少。

对于视听媒体虚拟现实作品而言，更需要既发挥传统优势——讲故事，又充分运用新技术，借鉴和融合一些 VR/AR 游戏制作技术和设计方法，取长补短，让受众不仅能观看和倾听，还要能玩，突破客观观影的局限，实现完美的沉浸与互动。

从某种角度来说，VR/AR 视听媒体作品本质上就是一种新型游戏，故事化、游戏化是其当下的基本创作模式，它能够让受众沉浸其中，通过互动设备与其中的事物互动，获得与自身行为动作相应的反馈，产生非常真切的身心体验。

第三章
虚拟现实的三次浪潮及发展述评

20 世纪初，虚拟现实还是科幻小说中关于 26 世纪的预言，只有不完整的特征描述，尚未形成完整的概念。人类的好奇心驱使一批伟大的发明家、科学家、艺术家在 20 世纪中叶就开始了探索实验，推动幻想一步步走向现实。在这短短几十年的时间里，虚拟现实技术和内容创作经历了从科幻到现实、科学应用到商业推广、进入大众生活三次发展浪潮。第一个阶段，虚拟现实完成了"使用者无法区分与现实世界的差异"的设想；第二阶段，设备小型化和商品化，完成了大众推广；第三阶段，关键技术依次被攻克，内容创作紧跟技术创新的节拍，不断推陈出新。

全向跑步机、力反馈衣甲、眼动捕捉、光场技术等，以及 VR 新闻、VR 纪录片、VR 电影、VR 社交等，媒介技术和内容正在深度融合，推动虚拟现实技术朝着下一代计算平台迈进。

第一节 第一次浪潮——从科幻到现实

一、科幻小说和预言著作中的概念

人类进入文明进程以来，大部分的科技发明都是幻想在先，技术实现在后。
1932 年，一部以福特纪元 632 年（相当于 26 世纪）人类生活为背景的小说《美丽新世界》(*Brave New World*) 对未来的乌托邦文明进行了大胆的描绘（如图 3-1-1 所示），当时有声电影出现仅仅 5 年，大众还陶醉在电影的声情并茂之中，但是作者奥尔德斯·赫胥黎（Aldous Huxley）已经有了更超前的设想："香薰机器"可以播放清新宜人的草本狂想曲，"感官电影"可以为观众播放立体彩色影像，手握充气座椅的金属扶手，能够和角色同步获得感官体验。[1]现在看来，赫胥黎对实现这种梦想的日期设定不会太遥远了，人类科技进步的速度远远超出了他的预期。

图 3-1-1 科幻小说《美丽新世界》画面

科幻小说作家史丹利·G·温鲍姆（Stanley G. Weinbaum）1935年在短篇小说《皮格马利翁的眼镜》（*Pygmalion's Spectacles*）中的设想和赫胥黎相近，借助一副特殊的眼镜，就能够进入电影里的世界，作为主角和故事中的其他人对话，不但能看、能听，还能嗅到、尝到、触到，这个世界类似电影《黑客帝国》中的矩阵，是一个包含多重感官的虚拟世界（如图 3-1-2 所示）。

至此，科幻作家完成了他们的预言，即未来必定会产生一种作用于人的五大感官，可以使人"进入"科幻时空，具备沉浸性特质的设备。唯一遗憾的是，在英文出版物中，虚拟现实（VR）这个专有名词到23年后才出现。1938年，法国前卫剧作家安东尼·阿尔托（Antonin Artaud）在他的论文集《戏剧及其重影》（*Le Théâtre et son double*）里将戏剧中角色与对象虚幻的属性描述为 la ré

---

[1] [英]奥尔德斯·赫胥黎著，陈超译. 美丽新世界[M]. 上海：上海译文出版社，2017:159-161.

alité virtuelle，这本书的英文译本于 1958 年出版，译者将这个词组翻译为 virtual reality[1]。

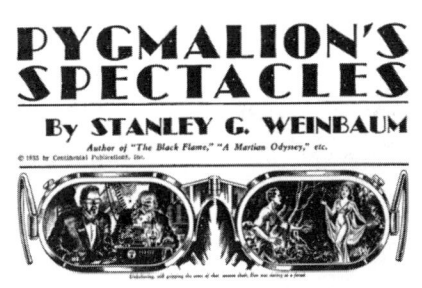

图 3-1-2　短篇小说《皮格马利翁的眼镜》画面

二、至今仍有参考价值的工程图

概念的想象可以天马行空，在较短时间内完成，但在科幻的外壳中注入硬核的科学技术，则需要花费大量的人力物力，还要遵循科技发展的规律。1955 年，美国摄影师莫顿·海利阁（Morton Heilig）把这种沉浸式设备的想法又往前推进了一步，设计出了原型图，并于 1957 年获得了专利（如图 3-1-3 所示）。

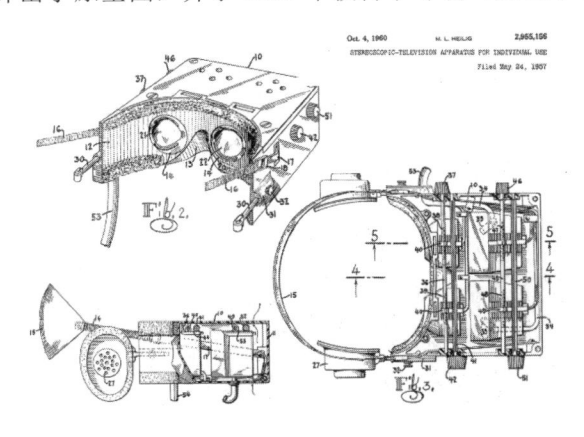

图 3-1-3　莫顿·海利阁沉浸式设备

晶体管时代的设备难以小型化，按照原型图的构想，1956 年，莫顿·海利

---

1 [法]安东尼·阿尔托著，玛丽·卡罗琳·理查兹译. 戏剧及其重影[M]. 纽约：格鲁夫·魏登菲尔德出版社，1958：49.

阁真正制造出来的是一台和游戏街机相仿的 Sensorama Stimulator，它能显示三维影像，能还原立体声，椅子可以根据观看到的内容而震动，还有风扇和气味（如图 3-1-4 所示）。莫顿为这部机器专门拍摄了六部短片，那简直就是现代科技馆里所谓的 5D 电影[1]。1962 年，这台机器获得了专利。

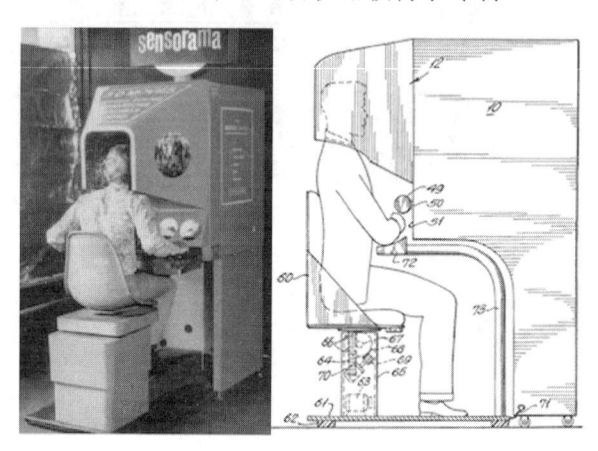

图 3-1-4　莫顿发明的 Sensorama Stimulator

美国《星期六晚报》（*The Saturday Evening Post*）1964 年 4 月 18 日一篇关于 Sensorama Stimulator 的报道描写到：感应式模拟器一次只能供一个人观看，观影者坐在一张红色的椅子上，紧紧抓住控制装置，通过看似双筒望远镜的东西观察。第一个场景模仿的是在交通中骑摩托车的感觉；第二个场景是和肚皮舞演员在同一个房间里。摩托车之旅以可怕的颠簸开始，影片突然将观众置于一个男人的位置，以不负责任的速度驾车穿过布鲁克林大桥。废气扑面而来，红色的椅子向后晃动，发出震耳欲聋的轰鸣声。

但 5D 并不等于 VR。Sensorama Stimulator 中的先进技术只有两项和虚拟现实相关，即"三维"和"力反馈"，仅有这两项还远远不能达到科幻小说作家描述的沉浸特质。三维影像只是通过模拟人眼的双眼视差还原立体感，这种影像是线性呈现的，而且不能随观看者的头部转动而联动；力反馈通过椅子并不能完整模拟自然界的力学结构，只是被动地感受震动，而不能和看到的对象进行互动。

1965 年，麻省理工学院（MIT）的计算机专家伊凡·萨瑟兰（Ivan Sutherland）

1　5D 电影是指 3D 电影+座椅运动+各种影院特效（雪、风、雨、泡泡等）.

发表了名为《终极显示》(*The Ultimate Display*)的论文，第一次以"使用者无法区分与现实世界的差异"定义了虚拟现实技术。虚拟现实的概念主要包括：可以展现 3D 的视觉和声音效果；能够提供触觉反馈；由电脑提供图像并保证实时性；用户能够通过与现实相同的方法与虚拟世界的物体进行互动。三年后，在麻省理工学院的林肯实验室中，伊凡和他的学生发明了人类历史上第一套头戴虚拟显示设备，由于设备笨重，需要吊挂在实验室屋顶，于是形象地命名为"达摩克利斯之剑"(Sword of Damocles)。用户左右转动头部时，由计算机生成的几何矩形可以产生相应的透视变化。此时，VR 技术迈出了关键的一步（如图 3-1-5 所示）。

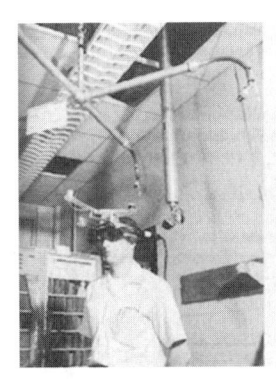

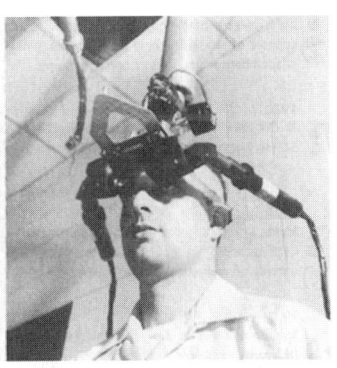

图 3-1-5　伊凡·萨瑟兰的头戴虚拟显示设备"达摩克利斯之剑"

莫顿·海利阁和伊凡·萨瑟兰都被誉为"VR 之父"。莫顿的贡献主要在头显（HMD）设备的原型设计，伊凡的贡献和莫顿正好相辅相成，主要凸显在计算机图形处理方面。

要知道，微软的视窗系统 Windows1.0 在 1985 年才发布，伊凡的计算机图形交互技术介入虚拟现实，其技术的先进性可见一斑。早在 1963 年，当伊凡完成他的博士论文的时候，仅用短短一年的时间就开发出了全世界第一个人机交互界面 Sketchpad（如图 3-1-6、图 3-1-7 所示），它是第一个使用完整图形用户界面的程序，在 3D 计算机建模和视觉模拟方面开辟了新天地，是计算机图形学和计算机辅助设计（Computer Aided Design，简称 CAD）、计算机辅助制造（Computer Aided Manufacturing，简称 CAM）的基础。作为现代计算机辅助设计的鼻祖，Sketchpad 引发了计算机程序设计的革命。伊凡证明计算机图形不仅可以用于技术目的，也可用于艺术的用途。

图 3-1-6 伊凡·萨瑟兰开发的 Sketchpad

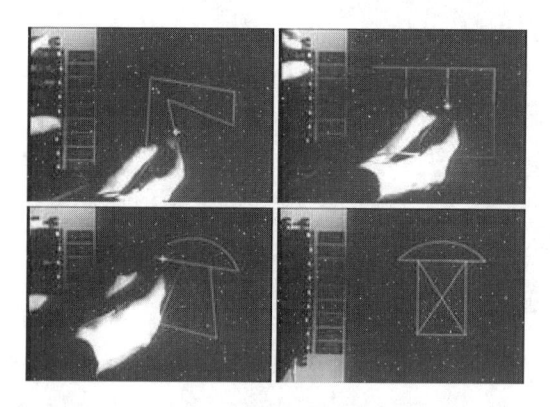

图 3-1-7 Sketchpad 在麻省理工学院的林肯 TX-2 计算机上运行，伊凡使用后来发明的光笔 Demonstrating Sketchpad 在屏幕上画画

诸事俱备，人们期待着计算机科学的进步，期待着微型芯片技术的普及和计算机运算能力的几何级增长。

第二节 第二次浪潮——科学应用和商业探索

"埃斯特尔·布里尔夫人正在观看一部摩托车急速行驶的电影，摩托车似乎在急转弯时发出砰的一声，她的身体僵硬了，右脚在地板上摸索着想象中的刹车。看完电影，她从机器旁站起来，眼睛里有一种茫然的表情：'我觉得我好像离开过这里'"。[1]这段话摘自美国《星期六晚邮报》1964年的一篇报道，布里尔夫人的话正切中了 Sensorama Stimulator 产生的沉浸效果。不过"感应式模拟器"这个名称还不足以概括这种技术的全部。1958年《戏剧及其重影》的英译版使用了 Virtual Reality 这个词，和我们现在对这个词的理解不同，它只是用来描述戏剧中角色与对象虚幻的属性。达米恩·布罗德里克（Damien Broderick）在1982年出版的科幻小说《犹大曼陀罗》（The Judas Mandala）中再次使用了这个词，但使用的范围和今天的虚拟现实技术也有很大出入。这部小说中，Virtual Reality 和 Virtual Matrix（虚拟矩阵）可以互换，与现在 Cyberspace（网络空间）的概念非常相似。

一、虚拟现实（VR）技术的商业化尝试

只有赋予 Virtual reality 清晰的概念和准确的内涵，才标志着虚拟现实第二次浪潮的开始。现代意义的 Virtual reality 是由杰伦·拉尼尔（Jaron Lanier）和他的公司 VPL Research 创造并推广的。1984年 VPL Research 在美国旧金山湾区创立，VPL 代表"虚拟编程语言"，杰伦定义公司的目标是"将虚拟现实带给大众"。如果两次浪潮之间存在清晰断代，应该以这一年为界。

虚拟现实走出实验室，开始尝试商业化运营的同时，也同步应用于一些高端科学项目。1985年，美国国家航空航天局（National Aeronautics and Space Administration，简称 NASA）研发了虚拟现实眼镜 VIVED VR，安装在宇航服的头盔上，用于训练宇航员模拟执行艰巨的太空任务（如图3-2-1所示）。虽然 VIVED VR 成本高昂，但是 NASA 的项目应用标志着 VR 已经不再是实验室里科学家的纯实验品，为以后其作为商业产品量产开辟了道路。

在 NASA 开发 VIVED 两年后，一个名为 EyePhone 的虚拟现实眼镜在 VPL Research 公司面世。借助互动手套，佩戴好 EyePhone，两个人可以在虚拟世界中玩游戏（如图3-2-2所示）。

当然，价格是 EyePhone 的绝对痛点，一套装备的售价约为10万美元，这在当时的市场来说高不可及，只能充当富豪家庭的儿童玩具。可是一旦这些豪门公子玩腻了，EyePhone 也就被人们遗忘了。1990年，VPL Research 公司申请破产。

---

1 资料来源：http://uschefnerarchive.com/morton-heilig-inventor-vr/.

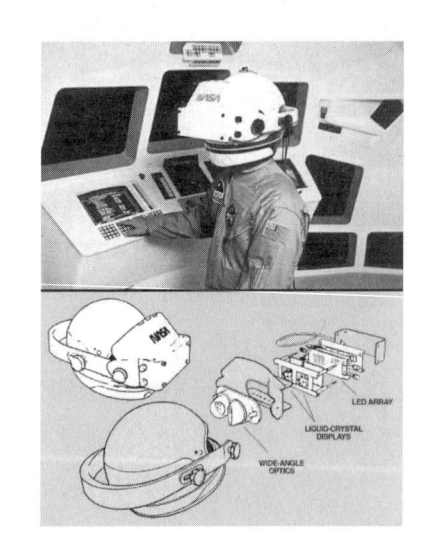

图 3-2-1　宇航员的模拟训练已经开始应用 VR 技术

图 3-2-2　售价高达 10 万美元的 EyePhone

虽然这次商业化运作没有成功，但公司划时代的贡献在于它首次将 VR 设备推向民用市场。EyePhone 是第一个面向消费者的头戴式可视设备（Head-mounted Display，简称 HMD），它还可以配合一种被称作数据手套 DataGlove 的设备来输出触觉。在设计理念上，HMD 仍然是当下虚拟现实设备的通用架构，数据手套在今天看来也绝对是超前的设计。

紧跟着吃螃蟹的是世嘉（SEGA）公司，1993 年在冬季消费电子展（International Consumer Electronics Show，简称 CES）上该公司推出并出售 VR 头显，但在第二年 SEGA 停止了该项目。据说 SEGA VR 已经能够生成非常逼真的画面，但用户在房间内移动的时候容易伤到自己。停止该项目的真正原因是开发困难，SEGA VR 仍然只是原型机（如图 3-2-3 所示）。

日本的任天堂和 SONY 公司也相继在 VR 商业化项目上折戟沉沙。1995 年 7 月 21 日，任天堂完成 Virtual Boy 并在日本发布。任天堂最初预计销售量将达到 300 万台主机和 1400 万个游戏。任天堂曾广泛宣传了 Virtual Boy，并声称在早期的促销活动中花费了超过 2500 万美元。到 1996 年年中，营销活动失败，Virtual Boy 机器甚至以 50 美元低价出售。即使采取了节省成本的措施，任天堂还是将 Virtual Boy 的价格定得相对较高，售价为 179.95 美元（如图 3-2-4 所示）。

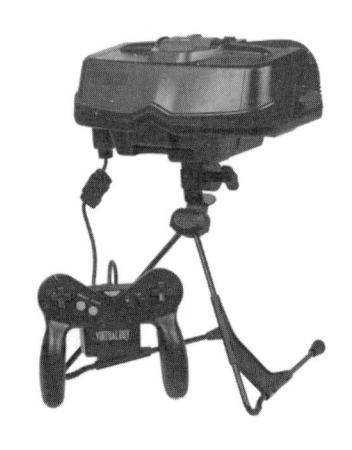

图 3-2-3　SEGA VR　　　　　　　图 3-2-4　Virtual Boy

出于制造成本和稳定性的考虑，Virtual Boy 的显示屏采用的是单色（红色）图像，需要支立在平坦的桌面上才可以使用。虽然这些"缺点"不尽如人意，但相比当时大多数视频游戏依靠单眼透视来实现屏幕的空间深度，Virtual Boy 的贡献在于第一次通过双眼视差方式在视频游戏领域实现了真实深度幻觉。

1995 年，美国西雅图的一个组织创造了一个洞穴般的 270 度沉浸式投影室。次年，这个被称为"虚拟环境剧场"的系统在网景公司（Netscape）主办的展览会上发布，首次展示了虚拟现实系统连接到互联网的技术。虚拟现实连接到网络表明虚拟现实建模语言 VRML（Virtual Reality Modeling Language）等配套的互联网技术也在同步发展。

从厂商一系列的动作可以清晰地看到一条虚拟现实产品的完整路线图。首先是设备便携化和头显化，使用视差图像实现真实的三维幻觉，和个人电脑设备相连以增强虚拟现实头显的处理能力。其次，出现了硬件开发和软件开发的分工，将虚拟现实连接到网络，实现和赛博虚拟空间的连接。

硬件开发不断突破，成本得以快速降低，但受限于计算机工业计算能力，虚拟现实产品仍无法满足虚拟现实沉浸感必需的影音质量需求。几代商业产品的失败，证明高质量虚拟现实内容的重要性，任天堂在其新闻稿中只专注于介绍新游戏机的技术方面，而忽略具体游戏的细节。1994 年苹果发布了 QuickTime VR 格式，对 VR 播放器、全景分辨率、互动性、对象电影、VR 电影元素和结构、编程等虚拟现实视频内容进行了全面的总结。一系列的尝试积累了宝贵的技术数据和商业开发经验。虚拟现实技术在 20 世纪末归于平淡，慢慢地积蓄力量，等待着下一次浪潮来临。

二、增强现实（AR）技术的诞生

20世纪80年代，虚拟现实衍生出另外一个分支"增强现实"。1980年，加拿大工程师史蒂夫·曼（Steve Mann）创造了第一台可穿戴计算机，这是一种计算机视觉系统，文本和图形可以覆盖在摄影设备拍摄的场景上。1990年，前波音公司研究人员托马斯·P·考德尔（Thomas P.Caudell）在一篇论文里用"增强现实"这一术语描述"将计算机呈现的元素覆盖在真实世界上"的技术，讨论了AR和VR的差异。增强现实（Augmented Reality，简称AR）这一术语正式诞生。

1992年，在美国空军Armstrong实验室开发的Virtual Fixtures系统，把虚拟感官信息叠加在真实的工作环境上，以提高人类在直接和远程操作任务中的表现。增强现实是一种现实世界环境的交互式体验，意在通过计算机生成的感知信息来增强对现实世界的认知。这种认知增强并不仅限于视觉，还包括听觉、触觉、嗅觉和体感，它是真实世界和虚拟世界的组合，是可实时交互的真实对象和虚拟对象在三维空间中精确匹配。

一个是封闭的、强调虚拟和沉浸的VR，一个是开放的、旨在提高人在真实空间中的行为能力的AR，两者在世纪之交"相遇"。

虚拟现实技术已经经过了半个世纪的发展，人们要感谢伊凡和莫顿两位VR之父，伊凡给了VR明确的概念，而且把VR和计算机图形技术紧密联系在一起；莫顿的专利技术一直是VR的原型参考。只可惜摩尔定律的周期需要极大的耐心和坚守，21世纪强大的移动计算能力、视网膜分辨率技术、实时反馈的传感器技术即为虚拟现实进入大众生活拉开大幕。

第三节　第三次浪潮——进入大众生活

一、汇聚多学科知识的 VR 新技术

比较一下任天堂的《虚拟男孩》（*Virtual Boy*，1995）和Oculus的《阿斯加德的愤怒》（*Asgard's Wrath*，2019），借助强大的CGI技术，超越真实时空的虚

拟现实技术今非昔比（如图 3-3-1 所示）。按照摩尔定律微处理器的性能每 18 个月提高一倍，今天人类的计算能力相较《虚拟男孩》时已经提升了 2^{16} 倍。在计算能力基础上，对 VR 之父伊凡·萨瑟兰定义的虚拟现实终极显示的 5 大技术要素的深入研究已经基本实现"使用者无法区分虚拟世界与现实世界的差异"。当然，除了人脑科学、材料科学的贡献，资本的力量也功不可没。

图 3-3-1　《虚拟男孩》和 Oculus 的《阿斯加德的愤怒》

2012 年登陆 Kickstarter 众筹平台的 Oculus Rift，当年 8 月份，在一天的时间里，成功募集到超过 25 万美元的资金，随后的一个月内募集资金超过了 250 万美元。2014 年 3 月，扎克伯格体验完 Oculus Rift 之后，开出了高达 20 亿美元的收购价格，Oculus 一跃成为世界最知名的 VR 公司之一。这次收购开启了新一轮的资本争夺，VR 概念迎来了新一轮的"爆发"。这个时间点和事件成为虚拟现实第三次浪潮和第二次浪潮之间清晰的分界线。

2015 年 9 月，三星正式推出了虚拟现实头显 Gear VR，虽然需要配合 Galaxy 智能手机来使用，但 99 美元的售价树立了 VR 移动设备的标杆[1]，VR 第一次大批量地走入寻常百姓家。

2016 年被虚拟现实业界称为"虚拟现实（VR）元年"，之所以将 2016 年定义为 VR 元年，关键是 2016 年的 VR 产业具备了可量产的高质量设备和完整的产业链。境外，三大高端虚拟现实产品 Oculus Rift CV1、HTC Vive 及索尼 PlayStation VR 相继上市发售。境内，大朋、蚁视也推出了一体机产品。三星 Gear VR、谷歌 Daydream View、暴风魔镜等配合手机使用的 VR 眼镜以较低的价格，承担了向大众普及 VR 的任务。2K 以上的分辨率、90Hz 的屏幕刷新率、110 度以上的视场角已成为大多数产品的标配。

---

1 刘丹. VR 简史：一本书读懂虚拟现实[M]. 北京：人民邮电出版社，2016.

受到硬件技术进步和资本市场的激励，面向消费市场的 VR 内容也快速增长，当年映维网对 Oculus Home、Steam、Viveport 及 PlayStation Store 四个内容分发平台的数据进行了统计，VR 游戏和 VR 应用达到了 2378 款，相比 2015 年的 213 款，增长率高达 1016%。不过，资本市场对 VR 产业的预期过高，虽然当年全球的总产值达 27 亿美元，应该算是一个非常不错的成绩，但是远远低于年初数据分析公司 SuperData 预测的 51 亿美元。

由于技术迭代的周期规律和 VR 内容创作短时间内难以有较大的突破，2017 年 VR 资本市场降温。减少了资本喧嚣对 VR 产业的健康发展是有利的，大浪淘沙后留下来的中坚力量制定了 VR 技术发展的路线图，对 VR 的本质规律有了更深入的思考。增强用户的沉浸感、改善用户的交互体验、现实世界与虚拟环境融合朝着真正实现"无法区分现实世界与虚拟世界"的终极构想发展，持续提升 VR 技术水平。

VR 内容创作也经历了一个去噪的过程，逐步摆脱了跟风炒作，有了尊重 VR 创作规律的自觉，创作领域保留下了真正钟情于 VR，有志于 VR 的精英团队。视听内容在新闻、纪录片、电影的结合、融合、超越方向有了大幅度的提升，产生了真正属于 VR 的内容。

2018 年以后，无论是产业层面还是消费层面，VR 从一款简单的娱乐和游戏设备，转向一个改善生活、工作的工具，应用于工业科技、医疗健康、教育培训、游戏娱乐等多个领域。2018 年 1 月，华为 VR 头显 HUAWEI VR2 上架华为官方商城、天猫以及京东，售价 1999 元人民币，同年 6 月开放对 Steam 平台的支持。2018 年 12 月腾讯在 T-DAY 腾讯用户开放日展示了其第一款 VR 头显设备——TenVR。上海乐相科技有限公司旗下 VR 品牌大鹏 VR 一体机获得 2019 德国 IF 设计奖。2019 年 3 月 28 日 Pico 发布 4K VR 一体机。其实早在 2017 年，爱奇艺就发布了消费级的 4K VR 一体机，到 2019 年，4K 产品线的平均价格已经下降了一半。2018 年初 8K VR 硬件解码技术已经成熟，2019 年 10 月中国品牌小派科技发布了 VR 8K 头显，Plus 版售价 999 美元。在分辨率上，8K 产品线意味着人眼看不到颗粒感，没有纱窗效应，基本实现视网膜效果。

2019 年 3 月 20 日，在游戏开发者大会（Game Developers Conference，简称 GDC）上，Oculus 正式发布新款 VR 头显产品——Oculus Rift S，包括 Oculus

Touch 控制器售价 399 美元，Rift S 采用了 Oculus Insight 内向外追踪技术[1]。用户无需安装复杂的外部跟踪传感器即可使用。Rift S 包含五个跟踪摄像头，配合一项名为 Passthrough +的技术，当用户走出游玩空间的时候，无需摘下头显也可查看周围环境[2]。在智能移动设备领域独占鳌头的苹果公司，计划打造一款代号为 T288 的头戴式装置，双眼的分辨率都达到 8K。[3]

据美国 VR 市场数据分析机构 Greenlight Insights 发布的《2018 年中国 VR 市场报告》，到 2022 年，中国 VR 头显硬件市场规模将达到 58 亿美元，VR 线下市场将达到 18 亿美元，VR 内容消费市场将达到 8.167 亿美元。中国 VR 市场头显销量 2022 年将达到 5470 万套。

面向普通电子消费市场，激活技术迭代更新的潜能和内容创造的活力，这也正是第三次虚拟现实浪潮和前两次浪潮的本质不同。智能手机和移动互联技术的发展，尤其是 5G 通信技术的落地，使得 VR 视频平台和应用 App 中 VR 内容的购买、订阅的通道已经打开，将极大地刺激虚拟现实产业链各方的积极参与，完成产业布局，让 VR 内容的创作和消费成为常态，这个时间点才是实至名归的 VR 元年。

第三次浪潮，VR 扩张了自己的领土，汇集了多学科的知识，和 VR 属性相关的技术又有了新的发展，可以更好地利用人类的 5 大感官，为人们带来效果更佳的虚拟现实体验感。

人类的 5 大感官中的视觉、听觉、触觉，对应 VR 硬件技术中的头显、耳机、互动手柄（或互动衣甲）（如图 3-3-2 所示）。显示技术要想骗过人眼，分辨率方面普通的 27 寸液晶显示器达到 5K 即可称之为视网膜效果，VR 头显全景影像则需达到 8K*8K，即单眼显示屏 8K 分辨率。为了解决眩晕，头显的刷新频率需要达到 95Hz 每秒，像素余晖小于 3 毫秒。音频技术要求耳机能够还原立体声音，考虑到来自全景空间的声音定位，沉浸式音频（Immersive Audio）是最理想的实现方式。

---

1 内向外追踪（Inside-Out）技术是指设备本身集成了追踪器，可以检测设备相对于外部环境的位置变化.

2 资料来源：Oculus 官方网站.

3 苹果公司正在研发一款支持 AR 和 VR 两种功能的无线头盔[EB/OL].

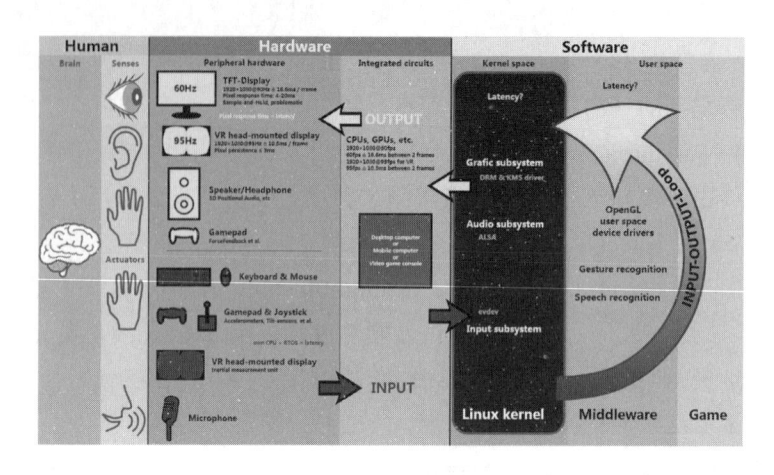

图 3-3-2　理想的人机界面（HMI）和外围设备

虚拟现实的复杂性和创新性超过了以往任何一种影音产品，而且它还复合了多学科的知识。和 VR 影视创作相关的 VR 关键技术主要包括：计算机图形技术、立体显示技术、视觉跟踪和视点感应技术（眼动捕捉）、沉浸式音频技术、动作捕捉、空间定位等。下面概述其中四种技术。

（一）计算机图形技术

在非虚构类作品中设计交互叙事的部分，需要对相应的场景进行 CGI 重建。虚构类作品中的合成特效，CG 角色也离不开计算机图形技术。在"达摩克利斯之剑"上，用户看到的是单纯的计算机几何模型，几乎没有自然物的物理属性。随着计算能力的提升，CG 技术的发展，现在的 VR 不仅能尽可能地保留物体的物理属性，而且更加注重对动力学规律的研究，甚至发展出了一门专门的学问——VR 物理学，即在虚拟空间中物体运动规律的科学。

关于计算机图形技术应用的案例，非虚构类作品可参考后面章节中的《越界》（*Across the Line*）、《8:46》《饥饿的洛杉矶》（*Hunger in LA*）等；虚构类作品可参考《火星救援 VR》（*The Martian* VR）、《救命》（*Help*）等。

（二）立体显示技术

路易·雅克·芒代·达盖尔（Louis Jacques Mand Daguerre）公布摄影术十年后，英国人大卫·布鲁斯特（David Brewster）发明了立体镜（如图 3-3-3 所示）。当时的立体照片由两张照片并排组合而成，照相机拍摄时使用相当于双眼距离的 65 毫米双镜头，一次性完成这两张照片的拍摄。使用立体镜观看立体照片时，刚开始左眼看到左边的照片，右眼看到右边的照片，通过短暂的视觉"调适"，左右眼的影像"重合"成了立体的影像。前景向前拉伸，背景后退，空间层次分明。

图 3-3-3　美国安德伍德公司拍摄的蛋白立体照片

立体照相机和立体镜的核心技术并不在于同时拍摄和呈现两张一样的照片，恰恰相反，是两张不一样的照片成就了立体影像（如图 3-3-4 所示）。

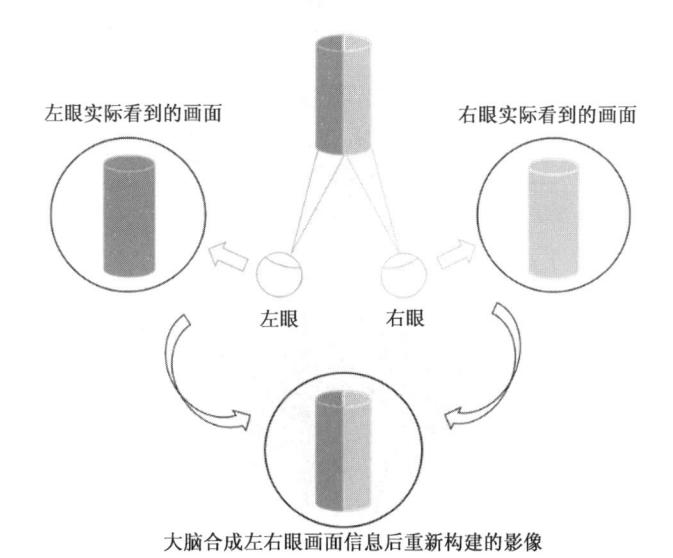

图 3-3-4　立体影像的构建

20 世纪 50 年代，第一部彩色立体影片《博瓦纳的魔鬼》问世，借助于红蓝滤光镜分别让左右眼看到两个水平视差的影像，大大提升了电影的视觉效果。

进入 21 世纪，偏光技术成为了立体活动影像放映的主流，杜比 Vision 激光放映机三倍于传统银幕的亮度，极大改善了立体影像的影调层次。立体影像的拍摄虽然没有脱离最早的立体照相的原理，但制作者对影像立体关系的理解有了质的飞跃。立体"照片对"只是两个静止的画面，观看时眼睛有足够的时间去调适。一旦建立空间关系，大脑的运算随即被暂停，立体画面得到持续呈现。一部 3D 影视作品通常会有超过一千个立体镜头对，涉及多种空间关系构成，每一组镜头对需要即刻在观众视觉系统中构建立体效果，需要极其精确地处理许多参数数据。所以，轴间距不会拘泥于视间距的 65 毫米，而是随场景变化而变化，同时还涉及会聚、立体窗口、舒适区等大量的和活动影像相关的技术问题。

3D 电影使用两台摄影机拍摄，虚拟现实 3D 全景视频的拍摄，不能使用两台 VR 摄影机，而是要在同一台摄影机设置立体镜头对，在缝合的时候输出两个有视差的全景影像。小蚁相机和 Google 合作开发的 Yi Halo 有 17 个镜头，能拍摄 8K×8K 分辨率每秒 30 帧的 3D 全景视频（如图 3-3-5 所示）。

图 3-3-5　Yi Halo VR 摄影机

得益于 3D 影片近 70 年的创作积累，VR 立体影像的制作在继承大量 3D 技术成果的基础上，已经朝着光场技术方向突破。Foundry 和 Figment Productions 以及 Surrey 大学三方共同组成 ALIVE 项目组，开发一种观众能够在虚拟现实内容里自由移动的实拍光场技术。当前的 VR 技术观众可以自由选择观看的角度,但无法在实拍的场景中移动。ALIVE 项目组研发的 "定位式 VR" 可以还原实拍视频内容的视差,观众可以前倾或者环顾查看场景,由此得到相对真实的沉浸式体验,但支持大范围移动的技术难题还没有被攻克。

ALIVE 使用光场技术从多个角度捕捉真实场景和真人动作,它是一种数据处理技术和后期制作工具,从光场捕获的数据可以实现实拍元素的体积化,这些元素交付到游戏引擎中,可以进行实时渲染。由此,最终结果将是一个更加真实的沉浸式体验,而其中实况的视频内容,将再现出现实世界中看到的视差,这个概念被称为 "定位式 VR"。

电影级的真人实拍型 VR 作品《金奇与双重世界》(*Kinch & The Double World*)是 ALIVE 正在进行的实验。影片讲述了一位无家可归的男孩 Kinch,他流浪在伦敦街头,因偷了一个面包而被警察追捕,后来逃到了一个古老的剧院,并被一位老魔术师带走,进入了一个与现实世界平行的魔法世界。分别在伦敦的四个地点取景拍摄,最后融合了 360 度真人动作,并结合 CGI 环境和光场技术,以构建沉浸式电影(如图 3-3-6 所示)。

图 3-3-6 ALIVE 的真人实拍型 VR 作品《金奇与双重世界》

(三)视觉追踪和视点感应技术

人的双眼的视域最大可以达到 188 度,双眼重合视域为 124 度,单眼舒适视域为 60 度。不过清晰的视域集中在视网膜的中央凹部,最为敏感的视域只有 10~20 度,所以在观察时,眼球会迅速转动,把最重要的观察对象定位在中央凹部[1]。视线追踪（Eye tracking/Gaze tracking），就是测量人眼瞳孔和相对于头部运动程度的技术，目的是获取精确的视点坐标。

世界上第一个非侵入式的眼动仪由盖·托马斯·布斯韦尔（Guy Thomas Buswell）1922年在芝加哥研制成功，使用在眼睛上反射的光束，然后将它们记录在胶片上，实现对视线位置的判定。20世纪70年代，出于对阅读研究的需要，眼动技术迅速发展，到了20世纪80年代，科学家已经开始使用眼动技术解答人机交互的问题，帮助残疾人在电脑菜单中搜索命令。

虚拟现实技术应用视线追踪技术的关键价值在于，通过定位瞳孔的位置，获取精确的瞳孔中心坐标，就可以计算出使用者的视点。虚拟现实应用程序感应到用户的视点，可以有选择地对视点区域图像进行增强，获取高质量的图像，同时可以弱化非视点区域的图像，模拟出人眼的敏感和非敏感视域的差别。

人通过键盘和鼠标对电脑进行输入，电脑通过屏幕对人进行输出，这种传统人机交互方式在虚拟现实中已经变得不适用。发挥眼球控制肌肉不容易疲劳的特性，基于视线追踪的人机交互将是下一代计算平台标准的界面技术。

（四）沉浸式音频技术（Immersive Audio）

真实世界的声音来自四面八方，人类的空间定位多数情况下是听觉优先。耳朵成对的自然进化，可以使大脑通过辨识声音相位的微妙差别，准确听声辨位。沉浸式音频技术需要配置3D扬声器环境或佩戴立体声耳机回放渲染后的声音。相关作品可参考《失明笔记》（详见本书第七章）。

三维的声音可以实现最大化沉浸式体验。从立体声到全景声，再到多维音频，声音创作的理念不断迭代更新。同样都是声音，但它们面向的对象不同。立体声是基于声道的音频，它将内容传递给物理扬声器，每个扬声器都有一个输出通道；全景声是基于对象的音频，它描述了某个音频对象放置在声场中的位置，并且通过数据处理计算出其对特定三维扬声器系统的回放。虚拟现实中的声音是基于声场音频，通过预先渲染的双耳信息捕获声场，并在立体声耳机中进行静态双耳播放，或者借助VR头显转动产生的数据进行动态双耳回放。动态双耳回放带给用户的体验和真实声场一致。

全景三维影像没有了框架的限制，创作者手中依靠影像造型手段叙事的工

---

[1] 李婧，熊瑛，王宁利，万修华. 离焦与球差对人眼视锐度的交互影响[J]. 中华眼视光学与视觉科学杂志，2015 (12):736-739.

具大部分失去了效力,为了对观众进行必要的引导,声音的线索变得空前重要。全景声技术已经很出色,但是 VR 头显的位置变化需要可以"转动"或者"升降"的声音,基于声场的音频渲染技术解决了这个难题。在创作中,理想的虚拟现实声音除了水平面上的环绕信息,还包括高度信息。影片《公民凯恩》中苏珊演唱会声音的上升感受,是上升的运动镜头产生的心理暗示,而 VR 声音的高度则是真实的声音方位变化。

虚拟现实是三维空间声音应用的最佳环境。现场拍摄同步录音一般保持和摄影机相同的位置,常用的方法是双耳、四声双耳或高保真度立体声像复制(Ambisonics)。双耳使用带有放置在人造耳朵内的麦克风的模拟头,而四声双耳则需要四组双耳模拟头(如图 3-3-7 所示)。

图 3-3-7　森海塞尔虚拟现实音频录制设备

影像的历史就是艺术和技术互动发展的历史,通过以上对 VR 最新技术的简单梳理,可以看到第三次浪潮和前两次浪潮的根本区别就是相对成熟的技术为内容创作提供了有效支撑,内容创作的需求又给技术发展提出了新的要求。

汇聚全球力量完善这些技术并不是什么难题,但作为廉价和成熟的技术解决方案提供给普通的消费者,则考验着摩尔定律下基础产能的水平。

二、视听媒体虚拟现实技术应用

从莫顿·海利阁 1957 年获得专利算起,虚拟现实技术已经有超过 60 年的历史,但是该技术大规模应用在影视、游戏、教育、医疗、工业设计等各个领域只是最近几年的事,所以 VR 现阶段并没有成为像电视、广播、平面媒体等这样边界相对清晰的媒体形态。本书主要研究电影、电视、网络视频、纪录片、新闻、直播、图片等主流视听媒体形态和 VR 的结合关系。VR 游戏、教育、医疗、旅游、房地产、工业设计等虽与视听媒体有一定的关联,但按其本质将其归属于 VR 实际应用技术，暂不列入本书的研究对象范围。

本部分重点介绍互联网 VR 平台、移动互联 VR 平台、内置 App 的 VR 一体机（头显）、VR 线下影院的虚拟现实技术应用情况。

（一）中国视听媒体虚拟现实技术应用概况

1. 中国互联网三巨头 BAT（百度、阿里巴巴、腾讯）在 2016 年前后都开展了 VR 业务

2015 年 12 月，百度视频正式向外界推出 VR 频道，凭借其强大的搜索引擎成为当年国内内容最丰富的 VR 内容资源平台。百度后来对其 VR 业务进行了整合，包括内容聚合平台百度 VR App、技术开放平台、VR 广告解决方案和 VR 行业解决方案等。百度 VR 拥有国内独家的 Web VR 技术，依托百度独有的内核渲染能力，对普通网页进行 VR 化，可快速引入海量第三方资源，包括 3D 电影、VR 直播、全景视频、全景图片、VR 网站等，全面兼容市场上主流的 VR 眼镜，并提供裸眼全景和 VR 沉浸两种模式，结合语音交互、手势识别等先进技术，为用户提供沉浸式 VR 浏览体验。

爱奇艺作为百度旗下的视频平台，在 VR 内容建设方面比较突出。在 VR 内容自制方面，爱奇艺 2018 年推出多部以恐怖类、科幻类题材为主的 VR 内容，如《寻人大师之注意危险 VR 版》《鬼吹灯之牧野诡事 VR 版》《灵域 VR 版》等。同时，在综艺方面，推出了 VR 全景视频和 VR 衍生节目《偶像练习生之 VR 恋之物语》。在内容合作方面，爱奇艺与 Adrift Pictures 建立紧密合作，每周在爱奇艺 VR 平台独家上线 1 部全新 VR 视频；Venus Reality 的定制主题内容以每周更新 2 部的频率独家上线爱奇艺 VR 平台。

在影院场景下，爱奇艺精心打造的原创视频《无主之城》《神探蒲松龄》4D 座椅版 VR 内容将在数字王国空间 VR 影院首发上映。而在综合娱乐中心场景下，也将热门 IP《仙剑奇侠传 4》《神探蒲松龄》的多人大空间定制版 VR 在艾蒏斯 VR 综合娱乐中心首发上线。另外，爱奇艺还将针对《机器人争霸》超级网综 IP 内容开发面向主题公园的 VR 体验项目，为用户带来全国首家原创定制的全感式沉浸体验。截至 2019 年年底，爱奇艺 VR 应用已经形成了比较稳定的内容板块，主要有 VR 全景、3D、电影、电视剧、体育、动漫，VR 全景内容累计有 300 多个，电影 2000 余部。

2016 年年初，阿里旗下的优酷土豆进入全景视频领域，"两会"期间推出

了 VR 版点播两会节目。大朋 VR 入驻阿里 VR 实验室，大朋 VR 一体机在淘宝平台众筹。网站设有 VR 频道，但内容极少。优酷 VR App 提供 VR 视频搜索功能，设有综艺、影院、极限、美食、搞笑、明星、旅行、汽车和直播等栏目。截至 2019 年年底，优酷 VR 应用中的内容已经整合为巨幕、360°、直播三大板块，巨幕下设 3D 影院、院线大片、电视剧、综艺和动漫，资源超过 600 部。

阿里的 VR 战略布局和百度有所不同，技术对于阿里来说只是入口，最终的目的是把 VR 扩展到商业。百度的目标是通过搜索引擎的聚合功能，通过视频内容完善其技术平台，提供行业解决方案。腾讯的重点则在交互和应用的设计上，等待 5G 技术落地，为将来的 VR 游戏和 VR 社交奠定基础。在第五届世界互联网大会上，马化腾表示会认真地考虑对 VR 版本微信的开发。2017 年，腾讯发布了腾讯炫境 VR App，截至 2019 年年底，只有少量内容更新。次年腾讯发布了 QQ 浏览器 VR App，互联网页面 VR 化，同时开发了专用于头显系统的腾讯视频 App，为腾讯视频海量的内容提供 VR 头显入口。

互联网平台 VR 内容不足，App 资源分类更多基于传统 2D、3D 内容成为 BAT 三巨头虚拟现实技术应用方面体现出来的共同特点。基于安卓和 iOS 的移动 VR 平台上，各家的原生 VR 内容都不是很丰富，更多的是移植各个视频平台原有的节目，汇集成 VR 在线影院和综艺节目等栏目。对于这些大量二维、少量三维的框式内容，VR 只是一个和影视传统媒介相似的播放平台。

2. 专注于虚拟现实技术的影视公司则更早进行了技术的研发和内容的创作

数字王国（1993 年由詹姆斯·卡梅隆、斯坦·温斯顿、斯考特·罗斯共同创建的电影特效公司，2012 年被国内资本收购）在 VR 领域的贡献，集中在虚拟人的舞台呈现上。虚拟人技术是指运用计算机图像生成技术（CGI）制作数字人类（Digital Human），再通过全息影像技术呈现在舞台上的一种数字技术。和通过头戴设备观看的虚拟现实内容不同，虚拟人可以被裸眼直接观看，观众端不需要任何辅助设备。数字王国早在 2012 年就创造了虚拟人图派克（TUPAC，美国说唱歌手），2013 年实现了邓丽君的虚拟人与周杰伦的隔空对唱，随后用同样的技术制作了李荣浩演唱会、"康熙来了"等 VR 视频内容。

按照数字王国自己的定义，虚拟人可分为三个类别：在世（Living）、传奇（Legend）和创造（Creation）。"在世"不仅要制作和真人当下一致的虚拟人，还要模拟出不同年龄段的状态；"传奇"意味着"复活"已过世的经典人物造型；

"创造"则是完全使用数字技术制造新的虚拟人。如果把这项技术放在社交背景下，虚拟人可以成为人们在虚拟世界的化身（Avatar）。

在 VR 视听内容创作方面，数字王国 2015 年制作了 VR 电影 *Evolution of Verse*、VR 广告 *Nike Hyper venom II-The Neymar Jr. Effect*、VR MV *Blank Space*，2018 年推出原创 VR 动画片《山与海》。数字王国参与了《泰坦尼克号》《速度与激情（七）》《复仇者联盟》《死侍》等 100 多部好莱坞电影的特效制作，积累了大量的城市三维建模数据，这被认为是构建 VR 场景的重要数字资产。不过，电影特效渲染所需的计算资源远非现在的 VR 平台运算速度所能承受。这些资产在 VR 领域的"变现"还需假以时日。

小米、360 等公司，专注于开发硬件，资本的投入不均衡。"从整个 VR 产业的实际发展状况来看，硬件支持是 VR 产品及服务得以落地的重要基础，而内容则是该产业得以快速发展的核心驱动力量。与国外相比，我国 VR 产业相对落后，无论是硬件还是内容，都存在着一定的问题，而且企业之间缺乏有效联动，没有建立起统一的行业标准和技术规范。VR 内容需要有一个较长的创造周期，存在较高的技术壁垒，这导致国内投资者主要投资的是硬件，在内容生产方面的投资明显缺乏积极性。但国内一部分 VR 领域的探索者，近年来也逐渐意识到了 VR 内容在建立核心竞争力方面的极大优势，在投入资源研发硬件产品的同时，在内容创造方面也给予了足够的关注。"[1]

（二）海外视听媒体虚拟现实技术应用概况

作为一种新的媒介形式，VR 沉浸感吸引了新闻媒体的关注，增加新闻的"在场感"，在时间碎片化的时代捕获更多的注意力。纽约时报、BBC、ABC News、国家地理等知名传统媒体也纷纷试点"VR+新闻""VR+纪录片"等呈现形式。经过几年的内容创作积累和技术探索，2018 年，VR 内容的发布全面转向 VR 应用平台，Oculus Experiences、Google Play 等应用商店成为虚拟现实内容的集散地。虽然 VR 内容的增长放缓，但平台新技术的开发和内容提供商的互动越来越深入，具有真 VR 特质的作品得以积累，为即将到来的 5G 时代积蓄能量。

---

[1] 杨栗洋，陈建英，曾华林，等. VR 战略：从虚拟到现实的商业革命[M]. 北京：中国铁道出版社，2017.

1. 传统媒体

（1）纽约时报（*The New York Times*）

在 2014 年美国计算机协会计算机图形专业组组织的计算机图形学年度峰会上，虚拟现实技术吸引了纽约时报的注意。2015 年，纽约时报正式启动了 VR 内容制作项目，先后制作了 20 多个 VR 纪录片。同时，时报投资 100 多万美元同步研发了虚拟现实内容发布平台——NYT VR。2016 年 4 月，时报和谷歌合作，向订阅杂志的用户赠送了 100 万个 Cardboard 眼镜，用户看到的第一篇 VR 报道是《流离失所》(*The Displaced*)。5 月，NYT VR 成为纽约时报 App——NYTimes 2008 年发布以来下载量最高的 App。6 月 NYT VR 获得戛纳国际创意节移动类至尊大奖，VR 作品 *Nature Is Inspiring Our Industrial Future* 获得了"虚拟现实体验"行动创意奖提名。

为了扩大 VR 内容的覆盖范围，突破 VR 观看设备的限制。纽约时报与三星合作（如图 3-3-8 所示），2016 年 11 月 1 日推出了虚拟现实视频平台——The Daily 360，以全景视频的方式向它的用户提供新闻，纽约时报自己称之为体验新闻的新方式——"VR+新闻"。The Daily 360 的第一部 VR 视频《在也门的空难废墟中》(*In the Rubble of an Airstrike in Yemen*)，由普利策奖获奖摄影师泰勒希克斯和记者本哈伯德拍摄。

图 3-3-8　纽约时报和三星合作发布 VR 视频

严格来说，基于网页浏览器技术的虚拟现实产品不能称之为典型的 VR，而是 360 全景视频。在 2015 年纽约时报开始创作 VR 内容时，苹果操作系统中的 Safari 还不支持这种格式。按照技术发展的逻辑，VR 平台是完全不同于互联网的新一代计算平台，基于网页格式的 360 全景视频更多的是基于推广普及的需要，只是阶段性的产品。The Daily 360 持续更新了 426 天，发布了 435 个 360

度全景视频，基本上实现了每天一部 VR 作品的承诺。之后时报的 VR 相关内容转移到了专属的虚拟现实平台。

纽约时报在 2016 年 9 月份发布了 Life VR App，全面涵盖旗下《时代周刊》《人物》《娱乐周刊》和《体育画报》的内容，包括新闻报道、旅游、体育等。作为最早尝试 VR 新闻创作和传播的开创者，纽约时报证明了"VR+新闻"可以成为新闻传播的一种新类型。叙事新闻作品有：Sensations of Sound、Great Performs: Natalie Portman、Man on Spire、Lincoln In The Bardo、How I Become a Laugher Yoga Photographer、Policing Flint、The Displaced、Vigils in Paris。文体类新闻作品有：The National: Something out of Nothing、Notes on Blindness、The Creators: Taryn Simon、The Creators: Rob Pruitt、Great Performers、Take Flight、Walking New York、The Modern Games。自然景观类作品有：Pilgrimage、The Click Effect、The Land of Salt and Fire、Under a Cracked Sky。科普类作品有：Experience Eclipse Totality、Seeking Pluto's Frigid Heart。《流离失所》讲述了三个孩子在叙利亚战争中艰难生活的故事，第一次把受众"代入"新闻事件现场。《寻找冥王星的冰冻之心》突破传统科教片的边界，提供给观众的是一次虚拟旅行。《守夜巴黎》（Vigils in Paris）再现在恐怖袭击发生后的巴黎，夜晚受众跟随市民在街头摆放蜡烛，诵经祈福。纽约时报对多种新闻题材进行了尝试，这对 VR 新闻的发展影响深远。

互联网视频平台不适合传播 VR 内容，一体机或头显内置的 VR 浏览器技术也并非理想的人机交互界面，这些可以视作纽约时报互联网视频平台 VR 新闻日常化的实验。谷歌的 Cardboard 和三星的 Gear VR 需要和用户的手机一起使用，手机的分辨率一般在 2K 以下，纱窗效应影响了用户的体验。在内容供应方面，纽约时报创作的 VR 内容大多都不具有唯一性，不能很好地表现 VR 的本体特征。以现在的技术水平和创作理念来衡量，时报的 VR 新闻还有许多缺憾，但以历史的视角来看，时报开创性的探索实践开辟了 VR 新闻的新时代。

（2）英国广播公司（BBC）

2015 年 BBC 和 REWIND 工作室合作[1]，制作了一档 VR 真人秀节目《舞动奇迹》（Strictly Come Dancing）。2016 年 BBC 推出了一款 App，能够对西格夫里·萨松（Siegfried Sassoon）的诗歌进行 VR 可视化操作。试验成功后，BBC

---

1 材料来源：BBC 和 REWIND 工作室合作的 VR 官方网站，网址：https://www.bbc.co.uk/virtualreality。

把自己纪录片创作上的巨大成就和 VR 技术结合，推出了一系列 VR 纪录片，发布在 Oculus Rift 以及 Gear VR 平台。

从 360 度全景展示，到 CGI 手段介入互动叙事，BBC 在 VR 影视创作交互体验方面进行了大量的尝试和创新。比较有代表性的作品有：《刚果 VR》（*Congo VR*）、《复活节崛起：反叛的声音》（*Easter Rising: Voice Of A Rebel*）、《生命 VR》（*Life in VR*）、《发出噪音 VR》（*Make Noise VR*）、《他们什么也没做 VR》（*People Just Do Nothing VR*）、《战地明信片 VR》（*Nothing To Be Written VR*）、《1943 柏林空袭 VR》（*1943 Berlin Blitz VR*）、《旋转的森林：一个互动的童话 VR》（*The Turning Forest: An Interactive Fairytale VR*）、《尼罗河筑坝 VR》（*Damming the Nile VR*）、《我们等待：一个移民故事 VR》（*We Wait: A Migrant Story VR*）、《跨越天空：穿过喜马拉雅山徒步上学 VR》（*Crossing the Sky: Trek to School through the Himalayas VR*）。

《复活节崛起：反叛的声音》是 BBC 为纪念 1916 年爱尔兰复活节起义 100 周年而推出的 VR 纪录片。观众"置身于"柏林街头，跟随 19 岁少年 Willie McNieve 的脚步，回顾那段反抗英国政府的真实历史。《复活节崛起：反叛的声音》由伦敦 BBC iWonder 公司开发制作，并得到了 Crossover Labs 和 VRTOV 工作室的 Oscar Raby 在技术方面的支持。

由 BBC VR Hub 和 BBC News 制作的纪录片《刚果 VR》是 2018 金玫瑰奖（Rose d'Or）获奖作品《尼罗河筑坝 VR》的续集。在这部纪录片里，观众和 BBC 新闻非洲记者 Alastair Leithead 一起"身临"刚果，在首都金沙萨加入俾格米人的森林狩猎，和联合国维和部队一起应对激进组织和埃博拉疫情，深入雨林近距离接触东部低地的大猩猩，体验和了解这个国家，改变一个多世纪以来刚果民主共和国"黑暗之心"的形象（如图 3-3-9 所示）。

《生命 VR》由游戏工作室 Preloaded 与 BBC Studios 联合制作，这部 VR 纪录片将海底世界的奇观与虚拟现实的乐趣融合在一起，它的主题与食物链有关，讲述各种生物之间相互依存的故事。奇妙之旅在加利福尼亚海岸、在太平洋的蒙特雷湾、在宽阔的海域上正式开启，这部作品将叙述周期精确到十二个小时，一路沿着旅程前进，每一个章节都会出现不同的生物，同时，引领用户进入下一章节。这部 VR 动画纪录片运用了谷歌的 WorldSense 追踪技术，不需要外部传感器即可识别观众的动作，影片中的水下生物会同步响应这些动作。BBC 在平衡虚拟现实的自由探索性和故事本身的叙事性上进行了可贵的尝试。

图 3-3-9　BBC《刚果 VR》

（3）ABC News

早在 ABC News 推出 VR 频道之前，ABC News 就已经尝试利用 VR 为自家的网剧做宣传。ABC News 为犯罪剧《Q 谍网》制作的 VR 短片《缉凶 VR》(*Quantico VR*)，以第一视角、参与式方式展现警方的一场抓捕行动，不仅为观众提供了一次沉浸式体验，还巧妙地将赞助商雷克萨斯的新车广告完美结合到了剧情中。

ABC News VR 的代表作品有《盲光：重温 2017 年美国日食 VR》(*"Blind Light": Relive the 2017 Great American Eclipse in VR*)、《身处隐秘王国：朝鲜之旅 VR》(*Inside the Hermit Kingdom: VR Journey in North Korea*)、《与鲨鱼同游：体验金哲鲨鱼潜水 VR》(*Swimming with sharks: Experience Ginger Zee's shark dive live in virtual reality*)、《抢救面临 ISIS 威胁的叙利亚文物的飞行》(*The Fight to Save Syria's Antiquities From ISIS*)、《地震损毁后的尼泊尔加德满都：一场 VR 体验》(*Earthquake-Ravaged Kathmandu, Nepal: A Virtual Reality Experience*)等。

2. 应用商店

海外最具代表性的 VR 应用商店是 Oculus Experiences 和 Google Play。

Oculus Experiences 中的栏目众多，和视听媒体虚拟现实内容直接相关的栏目有两个：电影与故事、纪录片与历史。截至 2019 年 4 月 15 日，电影与故事栏目下有 110 个应用，纪录片与历史栏目下有 33 个应用。受 VR 投资遇冷的影响，这两个栏目中应用的月增长比较缓慢，但质量上乘。

Google Play 并不像 Oculus 那样专注于 VR 技术开发和内容生产，它是一个综合性的应用商店。Google Play 也没有专门为视听媒体虚拟现实内容划分的栏目，通过关键词搜索，截至 2019 年 4 月 15 日，有关 VR 的应用有 250 个，大部分属于 VR 游戏和 VR 体验类内容。

两大应用商店中有一些 VR 应用合集，像 Google Play 中的应用《虚拟现实恐怖影片 360》汇集了 2018 年度大量的恐怖 VR 电影；《虚拟现实 360 VR 视频》等应用也是类似的合集。如果将合集中的 VR 应用单独计算，两大应用商店中的 VR 应用数量会比上文统计的数字多出不少。

3. 网络视频平台

海外主流的视频平台 YouTube 和 Hulu 均有虚拟现实的应用及视频短片。YouTube VR channel 是 YouTube 的官方虚拟现实频道，于 2015 年 1 月 26 日注册，到 2019 年 3 月共有 317 万次订阅，子栏目有探索 VR180 视频、极限运动、游戏世界、感受音乐盛宴、探索世界、沉浸式故事。2016 年至 2017 年 YouTube VR 视频高速增长，积累了 70 多万部 VR 视频。2018 年增速放缓，新增加约 10 万部视频，至同年年底 YouTube 上的 VR 视频共有 80 多万部。[1] VR 视频内容正在增长，但它在整个数字视频消费中的占比还比较小。Hulu 是由美国 NBC 环球、新闻集团以及迪士尼联合投资的视频网站。2016 年 3 月 Hulu 在 Oculus 应用商店推出虚拟现实应用，视频的制作方包括国家地理、探索传播、Baobab Studios、Showtime 电视网、维亚康姆集团、RYOT 等。Hulu 的在线电视属性，决定了其虚拟现实应用的重心是虚拟客厅和虚拟影院。虚拟现实既是视听内容创作手段和呈现方式，亦可成为传统视听内容新的发布方式。和 Hulu 的操作类似，三星为全球最大的在线影片服务提供商 Netflix，提供了一款 App，模拟虚拟的客厅，观众可以使用 VR 一体机或头显设备观看线上的影片。

三、5G 技术助力 VR 成为主流媒体平台

2019 年世界移动通信大会（MWC2019）期间，华为除了发布业界首款双模 5G 商用终端华为 5G CPE Pro、5G 折叠屏手机、笔记本电脑等产品，还发布了一份名为《5G 时代十大运用场景》的白皮书，十大场景按顺序分别是：①云 VR/AR、②车联网、③智能制造、④智慧能源、⑤无线医疗、⑥无线家庭娱乐、⑦联网无人机、⑧社交网络、⑨个人 AI 辅助、⑩智慧城市。按照技术相关性云

---

[1] 映华. 为什么 5G+VR 在未来 3 年内都不会有大起色[EB/OL].

VR/AR 排在第一位（如图 3-3-10 所示）。

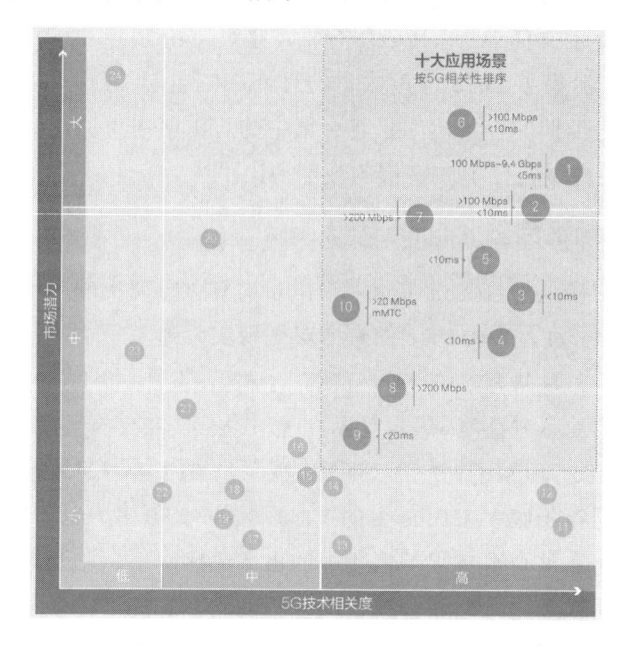

图 3-3-10　华为 Wireless X Labs《5G 时代十大应用场景白皮书》显示云 VR/AR 和 5G 技术相关性最高

由于 3G、4G 等通信技术对数据吞吐量的承载能力有限，大部分 VR 设备在计算或者内容加载的时候，在硬件层面需要配备高性能的存储和计算设备，这使得现有头显设备的重量大，用户体验差。伴随着 5G 时代高质量 VR/AR 内容处理走向云端，大量的计算以及内容存储将被有效地分解到云端，并且快速下行反馈用户指令，在满足用户日益增长的体验要求的同时降低了设备价格，VR/AR 将成为移动网络最有潜力的大流量业务，并正呈现出向云端 VR 转变的趋势。

《5G 时代十大运用场景白皮书》分析：目前 VR 生态系统中的主要收费模式是广告模式、订阅模式和按使用付费模式。除了高阶的云渲染 CGI VR，VR 市场在游戏和视频、广告领域也举足轻重。体育赛事和现场活动的 VR 作品已经突破了一般体验。优质内容、事件的 VR 作品已经主导了视频市场。白皮书还引用美国专门调查通信技术相关市场的公司 ABI Research 的预测：到 2025 年，AR 和 VR 市场总额将达到 2920 亿美元，其中 AR 为 1510 亿美元，VR 为 1410 亿美元。这一数字远高于高盛 2016 年做出的 800 亿美元的预测。

第四节　摹写现实、超越现实

如果以《美丽新世界》为原点，VR 的历史不足百年，但是人类对最大限度地复原真实场景的努力，却可以追溯到几个世纪之前。

一、虚拟对现实的复原

五代十国时期，画家顾闳中创作了《韩熙载夜宴图》，这幅叙事画分为五个截然不同的部分：韩熙载听琵琶、看舞者、休息、演奏弦乐器、目送客人离开。《韩熙载夜宴图》原作遗失，现在能看到的版本是宋代的临摹本，时间大约 12 世纪前后。这幅图画的确尽可能地展示了韩熙载夜宴场景的全貌，但是画中的 5 个部分的叙事，加上散点透视的中国画风，还达不到 360 度全景的效果，将其定义为复原真实场景以产生沉浸感有些勉强（如图 3-4-1 所示）。

图 3-4-1　韩熙载夜宴图（局部）

爱尔兰画家罗伯特·巴克也醉心于展示场景的全貌，起初是把画画在圆柱面上。为了方便描述这种类型的画作，他在 1792 年创造了 "Panorama"（全景）这个词，pan 来自希腊语，意思是"全部"，horama 意思是"视图"。1793 年巴克将他的全景图绘制在莱斯特广场全世界第一座专门建造的全景圆形大厅里。这座大厅照明均匀，观众蜂拥而至，站在天窗下的中央平台上，可以获得全景体验。1793 年的全景大厅没有留下图像资料，可考的图像是 1801 年莱斯特广场圆形大厅的横截面图（如图 3-4-2 所示）。

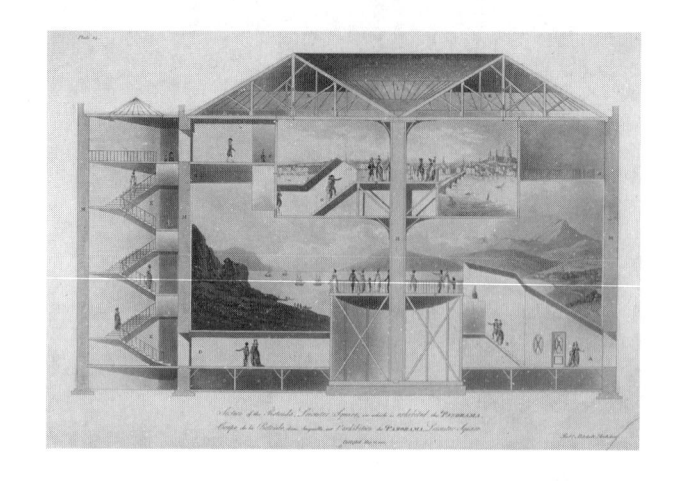

图 3-4-2　莱斯特广场圆形大厅的横截面图
（展示了伦敦的全景（1801 年），仿佛从南岸
的阿尔比恩米尔斯的屋顶上看到的场面，实际全景面积 250 平方米）

通过绘画的方法展现 360 度全景，其视觉影像本质上还是二维的，所以只能呈现人单眼视角的透视效果。1838 年，一位名叫查尔斯·惠斯通（Charles Wheatstone）的学者研究发现，人类是通过大脑处理两只眼睛看到的不同视角的二维图像后，才得到三维的图像。这个成果和刚刚诞生的摄影术结合，配合使用大卫·布鲁斯特发明的立体镜，在摄影史的早期阶段即"生产"了大量立体影像。

"全景+立体"，视觉上的 VR 技术要素，可以说在 200 年前就已具备。对人类感官的模拟引导科学家参透人体的奥秘，重新认识身体的结构和运作规律，并通过技术手段模拟出 5 大感官的感受。这些努力旨在突破物质现实对人自身的限制，实现自我超越。

在文学创作中，中外文学家更是自由地对各种虚拟世界展现想象，并进行非常真实的、具象化的描绘。中国四大文学名著之一——《西游记》，一开篇，就为故事设定了一个奇特的神话世界，"感盘古开辟，三皇治世，五帝定伦，世界之间，遂分为四大部洲：曰东胜神洲，曰西牛贺洲，曰南赡部洲，曰北俱芦洲。" 美国严肃奇幻小说《冰与火之歌》（*A Song of Ice and Fire*），在维斯特洛大陆上有七大王国：北境、山谷、群岛和河流、凯岩、河湾地、风暴地和多恩。吴承恩和乔治·R·马丁都不满足于我们日常的生活，希望借助多维的时空去展开人类的故事，创造前所未见的奇观。

二、虚拟对现实的创造性处理

在超越自我原型的动机之上,以形而上的视角审视,VR 概念从幻想到实现一直是建立在虚拟(virtual)对现实(reality)的创造性处理上。作为希腊神话中塞浦路斯的国王,皮格马利翁不喜欢凡间女子。他凭借非凡的技艺雕刻了一座少女雕像加拉泰亚,并把她当作妻子一样呵护。爱神阿弗洛狄忒被皮格马利翁的真情打动,赐予雕像生命,两人结为夫妻。从神话故事到史丹利·温鲍姆的小说,都在赞扬、肯定一种能力,即透过皮格马利翁的眼镜,人类可以重新定义真实。

对于整个人类发展史来说,VR 的终极意义在于创造自己的化身,并用这个身份游历或生活在不同的平行空间。世界、自然、宇宙万物的面貌,都是人类通过创造概念来把握的,概念的形成起始于感官汇成的知觉,然后通过语言、文字等符号抽象化、逻辑化和类型化。参差多态的、不能通约的小宇宙,今天已经逐渐同化成一个观念大一统的大宇宙,人类对自然、社会等方方面面的认知达到了空前一致的程度。但这一宇宙真实吗?如果真实,经典力学和量子力学的矛盾对立从何而来?打破大一统的宇宙观,VR 是一条分水岭,大宇宙将会分化出许多小宇宙,只不过这些小宇宙不再以实在的名义来定义,它既是虚拟的,又是活生生的现实。

Facebook 的现实虚拟论认为,现实只是人类大脑产生的一种意识。从某种意义来讲,所有的现实都是虚拟的,"也许不是今天,也许不是明天,但总有那么一天你的余生都将生活在现实的虚拟里或虚拟的现实里。"[1] Facebook 的现实虚拟论颠覆了人们长久以来对现实世界和虚拟世界的普遍认知,同时也说明了 Facebook 对 VR 创造"第二人生"的发展前景充满信心。2019 年 Oculus 创作的《阿斯加德的愤怒》正是第二人生的纪元(如图 3-4-3 所示)。

关于大脑工作方式的研究正不断得到突破,这进一步促进了沉浸式数字技术的爆发,内容的供应商有待崛起,以触发第四次 VR 发展浪潮,将 21 世纪的人类生活推进到《黑客帝国》《阿凡达》《头号玩家》《哈利波特》等影片极力刻画的科幻和魔幻交织的想象世界。

---

[1] Facebook:虚拟现实技术将主宰媒体平台[EB/OL].

图 3-4-3 《阿斯加德的愤怒》

虚拟现实能够有效地模糊现实与幻觉之间的界限,突破我们想象力的极限,并使我们能够获得很多可以想象的体验。通过精心设计的模拟,这些体验具有非常好的沉浸感,大脑认为它们是真实的。通过 VR 头显设备的技术迭代,获得拟真的幻境只会变得更加容易和普通。但是这种新媒介如何影响其用户,它是否具有超越幻想和超越自己的未来?还是只给人类提供了一种逃避现实的方式?以上问题还有待实践的发展来检验。

有两个绝佳的案例可以作为辅助具象化上面的哲学思考,一个是跨时代的虚拟网络游戏《第二人生》,另一个是由导演斯皮尔伯格改编自同名小说的电影《头号玩家》。

对绝大多数人来说,在现实生活中都不可能拥有一个完美人生。抓住这个痛点,菲利普·罗斯戴尔(Philip Rosedale)意识到他可以用计算机和互联网技术建造一个世界,一个可以真正由自己做主的虚拟世界。1999 年罗斯戴尔成立林登实验室,2003 年《第二人生》上线,2007 年,活跃人数达到 100 万高峰。给用户以虚拟的完美的第二人生,这种超前的理念一度被视为互联网技术的未来。和大多数游戏设定通关任务不同,《第二人生》并没有给用户安排具体的目标,虚拟世界中的景观由用户控制的化身自己建设生成。用户还可以在《第二人生》中赚钱,用虚拟货币购买虚拟资产,可以和其他的化身交朋友,甚至结婚组建家庭。2013 年,为了庆祝《第二人生》上线十周年,林登实验室发布了一张反映其发展情况的信息图:"3600 万账户,用户在游戏上面累计度过的年头已经达到了 217266 年,居住在累计面积约 700 平方英里的土地上而且还在不断扩张。很多人忍不住把《第二人生》称为游戏,但在它推出 2 年后,林登实验室给员工发出的一份备忘录坚称不应该这么看待这个事物。它是一个平台。这句话的意思指向的是一个更加全面、更加沉浸式、更加包罗万象的事物。"[1]

然而，随着 Facebook 等社交平台的崛起，《第二人生》出现了停滞。虽然现在它的月活跃用户仍然稳定在 80 万左右，但长期驻留在虚拟世界里的用户"是那些在现实人生中寻找不到慰藉的人：承受生活重负的家庭妇女，行动不便的残疾人，生不了小孩的女子"[2]。

布丽奇特·麦克尼尔（Bridgette McNeal），一位抚养着患有严重孤独症的双胞胎的亚特兰大妈妈，她会在早上 5:30 醒来，在《第二人生》中度过一个半小时（如图 3-4-4）。

图 3-4-4　布丽奇特·麦克尼尔（Melissa Golden 摄）

不过每天早上，在所有那些事情之前——在给孩子们做好上学准备以及到呼叫中心上 8 小时的班之前，在洗澡和瘫倒在床上之前——布丽奇特都会花上一个半小时沉浸在《第二人生》这个在线平台里面，那是她自己给自己打造的一个梦幻天堂。Gidge Uriza（布丽奇特的化身，如图 3-4-5 所示）生活在一间高雅的木屋里，透过巨大的玻璃窗可以俯瞰波光粼粼的小溪，岸边垂柳依依，草地上萤火虫闪烁如梦似幻。她不断购买新的游泳池，因为她总是爱上不一样的泳池。现在的这个泳池有着菱形图案，还有瀑布从石拱门上流淌而下。Gidge 会穿着泳衣在池畔露台闲逛，要么就只穿着文胸和浴袍慵懒地缩进带花边的被子下躺着，身边摆着一摞书，书上面堆放着巧克力甜甜圈。"早上好，女孩。我

---

1 Leslie Jamison. *The Digital Ruins of a Forgotten Future*[J]. The Atlantic.December, 2017 Issue.

2 同上.

动作缓慢,想要从床上爬起来,但当我躺在粉红色的床上时,想要像往常一样爬起来是有点困难的。"[1]

图 3-4-5　Gidge Uriza,布里奇特·麦克尼尔在《第二人生》中的化身形象

　　Facebook 等新媒体平台的崛起,挤占了《第二人生》的快速上升通道,美化版的现实人生在经济高速增长的时代轻易地战胜了画面还不是很精致、操作还需要借助键盘和鼠标、真实世界的肢体动作无法和化身实时协同的《第二人生》。但是,假如技术迭代弥补了这些缺陷,经济的下行通道开启,《第二人生》是不是还能够回潮?林登实验室已经在 2017 年底开始使用 VR 技术,万向机(全向跑步机)、动作捕捉、眼动追踪也不再是什么技术难题,如果 VR 设备价格惠民,很快能够普及,那么人类在虚拟人生中设定的世界观将直接关系到这一技术的命运。以《第二人生》为代表的虚拟网络游戏(或虚拟平台),究竟是对现实的逃避还是开启人类更加富有想象力的未来的途径?这一疑问急需答案。

　　虚拟世界并不一定是边缘群体的避风港,电影《头号玩家》以艺术的手法阐明了这一主题。这个故事最吸引人的共鸣点在于,即使是现实生活中的失败者,依然可以在"绿洲"里扮演超级英雄。韦德·沃兹/帕西法尔、萨曼莎·库克/阿尔弑密斯、少年周/修、艾奇,这些出身低微的平民英雄,是游戏里耀眼的明星。令人悲观的是,影片的历史背景设置为经济大萧条后,都市文明衰败,底层民众的唯一寄托是沉迷在虚拟世界里逃避现实的残酷,而对于权贵阶层,

---

1 Leslie Jamison. *The Digital Ruins of a Forgotten Future*[J]. The Atlantic. December, 2017 Issue.

虚拟世界只不过是他们发财的又一个工具（如图 3-4-6 所示）。

图 3-4-6　电影《头号玩家》

《头号玩家》的故事时间设定在不远的将来——2045 年，那时的世界一片混乱，正处在崩溃的边缘。现实世界令人绝望，人们将唯一的救赎寄托于"绿洲"，一个虚拟游戏宇宙。人们只要戴上 VR 设备，就可以进入这个与现实形成强烈反差的虚拟世界。虽然玩家在现实生活中被局限在狭小的生存空间，但是，"绿洲"中的宇宙却自由无限。逼真的赛车都市，可以进入的电影世界，不同次元的玩家……这个宇宙不在意你是不是现实生活中的输家，只要你能找到虚拟现实世界中的规则，就可以成为"绿洲"里的超级英雄，成为虚拟现实世界的拥有者。

在电影《头号玩家》中，韦德、萨曼莎、少年周、艾奇在虚拟现实空间中通过化身相识，在现实世界里，今天这已经不再只是科幻。2018 年，Facebook 发布了 Oculus Rooms 和 Venues，人们可以在虚拟房间里聚会，或者在体育场里一同观看比赛，并交流感受。受 4G 技术的限制，VR 体育直播还不流畅，5G 技术的带宽下行峰值速率可以达到 20Gbit/s，是 4G 的 50 倍，虚拟社交已经成为现实。

在"绿洲"里，游戏的开发者詹姆斯·哈利迪已经身故，他留下了三把通关钥匙和一个谜题，找出他在游戏中藏匿彩蛋的人将继承"绿洲"的所有权。为了帮助真正的继承者找到线索，哈利迪提供了非常关键的信息。离开电影回到现实，以现在的人工智能技术，化身是否可以代替我们获得"永生"？虚拟现实世界里的化身究竟是什么？这是关于虚拟现实的终极拷问，它的份量等同于古希腊哲学家苏格拉底提出的"我是谁"？

"现在，这个不可思议的情景已经部分变成了现实，一位新闻工作者兼计算机工程师为他将要死去的父亲制作成了数字化身，创造了一个 Dadbot。"[1] 杰姆斯·弗拉霍斯（James Vlahos）的父亲被诊断为肺癌晚期，在父亲最后的这段日子里，杰姆斯用数字录音机记录了父亲生活中的种种轶事。当把 91970 个单词的谈话内容整理成册时，他萌生了一个大胆的想法——让父亲"永生"。随后在 PullString[2] 工作人员的帮助下，Dadbot 被创造了出来。这是一个能按照父亲思维逻辑，并能使用父亲常用语汇和表达方式的聊天机器人。其中的互动方式，应用的是人工智能的学习算法。"在我父亲去世几周后，Zeke 突然问我：'我们可以和聊天机器人聊会儿天吗？'这令我感到惊喜又迷惑，他是突然想起了他的 Papou（爷爷），还是只是想在上学之前趁机玩一会儿手机。'呃，哪个聊天机器人？'我期待地问到。'哦，爸爸，'他说，'当然是我敬爱的 Papou'"[1]（如图 3-4-7 所示）。

图 3-4-7 杰姆斯·弗拉霍斯的父亲

虚拟现实的未来是否真的像斯皮尔伯格制造的典型好莱坞式的结局那般美好？德国汉堡大学 Frank Steinicke、Gerd Bruder 教授的研究表明，人们长时间停留在虚拟现实中，会对虚拟世界和现实世界产生迷惑，分不清它们究竟是真实的，还是虚拟的。[3] 韦德喜欢萨曼莎，还是帕西法尔喜欢阿尔忒密斯？"我爱

---

1 阿尔玛·哈瑟. 儿子借助人工智能技术让父亲"永生"[EB/OL].

2 PullString 由前皮克斯高管于 2011 年创立，旨在实现高保真人机对话。

3 Steinicke, Frank，Bruder, Gerd.*Self-Experimentation Report about Long-Term Use of Fully-Immersive Technology*[A].Conference: ACM Symposium on Spatial User Interaction (SUI)[C]. October, 2014.

的是你的人——我不在意你的外表——我爱的是你的灵魂"这些小说中的对白和电影中的台词究竟包含多少哲理？心理学在虚拟现实中找到了一块理想的"实验田"（如图 3-4-8、图 3-4-9 所示）。

图 3-4-8　电影《头号玩家》中的帕西法尔和阿尔忒密斯

图 3-4-9　电影《头号玩家》中的韦德和萨曼莎

神经心理学研究有一个假设，当人们与"被歧视者"交流或者合作时，大脑会支配身体产生心血管反应，表明他们受到了威胁。杰里米·拜伦森和他的团队用虚拟现实设计了一个实验来证明这个假设。受试者来到实验室，遇到了真实世界的萨莉（有胎记或无胎记），介绍他们认识后，受试者和萨莉进入虚拟现实中。实验可能会给虚拟的萨莉脸上加上胎记。实验的结果是，一开始，现实世界的胎记优先，然而，仅几分钟后，虚拟的胎记就优先了。人们适应了虚拟现实，并且做出了相应的反应[1]。现实中的萨曼莎脸上有一块大胎记，而阿尔忒密斯（虚拟现实中萨曼莎的化身）则没有，斯皮尔伯格的设计颇有深意。

人类的调试能力究竟有多强大？为了研究人类在长时间使用虚拟现实界面后，感知、行为、认知和运动系统会发生什么变化，Frank Steinicke 和 Gerd Bruder 教授设计了另外一个实验。通过将沉浸式头部显示器（HMD）和跟踪系统与计算机图形环境相结合，用户可以完全沉浸在虚拟环境中。同时将用户的感知与现实世界分离，用户在现实世界中的所有运动（如行走或头部运动）都会借助头盔上的摄像机转移并合成到虚拟环境中。虚拟环境严格复制了真实的环境，也就是说测试者看到的虚拟对象都真实存在，而且能够"触碰"。随后研究人员通过应用程序有意添加一些实际空间中并不存在的人造物品到虚拟环境中。整个实验，参与者要在这个虚拟环境中待一整天，每 2 个小时 1 个单元，一共 11

1　[美]吉姆·布拉斯科维奇[美]杰里米·拜伦森，辛江译. 虚拟现实：从阿凡达到永生[M]. 北京：科学出版社，2015.

个单元，每个单元之间休息 10 分钟。在实验过程中，参与者有几次对身处虚拟世界或真实世界感到困惑，这种错觉感觉既真实又似是而非，并对两个世界之间某些人造物品和事件产生混淆[1]。

　　Alicia Chenaux 在现实生活中无法生育，于是她在《第二人生》中和她的虚拟丈夫 Al 以及女儿 Abby 和 Brianna 生活在一起。Alicia 现实生活中的男友知道这一切，但他太忙了，需要整天工作，而 Al 愿意听 Alicia 没完没了的唠叨。扮演 Al 的那个人年纪比 Alicia 大 12 岁，也有自己的妻子和家庭——她欣赏的是"他人生经验丰富"以及可以提供"更保守、更稳重"的看法[2]（如图 3-4-10 所示）。

图 3-4-10　Alicia Chenaux 在《第二人生》中跟丈夫 Al 以及
女儿 Abby 和 Brianna 生活在一起

　　虚拟执行系统 VES（Virtual Execution System）通常只由非常具体的应用领域（如训练或模拟）的专家使用，或在实验期间由受试者使用。这些系统的使用时间比较短，通常从 30 分钟到 4 小时不等。随着当前的技术发展，如 Oculus Rift HMD 或 Microsoft Kinect 跟踪设备的出现，越来越多的人将花费大量的时间在这种沉浸式系统中进行通信或娱乐。用户长时间使用可能产生哪些行为、心理的改变？虚拟人生中的伦理道德和现实生活中的伦理道德之间是什么关系？很遗憾，到目前为止这方面的研究资料非常有限，以至于没有人能系统地回答这些问题。《头号玩家》中的韦德有可能既喜欢萨曼莎，同时也喜欢阿尔忒密斯。

1　Steinicke, Frank，Bruder, Gerd. *Self-Experimentation Report about Long-Term Use of Fully-Immersive Technology*[A].Conference: ACM Symposium on Spatial User Interaction (SUI)[C]. October, 2014.

2　Leslie Jamison. *The Digital Ruins of a Forgotten Future*[EB/OL].https://www.theatlantic.com/magazine/archive/2017/12/second-life-leslie-jamison/544189/.

英国诺丁汉特伦特大学心理学家 Angelica Ortiz de Gortai 教授认为，如果用户长时间穿戴虚拟现实设备的话，那么他患上游戏迁移症的机率也将更大，"个人的敏感性是至关重要的。但我相信随着虚拟现实技术变得更普遍，感官模拟渠道变得更多，游戏迁移症也将变得更常见。"通过虚拟现实技术开发的不断深入，它最终有可能改变我们定义现实的方式。

在虚拟的平行时空中，用户穷极一生留下了大量的行为数据，人工智能技术是否可以让"数字化身"获得永生？

虚拟社会中的伦理道德的准则由谁来制定，虚拟和现实两种不同的伦理结构是否会发生冲突震荡？

在创造 VR 的道路上，人类扮演的是皮格马利翁还是弗兰肯斯坦[1]？或许两者都是，一切取决于人类对虚拟现实的认知！

---

1 弗兰肯斯坦是英国作家玛丽·雪莱在 1818 年创作的长篇小说《科学怪人》中的主人公，小说中的弗兰肯斯坦痴迷于对科学知识的追求，渴望探索自然的奥秘，在强烈好奇心的驱动下，缺乏对自己行为后果的理性思考，凭一时狂热，做出了令他追悔莫及的造人一事.

第四章
虚拟现实与 360 度全景影像

虚拟现实技术应用于视听媒体行业,一个基本的变化就是影像视域的变化,传统视听媒体的影像采集以单镜头摄影为基本方式(3D 电影、3D 电视会使用两只镜头拍摄),受到光学成像技术的限制,影像的视域总是有一定限度的,至今为止,世界上还没有生产出可以拍摄全视域影像的单只镜头。虚拟现实通过数字生成技术或多镜头拍摄再缝合技术,实现了影像视域的全覆盖,为人们提供了观察和体验周围世界的新方式。广义上来讲,无论是数字生成的全视域影像,还是 360 度全景摄影机拍摄的影像,只要能够给用户带来超越传统影像的沉浸感、互动感、体验感,就都属于虚拟现实影像。但是,因为产生方式的不同,二者在本质上还存在一定的差别。

第一节　360 度全景影像与传统影像

"构图"之所以存在,是因为有"画框"为基础,传统构图的所有章法都是相对于"画框"而言的,如果"画框"消失了,传统的构图规则自然也就不复存在。

在摄影技术的发展历史中,人类一直谋求使用摄影的方法模拟人眼观察的效果,以再现客观世界,同时,人们也努力发挥摄影技术不同于人眼的优势,努力拓展人类的视野、视觉感受,获得令人惊喜的视觉效果。

一、视角拓展与 360 度全景影像

在人们的各种尝试中，摄影视角的拓展一直是一个重要内容。人类一直不满足于自己眼睛视角的局限性，遗憾于不能对自己周围的世界"一目了然"，所以，在标准镜头的基础上，制造了各种广角、超广角、鱼眼等不断拓展视角的摄影镜头。这些镜头给人们带来超常规宽广视角的同时，也使画面效果产生了明显的畸变，影响了人们对事物的感知。即便如此，截至目前，人们依然不能只用单只摄影镜头，就记录下周围所有的景物。在传统摄影技术中，人们只能依赖多张照片的拼接，才能将周围景物的影像完整地呈现在一幅画面上，但是，用 2D 的平面镜头展现周围全部的景物，在空间的还原和感知上，还是会给人们带来一定的困扰。

影像的立体感、真实感也是人们一直努力改进的方面。在几十年的发展中，经过几次 3D 影像发展的浪潮，今天，3D 影像已经成为院线电影的主流，通过 3D 摄影技术和立体眼镜的结合，人们可以体会到非常强烈的立体感、透视感和真实感。然而，3D 摄影主要还是在"入屏空间"立体感的方面给人们带来惊喜，并没有摆脱摄影画框的限制，人们很容易在"画里""画外"感受到梦境与现实的差异。

20 世纪 50 年代末开始，人们开始另辟蹊径，努力改变自己摄制和观看影像的方法。在随后的几十年间，许多科学家、工程师、艺术家参与到这项伟大的创造之中。人们制造了专业的摄影机，可以使用多个镜头同时拍摄，并把所有画面无缝拼接，把摄影机周围的景物"尽收眼底"；在时空变化不大的场景下，人们也可以使用单只镜头，按照一定的规则，进行全视域的逐张拍摄，再通过后期软件的帮助，完成所有画面的无缝组合。人们称这种能够呈现全方位影像的画面为"360 度全景影像"。

同时，人们还发明了各种头显设备，将前期拍摄制作的影像输入其中。戴上这些头显设备，大家可以像在日常生活中观看周围世界一样自由地观看"360 度全景影像"。如果不使用这些头显设备，人们也可以在台式机、手机、平板电脑等各种设备上，通过鼠标或手指的划移，拖动观看 360 全景影像，也可以通过转动移动设备看到全景影像的不同区域。

二、360度全景影像与2D、3D影像的异同

360度全景影像的出现，为人们复制客观世界、感知周围事物提供了全新的方式。它与传统的2D、3D影像既有本质的差异，又有一定的相同之处。360度全景影像的获得，可以通过摄影的手段，也可以通过电脑制作、数字生成的方式，本章主要讲述的是关于360度全景影像摄影的知识。

（一）差异点

首先，二者的视野范围不同。360度全景影像的视野范围可以包括摄影机周围上、下、左、右、前、后的全视域，传统2D、3D摄影影像的视野范围受到镜头视角的限制，即便使用后期接片或前期全景摄影技术，其视野范围也不能囊括镜头周围的全视域，而且在观看影像时，也只能以水平展开的方式将影像呈现在二维画面上。

其次，视点效果不同。360度全景影像是位于场景、被摄事物之中，由内向外地呈现周围全视域的影像。它可以给观众一种很强的"在场感"。而传统的2D、3D摄影都是置身于被摄事物外部、对面，客观记录被摄对象的影像。

再次，视觉体验感不同。观看360度全景影像，观众借助头显设备，可以"置身其中"，不仅可以体验到真实感，还可以体验到强烈的沉浸感。这种沉浸感又被称作浸入性或者临场参与感，是观众完全沉浸于360度全景影像中，感受到的一种身临其境的真实感。如果配合上先进的录音及声音还原技术，观众还可以体验到强烈的听觉沉浸感。在现阶段，在欣赏360度全景影像作品时，人们感受到的主要是视听沉浸感。360度全景影像也可以分为2D和3D两种，后者的真实感、立体感、体验感会更好，当然，其数据量及制作难度也更大。随着各种互动技术的进步，人们还会体验到更好的触觉沉浸、嗅觉沉浸、味觉沉浸等感受。相比之下，观看传统的2D、3D摄影影像，人们能够获得的还是一种层级较低的真实感。

最后，观看行为的主动性、自由度不同。使用头显设备观看360度全景影像，用户可以自由地、随机地观看任何方向的影像，人们通常会"左顾右盼"、"东张西望"，就像人们在日常生活中转头观看周围场景一样。如果使用数字生成技术制作360度互动全景影像，借助头显及互动设备，用户还可以进入其空

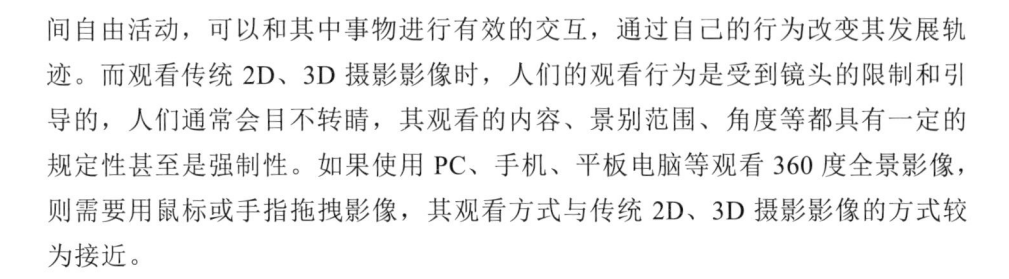

间自由活动，可以和其中事物进行有效的交互，通过自己的行为改变其发展轨迹。而观看传统 2D、3D 摄影影像时，人们的观看行为是受到镜头的限制和引导的，人们通常会目不转睛，其观看的内容、景别范围、角度等都具有一定的规定性甚至是强制性。如果使用 PC、手机、平板电脑等观看 360 度全景影像，则需要用鼠标或手指拖拽影像，其观看方式与传统 2D、3D 摄影影像的方式较为接近。

（二）相同之处

第一，客观记录。摄影的本性在于"现实世界的复原"，只要是建立在"镜头摄录"的技术基础之上，影像的真实感和客观性就很强烈，从本质上讲，360 度全景影像和传统的 2D、3D 摄影影像都是对周围世界的真实记录。

第二，互动性不足。无论是传统的 2D、3D 摄影影像，还是 360 度全景影像，在现阶段，用户都只能进行观看，而不能与其中的事物产生充分的互动。即便是在体验 360 度全景影像时，用户也只能选择观看的方向，而不能改变其中事物的发展轨迹和既定状况。当然，人们可以通过采用主观视角拍摄、第一人称叙事、增强被摄对象与镜头的互动等方式来增强观众的互动感，但仍存在着明显的局限性。如果是 CGI 生成的 360 度全景影像，观众与影像的互动性就可以大大改善。

第三，视点受到限制，观众不能真正进入被摄空间。无论是传统的 2D、3D 摄影影像，还是 360 度全景影像，在观看某一镜头或某一静态画面时，摄影机和镜头的视点决定了观众的视点，人们只能置身该视点进行观看，而不能自由地进入被摄空间随意走动和观看。如果是 CGI 生成的 360 度全景影像，借助头显和互动设备，观众就可以获得自由视点，四处游走，浏览观看，并且观看的时间长度也完全由自己掌控。

第四，画框消失，深层摄影法则犹在。在 360 度全景影像中，画框不复存在，传统 2D、3D 摄影创作的诸多艺术规律和实践方法（比如构图、角度、景别、景深、用光、运动等）都不再适用，传统的影像语言很多已经不能在 360 度全景影像领域运用。但是，从深层次而言，一些摄影规律依然有效，比如视点的选择，在 360 度全景影像中，机位的设置决定了观众最终观看的视点，这对于影像观看和感知有着重要影响；比如光线的选择和控制，摄影依然是光线的艺术，不同的光线对于影像效果依然影响重大；比如被摄景物之间的位置安排、布局，在360度全景影像中，影像构成效果更多是通过"场面调度"的手段来实现。360度全景影像使得画框消失，画框变成了"无形""无界"，但影像创作者心中则依然要"有形""有界"，继承传统摄影的可鉴之法，探索新的影像创作方法和艺术规律，是新时代摄影者的重要任务。

三、360度全景摄影影像与VR影像

360度全景影像包括摄影影像和数字制作影像两类，人们将二者统称为"虚拟现实（VR）影像"，事实上，二者不能一概而论，从狭义角度来说，只有CGI生成的360度全景数字影像，才是真正的VR影像，它和360度全景摄影影像之间有着诸多不同之处。

二者的不同，首先体现在影像表现的场景上。CGI生成的VR影像所呈现的场景是"数字互动环境"，观众能够通过互动装置，在其中自由活动，并与其中的景物进行互动。360度全景摄影影像基于"摄影记录"技术基础上，其构建的影像中的场景是一种"非互动实景画面"，观众只能置身其中，从镜头的位置通过360度视角观看这些影像，但却无法进入这些场景活动，也无法跟场景中的事物进行充分互动。

其次，两者的时间线展现方式不同，观众对时间的感受不同。CGI生成的VR影像中，用户可以任由作品按自身时间长度播放，也可以自由控制时间的快慢、节奏等，还可以反复观看、体验自己感兴趣的场景，即使体验同一部VR影像视频作品，不同受众对于不同部分投入的时间长度也会不同，对作品的感受和解读结果则差异更大。对于360度全景摄影影像来说，作品展开的时间线是由主创人员在作品制作过程中规定好的，用户在观看过程中，不能暂停、延长、加快作品的时间进程，尽管用户可以"东张西望"，但人们却无法让时光飞逝或倒流，受到拍摄视点的限制，人们的观赏体验活动还是比较被动的。

再次，叙事方式上，双方也存在明显差异。在CGI生成的VR影像中，创作者无法利用拍摄方向、取景构图、景深控制等手法来直接控制观众的视听方向、视听重点，而只能依靠精心策划、情节编织、拍摄制作来吸引或引导观众按照创作者希望的故事展开方式来选择观看。而在360度全景摄影影像作品中，主创人员设定了作品的情节线展开顺序和方式，用户只能按照编导讲故事的方式来观看和体验。

最后，二者适用的平台不同。CGI 生成的 VR 影像，最适合观看、使用的平台是头显设备，只有使用头显设备和互动工具，才能更好地获得沉浸感、真实感、参与感、体验感。而对于 360 度全景摄影影像而言，可以使用头显设备观看，也可以在 PC、手机、平板电脑等设备上使用电脑鼠标（或手指）划屏拖拽影像进行观看。

四、拍摄 360 度全景影像的主要摄影器材

（一）自动缝合全景摄影机

自动缝合全景摄影机至少由两个镜头组成，各个镜头的视野范围有一定的交叉重叠，在前期拍摄时，各个镜头可以实时同步拍摄，摄影机自身可以根据算法规则，自动将各个镜头拍摄的影像缝合成一个 360 度全景影像。

自动缝合全景摄影机镜头数越少，各个镜头的视角越广，其所拍摄的影像透视畸变越明显，画面的空间透视效果越夸张。自动缝合全景摄影机镜头数越多，各个镜头的视角相对越窄，其所拍摄的影像透视畸变越小，画面的透视效果越正常。三星 Gear 360、ZMER ONE、Insta 360 One 系列等都属于具有双镜头的 360 度全景摄影机，这类全景摄影机比较小巧、轻便，摄影机自动缝合全景影像，并可以快速输出和分享。

Insta360 One 系列全景摄影机有两个镜头，可以拍摄 360 度全景图片，也可以拍摄 360 度全景视频，目前可以拍摄 5.7K 清晰度的视频。通过菜单设置，可以完成普通拍照、HDR 拍照、Burst 九连拍、间隔拍照、超级夜景拍照、PureShot 纯净摄影、270°极致广角拍照，还可以完成普通视频、HDR 视频、延时摄影、移动延时摄影、子弹时间摄影、超广角防抖视频拍摄。内置增稳功能，使其可以轻松实现在运动过程中拍摄稳定流畅的视频镜头。配合上隐形自拍杆，可以手持进入拍摄场景拍摄，在画面中自拍杆会消失，这省去了必须用 LOGO 遮盖脚架的烦恼。也可以将其装在头盔上，实现人物或车辆等运动过程中稳定流畅的 360 度全景视频影像拍摄。声音录制方面，采用 360 度指向收声。Insta360 One 系列可以使用配套 App 对其进行操控，也可以脱离手机 App 独立使用，为新闻、纪实等题材的 360 全景影像拍摄提供了方便。所拍摄的 360 度全景图片、视频可以快速地通过 Insta360 App 实现分享与传播（如图 4-1-1 所示）。

图 4-1-1　Insta360 One 系列全景摄影机

诺基亚 OZO 全景摄影机曾经是这个领域的王牌机型，它拥有 8 个镜头，8 个内嵌式麦克风，可以实时捕捉 360 度全方位的音频和视频，可以进行外拍录制，也可以进行现场直播，并且没有明显的时间延迟（如图 4-1-2 所示）。因为 2016 年的 VR 热潮，诺基亚公司曾对 OZO 寄予厚望，希望能够借此机会"王者归来"，遗憾的是，由于 VR 市场未能如人们预期的那样飞速发展，2017 年 10 月份左右，诺基亚公司宣布停止生产这款摄影机，但依然为已经售出的摄影机提供配件、保修等方面的服务。

图 4-1-2　诺基亚 OZO 全景摄影机

Insta360 Pro 是国产专业 VR 相机，由 6 个镜头组成，可以拍摄 8K 清晰度的全景视频，支持无线传图，可以实时自动缝合，进行 VR 现场直播，直播同时还可以存储单镜头原片，以便后期制作 8K 清晰度的 3D 视频作品。相机内置九轴陀螺仪传感器，其防抖功能有助于拍摄运动中的 360 度全景视频，录音采用 Ambisonic 全景声，用该设备可以拍摄最高 12K 清晰度的全景图片作品。目前，这款设备是国内比较主流的 360 度全景视频拍摄的专业设备（如图 4-1-3 所示）。

JAUNT ONE 全景摄影机拥有 24 支镜头，每支镜头可以输出 8K×4K 高清影像，可用于外景拍摄或者现场直播。这款机器低照度能力好，可以在光线较弱的环境下拍摄。由于镜头众多，且影像高清，因此，其数据量也比较大，大约在 12G/分钟左右（如图 4-1-4 所示）。

图 4-1-3　Insta360 Pro 2 全景摄影机　　　图 4-1-4　JAUNT ONE 全景摄影机

Insta 360 Pro 系列、NOKIA OZO、JAUNT ONE 等属于比较专业的自动缝合 360 度全景摄影机。

（二）多机组合全景摄影机

多机组合全景摄影机是指具有多个镜头、并且每支镜头单独记录存储影像信息的全景摄影机，需要通过后期缝合软件将前期拍摄的影像素材进行缝合，在缝合软件初级缝合的基础上，通过人们的精细控制，进行手动缝合，以获得效果完美的 360 度全景影像。

GoPro Omni、Google Jump 等都属于多机组合全景摄影机，一些制作公司也会自己开发各种架子、机笼，将数量不等的 GoPro 或其他摄影机组合起来，形成自己的多机组合全景摄影机。

GoPro OMNI 全景摄影机由 6 个 GoPro 摄像机组合而成，并安装 Omni 特有的摄像机固件。每个 GoPro 摄像机都有自己的电池和存储卡，通过 Smart Remote 可以对 6 个 GoPro 摄像机进行远程同步控制。拍摄完成后，将 6 张存储卡上的影像信息都拷贝到后期制作系统中，在系统初级缝合基础上，进行手动精细缝合（如图 4-1-5 所示）。

Google Jump 全景摄影机由 16 个 GoPro 摄像机组合而成，它也可以拍摄 360 度视野的 3D 画面和视频（如图 4-1-6 所示）。

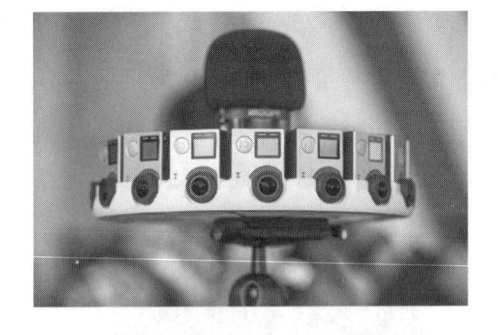

图 4-1-5　GoPro Omni 全景摄影机　　　图 4-1-6　Google Jump 全景摄影机

多机组合全景摄影机可以充分发挥每一台单元摄影机记录影像的能力，获得较高的影像质量。但是，在拍摄过程中，要将所有单元摄影机都统一设定为同样的技术参数，而且，在拍摄时要保证各单元摄影机同步启动、记录和停止，否则，素材之间容易出现偏差，影响后期影像的手动缝合效果。

多机组合全景摄影机单元摄像机数量越多，其最终的全景影像质量越好，当然，拍摄每个画面或镜头所产生的数据量也就越大，对于后期制作设备的容量和运算速度都提出了较高的要求。

2016 年前后，使用多个 GoPro 运动相机，设计各具特色的机架或机笼将其组合起来，通过多机同步联动的方式拍摄 360 度全景图片和全景视频，是很多公司采用的主要方法。随着技术的快速升级，各家公司纷纷推出自主品牌的自动缝合 360 全景摄影机，作为过渡期 360 全景拍摄设备的"GoPro 多机组合"已经很少有人使用了。

（三）数码单反相机

如果只是为了拍摄 360 度全景图片，人们还可以使用数码单反相机来进行逐张接片式拍摄，再通过后期软件将各幅照片组合起来。由于数码单反相机成像质量较好，功能强大，操控性好，而且价格低廉，使用方便，所以，成为诸多 360 度全景图片拍摄者偏爱的全景摄影器材。

同样道理，使用手机、卡片机等照片拍摄设备，也可以逐张接片式拍摄，再利用后期缝合软件组合素材，形成全景图片。只不过，这样做的影像质量难以达到最佳效果，所以，使用者相对较少。

第二节　360 度全景图片的拍摄与制作

360 度全景摄影影像的一大类别是全景图片，事实上，这种全景图片是将多个相邻镜头拍摄的画面"缝合"起来，拼接而成一个无缝、全视域的画面。这种图片在 PC、手机、平板电脑屏幕上可以利用鼠标拖拽观看，也可用手指划屏拖动观看，还可以使用相应的头显设备观看，这几种观看方式中，使用头显设备观看效果最好。

目前，360 度全景摄影图片已经广泛地应用于新闻报道、景区展示、探险旅游、宾馆展示、房地产营销、展览展会呈现、警务公安、家庭生活等领域。

360 度全景图片的拍摄，通常需要注意以下几点：

首先，机位常规"居中"。即在一般情况下，全景摄影机机位应设置在拍摄场景、拍摄对象的中间位置。因为是 360 度全视域影像记录，在全景摄影机的周围各个方向都应该有引人关注的事物存在，这样才能发挥 360 度全景影像的独特优势。摄影者必须改变传统 2D 影像的机位设置、景物选取等思维习惯。

其次，视点位置。除了简单"居中"，全景摄影机位置的选择主要应该考虑其"视点效果"，摄影机镜头就是观众的眼睛，摄影机所在位置就是观众观看全景图片展示场景的位置。选择"最佳位置"、"最佳视点"在全景图片拍摄过程中非常重要。

再次，光线效果。"摄影是光的艺术"，选择不同时间段的光线，画面会呈现出截然不同的视觉效果。这一点，全景图片和传统图片的拍摄要求相同。在拍摄 360 度全景图片时，要避免不同方向出现大光比、大反差，否则，不同镜头拍摄出来的影像素材，就很难被较好地"缝合"成一个连续、统一的全景影像。拍摄全景影像时，一般适合使用自然光、现场光拍摄，因为全视域使得拍摄现场景物一览无余，无法隐藏人工照明灯具，所以，无法使用传统的人工布光方法控制光线效果。除非根据全景拍摄需要对拍摄现场进行特殊处理，或者在专门的全景摄影棚拍摄，否则，人工光在全景摄影中都比较难以运用。

最后，摄影团队"隐身"。因为是全视域影像拍摄，所以，摄影师及其团队成员也必须要"隐身"，大家通常会选择躲在距离全景摄影机较近的位置，利用现场的景物将自身遮挡起来。如果无法躲藏，摄影师及其团队成员也要设法让自己成为拍摄现场的"自然存在"。

360度全景摄影图片可以使用自动缝合全景摄影机拍摄完成；也可以使用多机组合全景摄影机拍摄，然后利用后期缝合软件缝合完成；还可以使用数码单反相机，按照一定的规则，依次多张接片式拍摄，再利用后期软件将其缝合完成。

一、自动缝合全景摄影机拍摄

使用自动缝合全景摄影机拍摄360度全景图片，通常需要使用该摄影机配套的App来进行各项参数设定，影像效果监看、控制拍摄的启动和停止。有些品牌的全景摄影机也可以独立手动操控进行拍摄，再通过配套App调阅画面效果，并进行分发，或者将拍摄完成的全景图片拷贝到电脑中，使用配套软件查看、调整画面效果，并进行分发。

自动缝合全景摄影机拍摄全景图片非常方便、快捷，两个或多个镜头同时拍摄，并同步完成各镜头影像的"缝合"。因为其方便、快捷，所以，非常适合用来拍摄新闻现场的全景图片。随着技术的进步，在新闻现场拍摄的全景照片还可以通过移动网络第一时间传回编辑部，或者上传网络媒体平台发布，可以给观众带来"我在现场"的强烈感受。在我国，以澎湃新闻为代表的新闻媒体，已经常规化地使用360度全景图片、全景视频报道新闻，澎湃新闻开设专门栏目"全景现场"呈现此类新闻报道，成为我国新媒体新闻报道的典型代表。

自动缝合全景摄影机拍摄全景时，各个镜头可以即时同步完成拍摄，这使它能够拍摄人物众多、形态各异的场景，而同样的场景如果采用"逐张接片式"拍摄法拍摄，就容易出现人物重影、错位等问题。

自动缝合全景摄影机非常适合缺乏全景摄影专业知识的业余人士使用，在朋友聚会、孩子生日、亲戚大婚等日常生活场景中，全面、完整、生动、快捷地记录下现场的影像。

当然，自动缝合全景摄影机拍摄全景图片也有明显的缺点。第一，镜头数较少的全景摄影机各个镜头视场角偏大，影像畸变比较严重。第二，自动缝合有时容易在画面中出现"接缝"现象，这是自动缝合算法不够完美的表现。拍摄时，摄影者要尽量将全景摄影机的"接缝区域"还取为天空、草地、树木等不容易凸显"接缝"现象的方向，以避免不同镜头影像缝合处出现交叉、错位、变形效果。

二、多机组合全景摄影机拍摄

使用多机组合全景摄影机也可以拍摄360度全景图片，通过前期各个镜头同步拍摄，再将其拍摄的影像文件拷贝到后期编辑设备中，使用后期缝合软件调整、制作成360度全景图片，如图4-2-1、图4-2-2所示。

图4-2-1　中国传媒大学地拍360度全景图片集合截图

图4-2-2　中国传媒大学空拍360度全景图片集合截图

以上两幅360度全景图片截图分别来自两个作品，图4-2-1出自对中国传媒大学各个标志性区域的地面拍摄360全景图片集合，图4-2-2出自对中国传媒大学各个标志性区域的空中航拍360全景图片集合。以上两个作品均完成于2016年，作者使用几个GoPro相机组合而成的全景摄影机拍摄，航拍时使用的飞行器是大疆 Phantom 2，云台是大疆禅思 Zenmuse H3-3D。

但是，这种摄制方式通常不能实时监看影像效果，也不能精确控制每个镜头的拍摄结果，整个工作流程相对比较费时费力，在实践中，已经不是大家首选的全景图片摄制方法。

三、数码单反相机逐张接片式拍摄

在现有的图片摄影设备中，数码单反相机在影像质量、功能选择、操控度方面都是具有明显优势的，因此，使用数码单反相机逐张接片式拍摄 360 度全景图片，成为比较主流的全景图片摄制方式。

这种方式摄制 360 度全景图片需要注意几个要点：

第一，数码单反相机的拍摄位置要固定，相机机位不能出现大的偏移。

第二，以数码单反相机的机位为中心，依次水平（或纵向）逐张拍摄图片，直至将周围全视域范围拍摄完成，各幅图片之间要保持 20% 左右的重合度。拍摄静态环境的话，可以采用水平逐张接片式拍摄的方法；如果拍摄场景中存在较多动态人物、事物，通常会采用纵向逐张接片式拍摄方法，可以最大限度地避免出现动态景物重影、错位等现象，即便如此，也经常需要通过后期手段，对存在的瑕疵进行精细的修整。

第三，常规情况下，需要将数码单反相机设定为手动模式，使用固定的曝光组合、统一的白平衡设置进行逐张拍摄，将调焦方式设置为手动对焦，使用超焦距方式获得最大景深范围。这样做是为了避免各幅图片之间在曝光、色彩、焦点、透视等方面出现明显的偏差，影响最终的拼接缝合效果。

第四，尽量避免选择光线反差很大、色温相差明显的场景拍摄，尽管在前期拍摄和后期拼接缝合时，我们可以对单张画面进行一定的曝光、色彩等方面的调校，但是，这种调校是有限度的，不能完全解决可能出现的各种问题。

图 4-2-3 是由景坤科技公司拍摄制作的上海市超级全景图片，拍摄于 2015 年 7 月，精度达到 1950 亿像素，是当时亚洲清晰度最高的 360 度全景图片，也是当时全球清晰度排名第三的 360 度全景图片。

拍摄该图片使用佳能 5DSR 相机，是 5000 万像素级别，图片由几千张照片拼接而成，是传统相机照片精度的 2000 倍以上。观众可以通过 PC、手机或平板电脑，在线对该图片进行放大观看，能够看到由全景至局部细节的高清影像。

图 4-2-3　上海市超级全景图片

图 4-2-4 是 2012 年拍摄、2013 年发布的伦敦 3200 亿像素全景图片，该图片被认为是当时全世界最高清的 360 度全景图片。该照片由 360Cities 公司的三位摄影师 Jeffrey Martin、Tom Mills、Holger Schulze 历时 3 天完成。该拍摄项目总共使用 48640 张照片，实际分辨率达到了 3200 亿像素。三位摄影师在伦敦电信大楼的 29 楼进行了 3 天的拍摄工作，他们使用了 4 套 EF 400mm f/2.8L IS II USM 镜头和 Extender EF 2× III 增距镜的佳能 EOS 7D，然后通过 Rodeon VR Head ST 对照片进行整合处理，之后花费 3 个月时间完成合成工作，最终得到了这张壮观的伦敦全景图片。

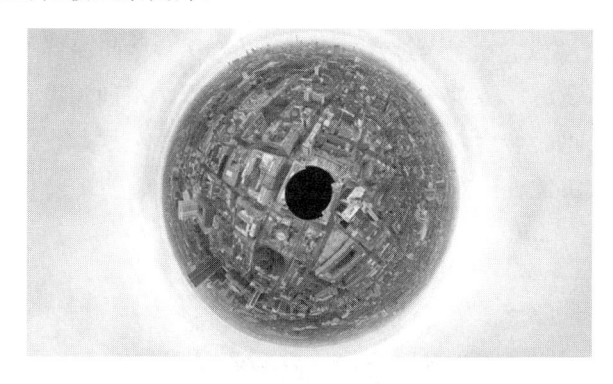

图 4-2-4　伦敦 3200 亿像素全景图片

既然可以采用数码单反相机依次逐张接片式的拍摄方法拍摄 360 度全景图片，那么，当然也可以采用此种方法拍摄一定视野范围的高清全景图片。

2015 年，意大利摄影师菲利普·布伦吉尼（Filippo Blengini）带领国际团队拍摄、制作了欧洲最高峰勃朗峰的全景图片，该图片主要展现水平方向上的全景影像，高达 3650 亿像素，创造了当时世界最高清的全景图片（非 360 度全景）记录。摄影团队在勃朗峰海拔 3500 米处，冒着零下 10℃的严寒拍摄，他们使用佳能 70D 单反相机、佳能 EF 400mm F/2.8 II IS 镜头以及佳能 Extender 2X III 增距镜，从不同角度，经过 35 小时的拍摄，抓拍到 7 万张照片，最终拼接缝合而成一张图片（如图 4-2-5 所示）。

图 4-2-5　2015 年世界最高清全景图片（非 360 度全景）

数码单反相机可以适配不同焦距的镜头。镜头焦距越短，视角越广，景深越大，在拍摄 360 度全景图片时，需要拍摄的次数就越少，能够表现由近到远的景物范围。镜头焦距越长，视角越窄，在拍摄 360 度全景图片时，需要拍摄的次数就越多，适合表现一定距离之外的景物范围。

2018 年 10 月 2 日，郭艳民在北京奥林匹克森林公园北园花海景地使用数码单反相机接片式拍摄 360 度全景图片，所用相机为佳能 5D MarkIII，镜头焦距 24mm，光圈 f/8，快门速度 1/100 秒，感光度 ISO200，单幅图片分辨率为 3840*5760。先竖幅纵向由天至地连续拍摄，各幅图片之间保持 15%左右的重合度；再横向平移镜头，继续纵向由天至地连续拍摄，横向和纵向相邻画幅之间均保持 15%左右的重合度。共拍摄 80 多张素材图片，后期使用 PTGui 软件进行缝合，对局部错位进行精调（如图 4-2-6 所示）。

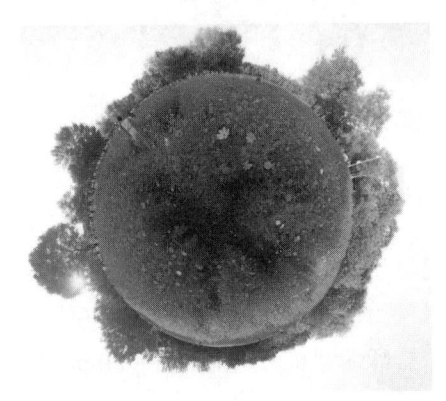

图 4-2-6　北京奥林匹克森林公园花海全景图片　郭艳民摄

拍摄普通场景的 360 度全景图片，人们可以使用数码单反相机、广角镜头手持（或用独脚架、三脚架支撑）依次逐张接片式拍摄，通常拍摄二三十幅图片就可以完成全视域覆盖。如果拍摄比较复杂的场景，需要保证专业级影像质量，人们通常使用专用的 360 度全景图片拍摄支架控制数码单反相机向各个方向依次逐张接片式拍摄，可以精确控制镜头的运动、相机技术参数，能够拍摄成百上千张图片，以供后期接片缝合使用。

采用数码单反相机依次逐张接片式拍摄完成后，后期可以使用 PTGui、Pano2VR 等软件对前期获得的图片素材进行缝合。软件会自动检视各幅图片的数据，并对其进行初级自动缝合。如果前期素材存在一定的缺陷，软件会提示制作者进行手动调整，我们可以对各幅画面中的匹配点、覆盖区域等进行选择和调整，也可以对每幅图片素材进行曝光、白平衡、反差等细节的调整。

由于是全视域拍摄，所以，数码单反相机的支撑工具（人腿、独脚架、三脚架等）一定会出现在画面中，通常我们可以在后期采用增加 LOGO 标识的方法，将这个区域覆盖。也可以在前期拍摄时，有意识选择在草地、土地、地板等纹理线条不是特别明显的地方架机拍摄，后期使用这些景物图层将支撑物区域替换或覆盖。

第三节　360 度全景视频的拍摄与制作

360 度全景视频是全景影像的主流，它能够带给观众前所未有的沉浸感、参与感、真实感，使用自动缝合全景摄影机、多机组合全景摄影机都可以拍摄 360 度全景视频。我们大体上可以把视听媒体中的 360 度全景视频分为纪实类、艺术类两大类型。

一、纪实类 360 度全景视频

视听媒体中，纪实类 360 度全景视频主要包括新闻、纪录片、现场直播三种。

（一）360 度全景新闻

2013 年以来，国内外报社、通讯社、电视台、网站、传媒公司等新闻媒体普遍尝试采用 360 度全景影像技术报道新闻，人们将其称为 VR 新闻，它与传统新闻报道影像的根本区别在于能否让观众置身于新闻现场，"亲眼目睹、亲身感受"新闻事件的发生。要想达到最佳传播效果，对前期拍摄制作和后期的接收设备都有较高的要求，在现有技术条件下，这两方面还不能完全达到人们的理想要求，但是，VR 新闻的出现还是给人们提供了一种全新的报道新闻、传播新闻的可能性。

现阶段，为了保证新闻报道的方便、快捷，各新闻媒体在报道 VR 新闻时，通常会在前期使用自动缝合全景摄影机拍摄，其中，双镜头自动缝合全景摄影机在外拍采访中使用较多，多目自动缝合全景摄影机在拍摄大型专题、纪录片、现场直播时使用较多。

双镜头自动缝合全景摄影机作为全景摄影设备中的"轻骑兵"，操作简单，基本不需要太多摄影专业知识，稍加培训，文字记者也可以掌握其使用方法。在新闻报道过程中，记者经常用独脚架等支撑工具将这种全景摄影机固定架设在新闻事件现场，或者使用隐形自拍杆手持进行拍摄和报道。在拍摄过程中，全景摄影机的随机录音系统会收录下以摄影机为中心的现场同期声，也可通过外接话筒收录出镜记者、主持人、被采访对象的声音。而在接收和观看这种 VR 新闻时，用户可以在 PC、手机、平板电脑上拖动影像观看，也可以使用头显设备观看，后者的现场感、真实感、体验感会更好。

（二）360 度全景纪录片

由于现阶段在前期摄制、后期传播这两大环节上还存在明显的技术瓶颈，再加上商业因素的考量，所以，VR 新闻（特别是消息类短新闻）并没有成为国内外新闻媒体使用 360 度全景影像技术制作节目的主流形态，而 VR 纪录片则成为最具代表性的纪实类全景影像作品。

首先，VR 纪录片对于时效性要求不是太高，可以给予摄制组充分的拍摄制作时间，便于摄制组精心拟定拍摄计划，制定拍摄方案，并在实际操作过程中使用全景摄影机确保实现自己的拍摄目标。

其次，纪录片和新闻相比，需要有更好的声画质量、制作品质，也更加在意影像的视觉效果。所以，在 VR 纪录片的拍摄过程中，大家通常采用高端自动缝合全景摄影机（如 Insta360 Pro、诺基亚 OZO、JAUNT 等）拍摄，或者使用多机组合全景摄影机来拍摄，再经过后期的加工制作完成，很少采用双镜头自动缝合全景摄影机拍摄完成。

目前,世界各大新闻媒体(如纽约时报、CNN、美联社、央视等)都采用项目制方式,不定期地推出以 VR 纪录片为主的 360 度全景影像纪实性作品,CNN 曾经尝试利用此技术进行日常消息类新闻报道,并且专门开通了 CNN VR 这样的网络平台,但是,经过一段时间的实验,CNN 将 VR 纪录片作为自己全景影像纪实报道平台的主流资源。

2016 年,纽约时报出品的 VR 纪录片《流离失所》(*The Displaced*)获得了第 59 届世界新闻摄影比赛(World Press Photo,简称荷赛)多媒体新闻类创新叙事(Innovative Storytelling)一等奖,开创了 VR 纪录片获得传统新闻类国际大奖的先河,也标志着 VR 纪实类作品已经受到业界、学界主流的认可和重视。

(三)360 度全景现场直播

现场直播与正在发生的事件即时同步进行,是最能够给用户带来现场感、共时感的媒介传播形式。使用 360 度全景影像技术,用户戴上头显设备,就可以体会到"身临其境"的感觉。随着虚拟现实技术的快速发展,现在的 VR 现场直播在技术上已经可以实现多机位、无延时、直接切换、即时播出,具备了制作、播出高质量 360 度全景视频影像的基本条件。

重大新闻事件、体育比赛、重要庆典、演唱会等是现场直播的核心内容,也是 VR 现场直播的首选题材。我国中央级新闻媒体曾在 2015 年 9 月 3 日大阅兵时,进行过 VR 现场多机直播试验,多家公司也曾在草莓音乐节、国际时装周、百度年会等场景中尝试 VR 现场直播。2016 年 12 月 30 日,数字王国和微鲸科技合作采用 VR 技术直播王菲"幻乐一场"演唱会,探索 VR 现场直播的商业化推广,腾讯视频采用传统网络视频直播方式同步直播了该场音乐会的实况。

现阶段,VR 现场直播在前期摄制、信号传输和后期接收几个环节上都存在一些需要克服的问题。

前期摄制阶段,VR 现场直播往往只能作为传统现场直播的补充,在现场机位设置、拍摄过程中,必须要优先保证传统直播的机位运动和拍摄需要,不能完全从最佳位置、采用最佳方式进行 360 度全景现场直播的影像摄制。

同时,由于 360 度全景摄影机所产生的数据量要远远大于传统现场直播所产生的数据量,因此,在 360 度全景现场直播中,随机位数量增多,现场直播切换台需要处理的数据量往往呈几何倍数增长,这给拍摄数据的存储、处理、传输都带来了巨大的压力。也正因为这个原因，现在的 360 度全景现场直播中设置的机位通常为 3-5 台，与传统现场直播动辄几十台的机位设置相比，视点变化较少，视觉效果也不够丰富。随着 5G 时代的到来，VR 现场直播信号传输环节的问题有望得到解决，这对促进 VR 现场直播的发展大有裨益。

在观众接收环节，VR 现场直播目前主要还是借助互联网络进行信号传输，而现有的宽带网络带宽、传输速度无法满足超高清影像数据传输的需要，前期辛辛苦苦拍摄制作出来的超高清影像信号，不得不被压缩成质量一般的信号传输。另一个重要问题是，绝大多数用户没有高质量的头显设备，主要通过 PC、平板电脑、手机等设备观赏 VR 直播作品，因此，在观看体验时，视听效果又会进一步大打折扣。

上述因素都制约了 VR 现场直播的推广，VR 直播要想获得理想的发展，还需要各个环节的核心技术出现质的飞跃，并且协调推进，共同发展。

二、艺术类 360 度全景视频

视听媒体中，艺术类 360 度全景视频主要包括电影、电视剧、广告、MV 等种类。

（一）360 度全景电影、电视剧

电影往往是人类各种视听新技术的"试验田"，各种新技术、新设备往往会被最先应用到电影领域，360 度全景摄影技术也不例外。受到制作资金和观众欣赏习惯的影响，VR 影视剧单部（集）的时间长度通常控制在 15 分钟以内。警匪片、侦探片、恐怖片、悬疑片成为比较适合拍摄 VR 影视剧的题材类型，除此之外，动画片也是 VR 影视剧的重要领域，只不过，VR 动画片主要使用数字制作影像技术手段来完成，而不是采用拍摄手段。

几年来，世界各国出品了大量 VR 影视剧，其中 Google Spotlight Stories 2016 年 4 月 18 日推出的《救命》(Help) 具有标志性意义，该片由《速度与激情》（第 3、4、5、6 部）的导演林诣彬执导，是一部真人与特效结合的 VR 电影。影片讲述的是洛杉矶被怪兽袭击，女主角和警察在地铁中逃亡的故事。《救命》(Help) 采用 4 台红龙数字摄影机拍摄，制作过程足足花了近两年的时间，全片不仅采用 360 度全景影像，而且是一镜到底，场面震撼，视觉流畅。

使用 360 度全景影像方式制作、观赏影视剧，对影视剧创作的全流程都产

生了重大的影响，主要包含以下方面。

第一，对编剧的影响：

多角色、多线索、多维度叙事可能成为编织故事的主要趋势，这种叙事方式可以给观众提供多种可能性。

对于故事场景的设计会显得更为重要，场景对于观众时虚拟现实的体验感强弱会有明显影响。

编剧要依靠故事因素、人物角色的重要性来吸引、控制观众的注意力，从而展开故事叙述。

第二，对导演、表演的影响：

导演需要全方位、全空间进行场面调度，前、后、左、右的场面调度比原来的水平方向场面调度等会显得更有效。

出于对某一角色的喜爱，观众可以给予其更多的关注，无论其是主角，还是配角。

观众有可能成为角色之一，参与到剧情之中。全景摄影机视点就是观众的视点，可以将其"拟人化"处理，作为一个角色，参与到剧情之中。

为了保证视觉的连贯、流畅，避免空间转换频繁给用户带来的不适，360度全景影视剧需要降低剪辑频率，一镜到底式拍摄成为理想的拍摄方式，这就需要演员的表演连贯、流畅，使得擅长戏剧舞台表演的话剧演员更加适合。

对于演员的走位要求更加严格，特别是要注意无形的拼接界线。演员尽量不要在较近的距离跨越"接缝"，否则容易出现影像的扭曲、错位、变形。

导演不能出现在拍摄场景之中，否则就会穿帮。

这种情况下，导演更像戏剧导演，而不同于传统影视导演。由于大多数时候全景摄影机位置保持不动，观众的注意力主要是随着内容的吸引力自主选择观看，导演的场面调度主要集中于演员调度，而很少进行机位调度，这和戏剧导演的工作方式更加类似。

（二）360度全景广告、MV

广告的拍摄绝大多数都是电影化的，但其篇幅更短，镜头更加精炼，叙事短小精悍。在电影化拍摄的基础上，广告拍摄结合大量的数字特效制作，虚实结合，呈现出超乎寻常的视听效果。MV实际上是一种音乐作品的广告，电影化拍摄、数字特效制作也是其基本手段。

随着 VR 技术的发展，许多知名产品制造商、服务提供商等都通过 VR 广告为自己进行宣传营销。在众多的 VR 广告作品中，德国宝马汽车公司推出的一则关于 BMW M2 汽车的广告令人瞩目（如图 4-3-1 所示），该广告邀请模特 GIGI 坐进一辆 BMW M2 车里，然后，这量车和其他 4 辆外观颜色一模一样的 BMW M2 汽车来回穿插、变队形竞速行驶，令人有些眼花缭乱，尽管目不转睛，但还是弄不清名模究竟坐在哪辆车里。这则广告将 360 度全景影像、内容悬念设计、用户与汽车的互动三者结合起来，使得该广告既有故事性、趣味性，又有游戏性、互动性，给观众带来全新的用户体验，留下了深刻印象。

图 4-3-1　宝马汽车 BMW M2 全景视频广告截图

综上所述，360 度全景摄影创作与传统 2D、3D 摄影创作有着本质的差异，作为影像的创造者，必须要注意以下这些新的变化：

1. 在 360 度全景影像摄影创作中，原有的摄影艺术语言体系几乎全面瓦解，景别、用光、角度、构图、空间处理等都被赋予了新的含义。

2. 在观赏 360 度全景影像作品时，摄影师不能再控制用户的注意力方向，用户可以根据自己的兴趣点随机选择观看。但是，确定作品影像的主角度、主方向还是会对吸引观众的注意力起到重要作用。

3. 360 度全景影像作品中，可以较多采用第一人称主观视角拍摄、叙事，这样做能够增强观众与被摄对象的互动性。

4. 360 度全景影像摄影创作，比较适用于自然光、现场光拍摄，而且，不同方向光线不能有太大反差。如果使用人工光，需要在全景摄影棚进行，光源需要隐藏于置景之中。

5. 360 度全景影像摄影创作中，视点（摄影机位置）决定叙事角度，视点的意义更加重要。

6. 360 度全景视频拍摄和剪辑过程中，镜头不可以太碎，应较多使用长镜头连贯拍摄，否则，容易影响空间感的连续性，频繁的空间转换，也容易让用户难以适应，增强视觉不适感。

7. 现阶段，360度全景影像作品大多会采用固定机位拍摄，这样做，可以减少后期缝合的困难。

8. 360度全景影像摄影中，如果使用运动拍摄，容易产生"过缝"现象，也容易出现"晕动症"。当然，控制良好的运动镜头，会有助于控制和引导观众的注意力。

9. 360度全景影像摄影创作中，摄影组必须精简，摄影师需要"隐身"，否则，就会穿帮。

10. 在360度全景摄影创作中，摄影辅助器材需要小型化或全面更新，否则，不容易在后期覆盖或擦除。

11. 在360度全景影像摄制过程中，前期拍摄就要考虑后期缝合的技术需要（如同步、色温、画质指标、运动方式等）。

12. 3D效果的360度全景影像的视觉体验要优于2D全景影像，但是，摄制难度更高，今后会逐渐成为主流。

现阶段，360度全景影像技术才刚刚起步，还存在着诸多技术瓶颈，需要随着科技的进步，逐步改进摄制质量、改善用户体验。尽管如此，这种技术还是在前人成果的基础上，有了本质的创新，为人们提供了一种全新的观察和体验世界的方式。越来越多的人认为，这种技术将不会颠覆和取代传统的2D、3D影像技术，而是会和它们一起并行发展，它是一种全新的技术、艺术形式，需要人们去探索其独有的艺术规律和实践法则。

第五章
VR 新闻

虚拟现实技术为传统的影视制作行业带来了新的变化，360 度全景视频成为影视领域结合虚拟现实技术运用的最主要的成果形态。新闻报道历来强调现场感和真实感，追求将不同时空的新闻事件、新闻信息鲜活地传递给观众，虚拟现实技术能够为用户提供前所未有的现场感和真实感，因此，VR 新闻成为视听媒体运用虚拟现实技术的重要领域。以美联社、纽约时报、洛杉矶时报等为代表的传统通讯社和纸媒开始运用 360 度全景视频进行新闻报道，英国广播公司（BBC）、天空电视台（SKY）、美国广播公司（ABC）、美国有线电视新闻网（CNN）、美国公共电视网（PBS）等电视台、网站也都开始运用 360 度全景视频进行新闻报道，而且逐渐由试验性报道转为常规化报道。

在中国，较早使用 360 度全景视频进行新闻纪实类报道的是新华社和上海的澎湃新闻。新华社在 2015 年 9 月 3 日"纪念中华人民抗日战争暨世界反法西斯战争胜利 70 周年"大阅兵时，就和腾讯视频合作，尝试使用 360 度全景视频拍摄大阅兵。上海报业集团的澎湃新闻在原有的 360 度全景照片新闻报道的基础上，于 2015 年下半年开始推出了 360 度全景视频新闻报道。

2016 年被称作"虚拟现实技术元年"，虚拟现实技术在新闻报道领域的运用更加广泛，我国的新闻机构也开始跟上时代的步伐，尝试使用 360 度全景视频来报道新闻。这一时期，一些传统平面媒体正处于历史转型期，由原来的纸媒转变为网络化媒体，并开始探索媒介融合发展之路。这些媒体积极使用各种新技术进行新闻报道，试图实现跨越式发展。在 2016 年 3 月全国两会召开期间，新华社、中新社、经济日报、法制晚报等多家新闻媒体都使用了虚拟现实技术来制作新闻报道，中新社甚至在中新网上开设了专门的页面来展示关于两会的 360 度全景视频新闻报道。2017 年，新华社组建了自己的 VR 新闻报道团队，主要采用 360 度全景影像来进行新闻报道。中央电视台也在央视网开设了

VR 频道，使用 360 度全景视频技术进行新闻报道。

360 度全景视频新闻报道需要通过网络平台传播，其主要的收看方式有两种，一种是使用电脑屏幕（包括 IPAD 等平板电脑、手机屏幕等）中的全景视频浏览器、播放器进行观看，受众可以使用鼠标来左、右、上、下拖曳视频，选择观看自己感兴趣的局部。另一种是使用虚拟现实头显设备观看，用户可以被"投送"到新闻现场，仿佛置身于新闻现场之中，可以自由转换视线方向，观看自己感兴趣的部分。两种方法相比，后者的收视效果更好，现场感、体验感、互动感会更强。

360 度全景视频可以将全景摄影机周围的全部影像收录其中，它和传统的 2D、3D 摄影的取景方式都不同，彻底颠覆了百年以来形成的传统摄影理念和技巧，为视频新闻报道带来了根本性的变化。

第一节　VR 新闻的特性

降低传播过程中的信息损耗，更加完整地接近事实，更客观地再现新闻场景，不断提高符号的表意能力，是新闻媒介技术进化的内生动力。从传播质量的维度纵向展开，对新闻记录手段进行考察，可以看到一条清晰的技术逻辑链条：报纸——广播——电视——Web1.0——Web2.0，与之相对应的媒介符号为：文字——音频——视频——多媒体——沉浸式人机界面。

虚拟现实技术正是 Web2.0 时代典型的沉浸式人机界面，展现了当下人类以符号的方式记录现实世界的强大能力。在未来很长一段时间，在模拟人的五大感官方面，人类技术很难有更为根本性的突破。作为新一代的计算平台，虚拟现实媒介正在融合之前所有的媒介形态，并把这些媒介形式转化成自己的内容。

一、现场感——在场感

传统的视频新闻通过高清晰度的影像与高保真的现场同期声相结合，给受众带来强烈的现场感，但是，由于受到二维画框的限制，受众总是能清楚地意识到自己看到、听到的只是新闻现场的声画片段，自身所处时空与新闻现场时空有着明显的不同。

VR新闻具有全景立体声音和影像，能够给受众带来沉浸式的在场感，问世之初，VR新闻就被寄予太多传统媒体转型和媒体融合的期望。VR新闻又被称为沉浸式新闻，是指在新闻故事中，观众能以第一人称体验事件或情形的新闻生产形式。其基础思想是让参与者成为一个在场者的数字化身，并以其第一人称视角（或者第三人称视角等）进入一个虚拟重现的新闻故事剧情场景。其最主要目的是让观众化身为新闻事件现场的"目击者"（Witness）而不仅是新闻的"旁观者"（Viewer）。

"VR技术所提供的影像不断刺激受众的多种感官，并试图消去媒介的转述感与中介感，打造一个与真实现场无缝衔接的新闻模拟环境，让受众真实体会临场感与沉浸感。"[1]VR新闻的独特之处还在于其提供"视点"，通过虚拟现实技术，新闻报道者和新闻接收者（受众）实现了对新闻事件观察的"视点"融合，受众似乎被"投送到新闻现场"，和新闻记者的摄影机一起观察、体验新闻事件的发生发展过程。

2016年5月，新华VR频道正式上线；同年10月，英国《卫报》成立两人团队开发VR新闻；纽约时报同年11月推出了虚拟现实视频平台——The Daily 360，以全景视频的方式向它的用户提供新闻……2016年VR成为媒体的热点，这一年也被称为"VR元年"。

二、VR新闻适合表现重大主题和特殊题材

针对突发的新闻事件，记者赶往现场采访报道，赶在第一时间播发，争抢新闻头条。在现有技术条件下，VR新闻的摄制需要更多的技术投入，生产周期较长，拍摄时灵活机动性相对不足，在新闻时效性方面并不具备竞争优势。新闻专题、调查报道的时效性诉求弱化，强调深度和厚度，是VR新闻的主要阵地。

时政经济、科教文卫、社会政法、体育娱乐、军事国际等，在这些传统上按照一个媒体新闻部或新闻中心报道组的职能分工划定的采访范围中，重大活动、重要事件、文艺娱乐等题材相较于其他更适合用虚拟现实的方式呈现。国内较有影响力的VR新闻作品有许多这样的题材，如人民日报的《"9·3"阅兵VR全景视频》、新华网的《"两会"VR全景报道》、财新网的《深圳垮塌事

---

1 华思宁. 融入智能科技的临场化新闻的情境重塑与视角转换[J]. 出版广角，2019，(19):66-68.

故"VR 新闻报道》等。这些题材本身的视觉呈现容易引起受众的关注，VR 新闻的"在场感"延伸了电视新闻的"现场感"，进一步加强了内容的表现力。

2017 年 4 月 20 日，我国首艘货运飞船"天舟一号"在中国文昌航天发射场执行飞行任务。为了让受众身临其境、近距离地感受发射过程，中央电视台联合央视网用 VR 的方式对此次发射进行了近距离直播，最近的 VR 机位离发射台仅 100 米。《"天舟一号"发射任务 VR 全景直播》时长 30 分钟，获得第二十八届中国新闻奖一等奖。作品的推荐理由是："此次直播策划新颖、执行到位、配合流畅，让新闻变得立体可感，使受众由被动接受转为主动获取，增强了新闻传播的互动性，为受众提供了全新的收视体验，是电视直播融媒体形态的一次成功尝试。"[1]想要获得火箭吊装、转运等环节的沉浸式体验，感受迎面而来的火箭发射的视觉冲击，观众只能选择 VR 这种方式，VR 新闻在特殊题材的报道上具有独特的优势。

三、VR 新闻适合报道场景信息丰富的事件性新闻

VR 新闻与传统视频新闻的最大区别在于对新闻现场的呈现和感知，VR 新闻可以让受众置身新闻现场，现场的景物、人物、事件就在受众的周围展现，场景独特、景物多样、人物众多的新闻现场可以充分发挥 VR 新闻的优越性。如果新闻现场场景空旷、景物单一，环顾四周，空空如也，就不能充分发挥 VR 新闻的优势。

同样的道理，VR 技术适合报道具象的、具有明确发展变化过程的事件性新闻，而对于比较抽象的、静态的、概括性的新闻（如经济新闻、会议新闻、新闻专访、新闻评论等），则显得"英雄无用武之地"。在事件性新闻报道中，在连续的时间中，空间不断转换，新闻人物的活动、新闻事件的演变成为引导受众观看和感知新闻的有效线索。新闻人物还可以和 VR 摄影机（也就是受众视点）产生直接的交流和互动。在非事件性新闻报道中，因为场景比较单一、静态，主题比较概括抽象，从新闻记者和新闻受众两方面来说，都缺乏展现和浏览全景现场的源动力。

2016 年 3 月 14 日，美国科技媒体网站 The Verge 发布了《360 全景米歇

---

[1] 中国记协网. "天舟一号"发射任务 VR 全景直播 [EB/OL].

尔·奥巴马专访》(Michelle Obama 360)，在该新闻访谈中，当时的美国第一夫人介绍了自己如何运用社交媒体等新媒体进行宣传和处理各种问题。专访中，受众不仅能够看到提问记者和米歇尔·奥巴马，还能看到访谈现场的所有工作人员、访谈所处的房间、所用的各种摄影照明设备等（如图5-1-1所示）。该访谈成片时长大约十分钟，由于现场场景固定、所有人物缺乏位置变化，所以，在开场环视一周后，受众还是会将注意力集中在米歇尔·奥巴马身上，在视觉感受方面，会觉得比较单调。为了弥补这一缺憾，制作团队使用了大量的后期制作手段，在360度全景现场的不同空间方位插入音视频资料、字幕等内容，以丰富受众的视觉感知。这一创作实践进一步向人们证明了，场景简约、对象单一的新闻题材，不能够充分发挥VR新闻的独特优势。

图 5-1-1 《360全景米歇尔·奥巴马专访》(Michelle Obama 360)

2020年11月，第三届中国国际进口博览会在上海举办，澎湃新闻使用360度全景视频报道进博会展馆现场，记者使用安装在隐形自拍杆上的小型自动缝合全景摄影机在各个展厅巡游、驻足，展馆中四面八方都有值得观看的内容。在内置增稳功能的帮助下，镜头稳定流畅，自拍杆"消失"，用户可以随记者的主视点观看，也可以自行划屏选择观看自己感兴趣的内容，360全景影像的采集和传播变得非常简单。

遗憾的是，澎湃新闻在使用360度全景视频报道第三次进博会的系列新闻中，只是发挥了360全景视频场景记录和展示的作用，将现场的影像、同期声客观记录下来，后期加了简单的字幕，配了一些背景音乐，没有记者在现场的声音报道，也没有后期的配音、解说，镜头转换也比较少，给人一种简单记录的感觉（如图5-1-2所示）。

图 5-1-2　澎湃新闻记者进行第三届进博会 VR 新闻报道

四、VR 新闻适合报道传统新闻难以共情的事件

传统的电视新闻强调的画面构图、同期声、典型的现场音响等电视独特的表现手法，比较对象是报纸报刊的图文静态符号，意在发挥电视声画兼备的传播优势，以"眼见为实"满足受众对真实性的需求，用真实可信增强电视新闻报道的感染力。在电视新闻采制的流程中，考验的是记者捕捉新闻现场关键场面和典型细节的能力。同时作为对框式视频图像框外内容的补充，新闻解说多以倒金字塔的结构串联整个事件。但电视新闻的真实性仍然是经过选择的真实，一场只有几十人的小规模抗议，在取景框的限定下能制造声势浩大的示威游行。

VR 新闻的全景原生技术特性比电视新闻更接近真实，用在场感替代现场感，感染力总体上是增强了而不是减弱了。灾难题材、重大事件的活动仪式、科技新闻等内容容易给受众带来强烈的体验感，能够充分发挥 VR 的优势，因此，这些内容成为 VR 新闻选题重要内容。

CNN VR 平台于 2019 年 7 月（人类首次登月 50 周年之际）推出短片《地球之外：一趟 VR 体验》（*Beyond Earth: A VR experience*），短片通过数字动画影像带领人们跨越时空去体验人类的下一步太空探索，从太空旅游到火星移民，让人们感受明天的重大太空发展计划。该 VR 新闻短片时长三分三十秒，动画镜头运动效果强烈，能够给用户带来比较强烈的太空遨游体验感。

这样的科技新闻报道，是无法使用传统的摄影技术来完成影像拍摄的，新闻记者也无法代替观众在新闻现场进行体验式报道，通过虚拟现实技术，可以使得用户超越现在的各种技术限制，置身于浩渺的太空、先进的人类空间站中，不仅仅是看到、听到，而是更加真切地体验到未来人类在太空的活动、科技创造，从而产生前所未有的共鸣、共情（如图 5-1-3 所示）。

图 5-1-3 CNN VR 新闻专题《地球之外：一趟 VR 体验》

遗憾的是，从《地球之外：一趟 VR 体验》之后，CNN VR 至今再也没有进行内容更新，从利用 360 全景视频报道日常消息类新闻，到转型制作 VR 新闻专题和 VR 纪录片，再到停止内容更新一年多，人们似乎看到 CNN 对于 VR 新闻的探索在逐渐停止。

第二节　VR 新闻的分类

虚拟现实技术与新闻报道相结合，为新闻报道提供了前所未有的新的技术手段、传播方式、接收方法，技术的变革直接催生了新的新闻报道样式和类型。VR 新闻影像的获得，主要通过摄影和 CGI 制作两种方式，以此为基础，我们可以将 VR 新闻分成两大类，一类是 360 度全景摄影新闻，另一类是 CGI VR 新闻。

一、360度全景摄影新闻

360度全景摄影新闻是指使用360度全景摄影机拍摄的视觉新闻，这种新闻以拍摄为基本手段，而不是以CGI生成为主要手段，这类视觉新闻包括VR新闻图片、VR新闻视频等。360度全景摄影新闻操作比较简便，制作成本较低，而且比较符合人们对于新闻影像的认知习惯，所以，360度全景摄影新闻是当今VR新闻的主流。

为了保证新闻的时效性，360度全景摄影新闻视频的拍摄通常使用双目或多目自动缝合摄影机拍摄（如国内多家新闻媒体机构使用insta360双目或多目摄影机拍摄），记者和编辑不需要在后期手动缝合全景画面，而是依靠算法由360度全景摄影机自动完成多镜头画面的缝合。尽管这种自动缝合的镜头会出现画面接缝、运动过缝等缺陷，影像分辨率难以达到最佳，影像畸变往往也比较强烈，但是，它能大大简化后期影像制作的环节，降低后期影像制作的难度，保证新闻报道的时效性，这对影像品质的要求并非第一标准的视频新闻而言，还是比较适用的。

运用360度全景摄影机配套的App，新闻记者和编辑可以非常方便地控制360度全景影像的拍摄，只要将360度全景摄影机放置在新闻现场的中心位置，就可以拍下全景现场视频让用户自由选择观看。自动缝合360度全景摄影机的使用降低了对拍摄者传统摄影技术水平的要求，只需稍加训练，普通的记者、编辑都可以完成新闻现场360度全景影像的拍摄。360度全景摄影机正在进一步小型化、便携化，其影像分辨率也在逐年提高，这些都有利于其在未来新闻报道中获得更广泛的应用。

使用360度全景摄影机配套的App，与移动互联网相结合，新闻记者和编辑可以快速地完成新闻现场360度全景影像的分发，甚至可以进行现场直播。随着5G时代的到来，高质量的360度全景新闻影像的摄制和传播会得到更多的应用。

（一）360度全景摄影新闻与传统视频新闻的区别

1. 充分发挥摄影的纪实性

摄影具有机械复制客观世界影像的本质特性，可以把新闻现场、新闻事件、新闻人物等影像客观地记录下来并传播给受众，观众不用亲临新闻现场，通过观看新闻摄影影像就可以形象、直观地获得新闻报道对象的丰富信息。

尽管现在摄影已经全面进入数字时代，但是，通过感光材料记录被摄对象的光影、色彩，仍然是摄影影像产生的基本方式，纪实性仍然是摄影的基本特性。

在VR新闻影像的采集中，摄影仍然是最重要的手段之一，同时，摄影与虚拟现实技术相结合，使得VR新闻影像的采集、制作、传播、接收等方式，都与传统新闻摄影不尽相同。

2. 全视域记录新闻现场信息，凸显沉浸感

虚拟现实技术与传统影像记录和呈现方式最大的不同就是它提供的是"360度全景视域"，画幅、画框从此消失，基本属于无死角拍摄。摄影技术具有记录性，摄影影像具有与生俱来的纪实性，这也正是新闻摄影影像价值的基础所在。

360度全景摄影记录下的是以摄影机为中心的整个拍摄现场的信息，而传统影像摄制方式记录下的只是拍摄现场的局部信息，就单一镜头来说，它能够记录的现场信息与传统新闻摄影相比会有几何倍数的增加，它对于新闻现场视觉信息的采集和记录可以说是全面的、完整的，不会特别突出某个局部，也不会弱化哪个部分。

全视域新闻现场影像的采集为不同用户选择观看新闻现场的不同部分提供了保证，也为同一用户反复审视新闻现场提供了可能，用户每次对新闻现场影像的观看都有可能产生新的发现，获得新的新闻信息。

全视域新闻影像还可以为用户带来前所未有的沉浸感，用户由传统的置身"千里之外""客观"旁观新闻，转变为身处"新闻"现场、"主观"体验新闻。

3. 用户自主选择观看新闻影像

传统的影像新闻在传播和接收过程中，受众会受到新闻记者和编辑报道意图、报道手段的直接影响，新闻工作者通过构图取景、角度选择、景别大小、光影处理等，可以突出报道重点、体现媒介立场、引导报道结论。在传统新闻影像的传播、接收过程中，受众只能按照新闻工作者前期拍摄和后期剪辑而成的影像组合方式来观看，其新闻影像的组织和传播方式基本上是线性的，受众无法选择新闻现场的不同影像，也无法控制影像呈现的时长和方式。

用户观看VR新闻，可以通过VR眼镜等头显设备，也可以使用移动屏媒体设备（如手机、平板电脑等），用户可以转动身体或者头部，也可以用手指在

移动媒体屏幕上划屏，从而选择观看自己感兴趣的场景和对象。与接受传统新闻影像不同的是，观看360度全景影像新闻时，用户有了难得的主动选择权，可以说，不同的人观看同一个360度全景影像新闻，其关注和感受到的新闻信息都不完全相同。

用户观看360度全景新闻影像的主动性，在一定程度上改变了新闻传播的传受方式，用户在360度全景摄影技术的帮助下，仿佛"置身"于新闻现场，去观察、感受自己周围正在发生的新闻事实。新闻报道不再只是媒体告诉观众，而是用户从现场发掘，观众在新闻信息采集和传播过程中的主观能动性大大加强，其参与感和体验感也相应地获得较大的提升。

（二）360度全景摄影新闻摄制、报道新方法

1."机位设置"作用凸显

在360度全景摄影中，景别、角度、景深等概念基本都失去了意义，因此，传统的新闻摄影技巧很多都无法发挥作用。观众可以自己选择观看的方向、观看的时机，摄影师无法再通过景别、景深来控制受众的注意力。在360度全景摄影新闻摄制过程中，原有的诸多摄影创作元素作用淡化，而与此同时，机位设置的作用却显得更加重要。

机位设置与视点选择直接相关，在360度全景摄影新闻中，摄影机的位置放在哪里，观众的视点就被设定在哪里，观众只能通过该视点向四周观看新闻现场的情况。视点不同，观众所感受到的沉浸感以及对新闻现场的信息获取都会有明显的差别。

在360度全景摄影新闻摄制过程中，摄影机应该被优先放置在新闻现场的核心区域，即现场信息最具新闻价值、最能给受众带来现场感的位置，摄影机通常要被放在该区域的中心位置，以便呈现周围全视域范围内的景物。

2017年，在天空电视台（SKY TV）报道欧洲移民危机的新闻中，记者Alistrair Bunkall在一个移民驻扎点出镜，环顾四周，在一片野外的树林中，散布着移民们赖以栖身的帐篷，到处都是被丢弃的衣服等杂物。整个环境给人强烈的荒凉、无助之感，与传统电视报道画面感受不同，这次观众和全景摄影机一起，就"置身"在移民驻扎点中间（如图5-2-1所示）。

在360度全景摄影新闻的摄制过程中，摄影师还可以利用媒体的优势，有意识地将摄影机放在普通观众难以到达的位置，为受众提供新颖独特的沉浸式

体验和感受。

图 5-2-1　天空电视台（SKY）记者出镜报道移民危机的 360 度全景视频截图

2. 摄影机的固定与运动

在 360 度全景摄影新闻报道中，大多数情况下，全景摄影机的位置是固定不动的，用户戴上头显设备后，其视线可以向四周自由浏览，也可以随着出镜记者、新闻主体的运动而聚焦。全景摄影机机位尽管没有动，但是，用户观看影像的方式却是可以运动的，这种视觉感受与观看传统 2D、3D 视频影像是完全不同的。

如果使用全景摄影机运动拍摄，需要注意"晕动症"的影响，如果用户对于影像运动的心理感知和生理感觉不一致，就会出现头晕、恶心甚至呕吐等反应。全景摄影机运动过快、过于晃动、后期剪辑节奏太快、镜头太碎太短也容易带来"晕动症"。保持全景摄影机固定拍摄或者慢速平稳运动拍摄，后期保持较低的镜头剪辑率，设计好被摄对象运动与全景摄影机运动的协调方式，是避免"晕动症"的主要方法。

3. 记者出镜报道方式的新变化

在 VR 新闻报道初期，通常采用固定机位拍摄，由于是全视域取景，记者和摄影师通常会选择尽量在镜头中隐匿身形（如躲在现场景物背后），或者让自己在外形上混同于新闻现场的公众，避免引起观众的注意，他们会使用蓝牙、无线等方式控制摄影机的开拍和停止，或者手动开机后，自己再跑远。

随着实践的发展，人们慢慢发现，传统视频新闻报道的一些方法，在 VR 新闻报道中依然可以发挥着重要的作用，记者出镜报道就是其中的一种。在 360 度全景摄影新闻报道中使用记者出镜报道不仅可以有效地吸引观众的注意力，减少观众无目的地四处张望，从而提出新闻重点，而且可以有效地增强观众和记者的互动。以360度全景摄影为基础，记者出镜报道与传统的视频新闻记者出镜报道有诸多不同。

（1）出镜报道场景选择要改变平面化、单向度取景的思维

基于新的拍摄技术和新的传播方式，对视频新闻报道的拍摄和制作方法也提出了新的要求。为了有效地吸引观众的注意力，使其关注报道者希望被关注的主要部分，避免用户随意变换视线方向，避免其收看行为处于完全失控状态，从而造成新闻信息传播无效，在使用360度全景视频制作新闻报道时，需要特别发挥出镜记者在新闻现场的作用，来引导和吸引用户的注意力，让他们沿着新闻报道的采访者、报道者、制作者、传播者所希望的观看方向、观看顺序来观看。

在360度全景视频新闻报道中，记者的出镜位置依然是新闻现场比较重要的部分。由于360度全景视频仍然存在初始主角度，最先进入观众视野的记者出镜场景会显得先入为主，成为整个段落的"定位仪"，通常也是最具画面表现力和最具新闻价值的场景。

出镜记者必须意识到360度全景视频与传统摄影拍摄的视频的不同，全景摄影机必须放置在新闻现场中间位置，而不能像传统影像拍摄时放置在新闻现场外围。出镜记者的出镜位置必须要选在四周都有可观看价值的场景中，否则，就会出现信息缺失或空白的画面。出镜记者和摄影师都必须要有全立体三维取景的概念，避免平面化、单向度取景思维。

（2）利用出镜记者的站位、走位引导和控制观众的注意力

在360度全景视频新闻报道中，出镜记者必须具有强烈的对象感，不能觉得自己面对的只是机械记录视听信号的机器，而是要时刻意识到自己面对的是活生生的用户人群，摄像机的镜头就是用户的眼睛，出镜记者要用自己的语言、情感去吸引用户，要像对待老朋友一样对着全景摄影机进行报道。

在360度全景视频新闻报道中，出镜记者应该尽量减少固定站立于一点的纯口述式现场静态报道，而是要对自己的运动路线做出精心的设计，和新闻现场的景物形成良好的呼应关系。记者出镜报道的空间环境一定要有比较丰富的空间层次，可以让用户在出镜记者的带领下在其中穿行或走过。出镜记者可以进行横向或弧形运动，引导用户环视新闻现场环境，也可以进行纵向运动，带

领用户在新闻场景中游走、观察、审视、体验。

在 Alistrair Bunkall 报道欧洲移民危机的新闻中（如图 5-2-2 所示），后面两段的出镜报道记者都是在运动之中，上图中记者一边走动，一边引导观众，介绍了当地与移民相关的衣服、水果、食物等摊位，以及等待载客的汽车。下图中记者在海边公路上移动，介绍了等在岸边希望登上欧洲大陆的难民，又向大家展示了停泊在海边的客轮。

图 5-2-2　天空电视台（SKY）记者出镜报道移民危机的 360 度全景视频截图

（3）出镜记者报道的内容必须是新闻现场最具新闻价值的信息

由于用户在收看 360 度全景视频新闻报道时，具有自主选择观看方向和观看区域的权利，用户不再是"透过一扇窗户看世界"，而是"设身处地、置身其中"，因此，出镜记者报道的内容，必须是最具新闻价值的内容，否则，观众会在新闻现场发现更有价值、更能够引起自己兴趣的新闻点或新闻人物。那样的话，出镜记者的现场报道就只是自说自话了。

有人认为，360 度全景视频可以将用户"投送"到新闻现场，因此，不再需要作为"观众代表"的出镜记者给大家介绍自己在新闻现场的观察和感受。其实，360 全景视频尽管可以给观众带来前所未有的现场感、参与感，但其现阶段并未能从根本上改变用户和新闻视频的关系——观看与被观看，观众在虚拟现实技术中体验到的现场感，还不能和出镜记者本人真正置身新闻现场的所见所感相提并论。因此，在360度全景视频新闻报道中，出镜记者现场报道依然有其存在的必要。

在360度视频新闻中使用出镜记者现场报道，可以有效地引导观众将注意力适时集中到记者想要让其重点关注的对象，避免观众毫无目的地向各个方向随意观看。全景影像是360度球形的，但观众的眼睛视野是半球形的，如果观众不能在恰当的时机观看恰当的方向、适当的内容，就会错过重要的新闻信息，白白浪费了先进科技为人们提供的视觉可能性。

（4）出镜记者现场报道更多提示性、指示性内容

在360度全景视频新闻报道中，镜头的视角不再是残缺不全的，用户能够看到的不再仅仅是出镜记者身后的现场部分，出镜记者不需要再像以前一样，用大量语言补充描述镜头之外的现场场景信息，而是可以更多使用提示性、指示性语言，提醒和引导用户去关注应该关注的重点方向、重点区域和重点对象。

除此之外，出镜记者需要事先多做功课，对与现场事物、人物有关的背景资料、拓展性资料有更多的掌握，可以在现场与实际景物、人物结合进行更具广度和深度的出镜报道。

（三）360度全景摄影新闻代表性媒体及典型案例

1.《纽约时报》（*The New York Times*）及其VR新闻作品

《纽约时报》（*The New York Times*）于2015年11月开始推出自己的VR新闻报道，开始阶段，主要通过纽约时报的网站平台和NYTVR App平台进行传播，也会通过YouTube等平台进行分发。纽约时报是世界上第一个开设VR App的新闻媒体机构，目前，其VR新闻报道、VR纪录片等内容主要通过NYTVR App传播，其官方网站不再开设专门的VR频道。

纽约时报的VR新闻报道通常是政治、军事、科技、文化等方面的严肃报道，主要采用项目制运作方式，以新闻片、专题片等形式呈现，基本没有消息类时长较短的VR新闻报道。纽约时报的VR新闻报道从选题、摄制、文稿写作等方面依然秉承了该报的传统，从新闻业务角度来看，往往是高质量VR新闻报道的代表。

《费卢杰之战》（*The Fight for Falluja*）报道了2016年夏天伊拉克政府军从

极端组织伊斯兰国手中收复重镇费卢杰的战役，曾经获得过普利策奖的纽约时报记者本·C.所罗门（Ben C. Solomon）携带一台 360 度全景影像摄影机，随着伊拉克政府军进入费卢杰市中心，拍摄他们进行的巷战，展示了两年伊斯兰国的统治对这座城市造成的伤害。片中，一些镜头中有所罗门的身影，可以看到他拍摄、采访、报道的过程。配合写得很好的第一人称报道词，所罗门在片中的出现为观众提供了很好的视觉引导，也给观众带来了非常强烈的现场感和体验感（如图 5-2-3 所示）。

图 5-2-3 《费卢杰之战》

《费卢杰之战》(The Fight for Falluja) 于 2016 年 8 月在《纽约时报》上线，平台观看人数超过 200 万，并应邀在 6 个影视节上放映。该报道获得 2017 年在线新闻联盟（Online News Association）沉浸式报道（EXCELLENCE IN IMMERSIVE STORYTELLING）提名奖，其充分发挥了 VR 新闻报道的优势——将观众带到了伊拉克战斗的现场，让观众更加真切地体验了新闻事件并思考其影响和意义。

2. 世界新闻摄影比赛（荷赛）"沉浸叙事"（Immersive Storytelling）单元获奖作品

世界新闻摄影比赛（荷赛）在 2011 年增设"数字叙事竞赛"（Digital Storytelling Contest），2016 年在该竞赛中设立"沉浸叙事"（Immersive Storytelling）

单元。因为该比赛是针对新闻摄影的比赛，所以，2016 年至 2018 年，"沉浸叙事"类获奖作品主要是 360 度全景新闻摄影作品，拍摄是其主要手段，而数字制作在其中的占比明显较小。

纽约时报出品的《在破碎的天空下》（Under A Cracked Sky）获得了 2018 年度世界新闻摄影比赛（荷赛）"数字叙事竞赛"（Digital Storytelling Contest）"沉浸叙事"（Immersive Storytelling）单元一等奖，该片全片时长 9 分 47 秒，在世界新闻摄影比赛（荷赛）官网展示的视频部分只有 1 分 35 秒，是报道南极洲的四部系列 VR 作品之一，向人们介绍了这块神秘的大洲。片子的拍摄和解说均由在南极洲麦克默多站（McMurdo Station）从事科研工作的几位潜水员完成，该片的拍摄还获得了国家科学基金会和国家南极洲项目的后勤支持。

《在破碎的天空下》（Under A Cracked Sky）给用户提供了全新的视觉奇观，用户仿佛可以和潜水研究人员一起在冰封的南极洲海面下和海豹一起游动，穿过冰洞，并且游过遍布各种生物的多岩石的海床。因为主要是在水下拍摄，水这种特殊的被摄对象，较好地减少了的 VR 影像的"接缝""过缝"现象，使得 360 度全景影像显得更加浑然天成，可以给用户带来很好的沉浸感、体验感（如图 5-2-4 所示）。

图 5-2-4　《在破碎的天空下》（Under A Cracked Sky）

3.《全景现场》，澎湃新闻

在我国的新闻媒体中，尝试进行 VR 新闻报道的媒体单位数量众多，但是，绝大多数都是浅尝辄止，只有少量有实力的新闻媒体能够将 VR 新闻报道常态化，其中比较突出的代表是澎湃新闻。

澎湃新闻隶属于上海报业集团，2014 年 7 月 22 日上线。2017 年 1 月 1 日，原上海《东方早报》休刊，原有的新闻报道、评论等功能均转移到澎湃新闻，进一步促进了澎湃新闻的快速发展。2014 年创办之初，澎湃新闻即设有 VR 新闻报道专栏《全景现场》，常态化、系列化地利用虚拟现实技术进行新闻报道，其中 80% 左右为 VR 新闻图片，20% 左右为 VR 视频新闻（如图 5-2-5 所示）。

图 5-2-5 　《澎湃新闻》之《全景现场》网页截图

澎湃新闻全景现场的新闻选题比较偏向于场景有特点、具有一定视觉奇观的内容，主要采用自动缝合 VR 摄影机、固定机位拍摄，后期增加字幕、音乐、解说等一起完成 VR 新闻报道，时间长度通常控制在 90 秒以内，许多新闻的时效性、新闻价值还有提升的空间。

4. 我国中央级媒体的 VR 新闻报道

在我国的中央级新闻媒体中，中央人民广播电台一直关注并尝试利用 VR/AR 技术进行新闻报道。央视网设置有专门的 VR/AR 网页，不定期地更新一些新闻专题报道，作品时长大多在 5 分钟左右，以 360 度全景摄影视频为主。央视还通过"央视影音""央视频"等 App 传播一些 VR 新闻报道作品。

近年来，央视新媒体部门也曾尝试过使用便携式 360 度全景摄影机进行一些消息类新闻的 VR 报道，如里约奥运会、叙利亚战争等报道，但并没有形成常态化、规模化报道，也没有产生重大的影响。目前，央视网 VR/AR 频道主要采用项目制方式自制或者引进一些新闻专题类 VR/AR 作品，或者在一些重大新闻事件发生时，以特别报道的形式制作 VR 新闻报道或直播作品、产品予以传播。

人民日报曾经开设有专门的 VR 频道，其中的内容大部分更加注重文化含量，如《北京故宫全景》《秦俑之眼》等，新闻性、时效性相对不足，更像是文化专题作品，更新周期也比较长。人民日报手机客户端采用新闻聚合的方式，有较多的 VR 新闻资源，但是，多为其他单位制作，人民日报自制的 VR/AR 作品较少（如图 5-2-6 所示）。

图 5-2-6　上图为央视网 VR/AR 网页截图，下图为人民网 VR 频道页面截图

新华社在 2016 年曾组建自己的 VR 新闻报道团队，尝试进行 VR 新闻作品的制作，现在，新华社并没有专门的 VR 新闻界面，而在新华社手机客户端上，可以不定期看到一些 VR 新闻报道。新华社会针对一些重大选题、重大新闻事件进行专门策划，采用 VR/AR 技术制作新闻报道，如 2019 年 10 月 1 日"多机位全景 VR 直播看阅兵"等。

总体来看，因为 VR 新闻的接收端专业头显设备未能普及，VR 新闻的观众群体人数还是较少，而制作 VR 新闻视频相对比较费时费力，所以，VR 新闻的投入和产出并不成正比，这也使得大部分中央级新闻媒体只是将 VR/AR 作为一种新技术，用以制作一些试验性新闻作品，而未将其作为常规新闻报道手段予以应用。

二、CGI VR 新闻

摄影是人们认识客观世界的一种辅助手段，对人眼观看的模拟是其影像生成和存储的基本方式，借助各种高科技手段，摄影不仅模仿了人眼观察世界的方式，还大大拓展了人类的视觉感受，可以为人们提供一些超越人类日常视觉经验的新奇影像。尽管如此，摄影技术通常受到具体的时空条件限制，仍然有很多技术局限：光线是其技术基础，没有光线照明，摄影就不能完成；感光材料是其影像存储的介质，其对光线的感受能力是有限的，超出其感光能力摄影也不能完成；摄影需要通过镜头成像，受到镜头视角、拍摄位置等多种限制，例如摄影可以拍摄一片星空，却无法拍摄整个银河系；摄影机对于温度、湿度等也有基本要求，超出其可容许范围，摄影活动也无法进行。

人们除了通过直观的形象观察认识世界，还可以通过科学研究、数据分析、判断推理、归纳总结等方法把握事物的客观规律，可以通过抽象概括得出客观事物的超宏观形象或超微观形象，并且借助现代计算机图像技术，将其准确、直观地呈现出来。

虚拟现实技术为当代视觉新闻报道提供了新的可能，对于那些超出了摄影技术可能性的新闻题材，人们可以通过虚拟现实技术制作其影像，即计算机生成影像（CGI），这种影像可以为用户互动提供充分的可能性，还可以利用游戏的层级环节设置方式，来结构叙事，给用户带来强烈的参与感、体验感、真实感，从而对特定题材的新闻事实获得准确的认知。

CGI VR 新闻主要用来报道那些非日常图景、不能用摄影手段采集其影像的视觉新闻，有以下主要类型：

（一）科技新闻

科技新闻是"以科学技术研究、发展及群众科普生活为题材的新闻体裁"[1]。科技政策、科技创新、科技人物、科技成果等是科技新闻报道的重点内容。许多科学研究需要运用系统的专业知识、专业技术、专业理论，对研究对象作出科学的判断。许多科技新闻的研究方法、科研成果是无法使用摄影影像来呈现的，这时，CGI 技术就可以很好地发挥作用，再结合虚拟现实技术，还可以给用户带来互动体验的可能，使科技新闻不但可看，而且可感，大大改善其传播效果。

2015 年 10 月，《洛杉矶时报》（*Los Angeles Times*）推出了一则科技新闻报道《探索盖尔环形山》（*Discovering Gale Crater*），该新闻报道运用 CGI 技术描绘火星上的环形山。用户可以选择自动播放浏览，该作品会在媒体平台上自动播放。用户也可以选择自己去探索，利用虚拟现实技术，用户可以通过第一视角对火星环形山的不同区域展开随机探索，用户控制探索的速度、方向、时长等，可以近距离查看火星有水的证据（如图 5-2-7 所示）。

---

[1] 童兵，陈绚. 新闻传播学大辞典[M]. 北京：中国大百科全书出版社，2014.

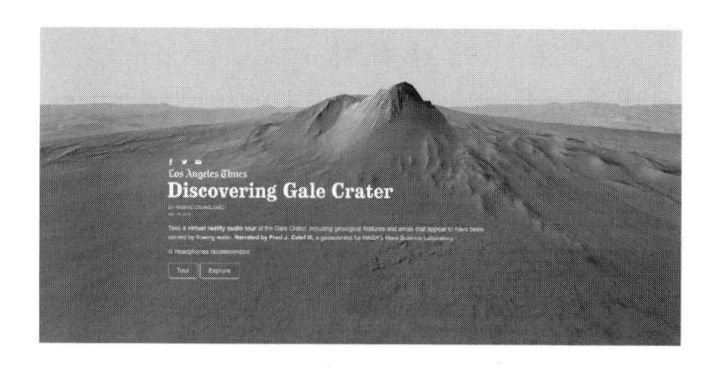

图 5-2-7　CGI VR 新闻《探索盖尔环形山》(*Discovering Gale Crater*)

通过虚拟现实技术,在新闻报道的传播、接收过程中,用户不再处于旁观位置,也不仅只是观众角色,而是仿佛置身于火星之上,亲身在环形山中进行科学考察,进行探索和发现,其参与感、体验感与传统的视觉新闻完全不同。

(二)再现新闻

"再现"是指把过去发生的事情重新呈现出来。新闻报道强调第一时间、第一现场,但是,由于种种条件所限,相当数量的新闻发生时,现场并没有专业新闻工作者在场,也没有其他民众对其进行拍摄,为其留下珍贵的新闻影像。视听媒体在报道此类新闻时,就需要使用真实再现的方法,将已经成为过去式的新闻现场、新闻事件、新闻人物、新闻过程和结果等真实、客观、形象地还原,满足受众认知新闻事实的需要。

使用传统新闻摄影手段再现过去式的新闻事件,通常需要使用搬演的方法,即按照新闻事实内容、逻辑进行演绎,这种方法长期以来一直受到广泛的争议,许多人对其真实性提出了质疑。如果不使用搬演方法再现,人们就只能立足当下,采用影像资料、当事人和目击者访谈、记者出镜口述、图示讲解等方法来报道过去式的新闻,其在可视性方面又显得不够理想。

虚拟现实技术为再现新闻报道提供了全新的方法,它使用 CGI 技术将过去的事件、场景、人物重新呈现,还可以充分发挥数字生成影像的互动可能,使得用户"回到"过去式新闻的时空之中,参与到新闻事件发生、发展的过程之中。

《饥饿的洛杉矶》(*Hunger in Los Angeles*)是一部 CGI VR 新闻短片,其制作人是曾担任 Newsweek 记者的德拉佩纳(Nonny de la Peña)。2011 年,她将报道选题确定为洛杉矶等待救济的饥饿民众,在长时间的实地采访、搜集影像资料的基础上，制作完成了 CGI VR 新闻短片《饥饿的洛杉矶》。在该片中，众多饥饿的民众正在等待救济食品的发放，突然一位因饥饿而严重低血糖的老人瘫倒在地，不断抽搐，周围围观的群众发出阵阵惊呼。这部短片中的场景、人物和情节都是在前期采访获得事实的基础上，使用 VR 技术再现出来的，短片使用的声音，就是前期采访时现场录制的真实声音。通过虚拟现实技术，用户仿佛身处事发现场，成为其中的一员，可以身临其境地进行近距离观察，清楚地看到现场人物的面部表情、抽搐动作、挣扎状态等。《饥饿的洛杉矶》在 2012 年的圣丹尼斯电影节上获得了成功，众多体验者被深深地震撼（如图 5-2-8 所示）。

图 5-2-8　CGI VR 新闻短片《饥饿的洛杉矶》（*Hunger in Los Angeles*）

2015 年，德拉佩纳在圣丹尼斯电影节上向大家展示了其新的 CGI VR 新闻短片《叙利亚项目》（*Project Syria*）。这个新闻短片项目仍然建立在前期深入的调查、采访、搜集资料的基础上，场景、事件、人物都有真实的原型，声音主要来自现场的真实录音。短片开始是一个小女孩在唱歌，随后一个炸弹在不远处爆炸，无数人悲惨死去。用户仿佛置身爆炸现场，眼睁睁地看着身边的人一个个倒下，其他人惊恐地四散奔逃，用户可以真切地体会到战争的残酷（如图 5-2-9 所示）。

由于采用了虚拟现实技术，新闻的采集、制作、传播、接收方式发生了根本的变化，但是，德拉佩纳（Nonny de la Peña）认为，新闻报道的基本准则并没有发生改变，确保真实性仍然是其第一准则。新闻媒体作为社会公器，确保公众的知情权，促进社会发展和人类进步仍然是其基本责任。

叙利亚的新闻报道虽是国际热点，但由于空间距离和新闻价值的原因，通常难以引起受众的深度关注。德拉佩纳（Nonny de la Peña）在《叙利亚项目》

（*Project Syria*）中，运用 VR 技术的第一人称视点消弭空间距离，用 CGI 计算机图形生成技术进行参与式传播。观众采用 VR 头显设备观看、体验《叙利亚项目》（*Project Syria*），所受到的触动、震撼要远远超过观看同样内容的传统视频新闻，受众的情感也容易获得最大程度的激发。

图 5-2-9　CGI VR 新闻短片《叙利亚项目》（*Project Syria*）

通过使用虚拟现实技术，新闻报道对于受众来说，再也不是远在千里之外的他乡故事，而是"近在咫尺"的真实事件，用户和体验者就在新闻现场，"亲身"参与、共同体验新闻的发生过程，其传播效果大大增强。

要想很好地感受 CGI VR 新闻的沉浸感、互动感，需要受众使用配套的 VR 眼镜等头显设备进行观看，并且需要结合使用互动手柄、互动手环等互动装置与场景和人物等进行交互，这对于 VR 新闻接收端提出了较高的技术设备要求。

三、360 度全景实拍与 CGI 相结合的 VR 新闻

360 度全景摄影新闻立足于摄影的本体特性——纪实性，能够客观记录新闻现场的全视域影像，给观众带来强烈的真实性。但是，它也有明显的缺陷，即互动性不足。尽管受众可以通过 VR 头显、智能手机、平板电脑、网页自主选择观看的方向、观看的对象，但是，受众却不能"进入"所观看的新闻现场，更不能和新闻场景、新闻对象等进行互动，也不能加速或延缓被拍摄新闻事件的发展进程，更不能影响其最终结果。

(一)"360全景实拍+后期虚拟包装"新闻

为了使观众在获得真实感的基础上,可以体验更好的"互动",带来更强烈的"参与感",一些 VR 新闻作品将 360 度全景实拍影像和 CGI 影像结合起来运用。CGI 影像主要用于设定、呈现报道框架,有时也会用来强调和突出某个细节。360 度全景摄影影像部分主要用于展示新闻现场的客观情况。

有人称这种 VR 新闻是将"游戏"与"新闻报道"相结合。CGI VR 段落将电子游戏的环节设置、闯关、进阶等技术和理念运用其中,让观众不仅是看新闻,还可以参与新闻、玩新闻,观众的行为会影响到后续新闻报道的呈现内容和呈现方式。而 360 度全景摄影实拍的影像部分不再是一部完整的"片子",而是成为一段段"影像素材",随着受众的不同行为而相应地呈现和展示。

新闻媒介机构早在 2013 年就开始了将 360 度全景摄影影像和 CGI 影像综合运用的 VR 新闻报道试验。2013 年爱荷华州的《得梅因纪事报》(*Des Moines Register*)和 Gannett 公司推出《丰收之变》(*Harvest of Change*),讲述了一个美国农场家庭的变化,从中解释技术、移民和全球化等因素如何改变一个家庭农场。

《丰收之变》运用 CGI 影像技术设计和搭建了该新闻报道的框架,在作品的开始部分,观众会进入到一个 CGI 农场场景,并且可以运用鼠标、游戏手柄等控制自己在农场场景中的运动方向、速度、轨迹等,用户可以自由选择进入农场的不同区域,不同区域会激活不同的 360 度全景实拍影像段落,向人们展示该农场方方面面的真实客观的情况。

观众戴着 Oculus Rift,运用互动手柄,如同身临其境般置身家庭农场,就像玩游戏一般,自由选择在农场里四处游走、观察,对于新闻信息的获得,受众不再是被动接受,而是具有了一定的主动性、控制性,从而获得更强的交互感、增强对信息的理解度(如图 5-2-10 所示)。

《得梅因纪事报》将这个项目视作"新闻业的前沿性试验",由位于纽约的 Total Cinema 360 公司为项目拍摄 360 度全景视频。拍摄花费了 3 天时间,最后花费 3 个月来完成制作,费用为 2 万美元。

图 5-2-10 《丰收之变》(*Harvest of Change*)

第五章 | VR 新闻

（二）增强现实（AR）新闻

AR 新闻是利用增强现实技术，使用深度传感器及移动设备的摄像头，将 3D 数字影像投射于物理平面，将动态信息、虚拟场景化信息叠加于真实世界之上，可以使用户更直接、更全面地了解新闻报道内容。目前，我们经常会看到，手机等移动新媒体平台针对一些图文报道内容，使用增强现实技术，可以使虚拟新闻场景直观出现在移动媒体屏幕上，使得抽象的新闻内容以更加生动的方式传播。

借助 AR 头显和互动设备，人们还可以在自己看到的现实世界图景中实时加入数字虚拟生成的各种文字、影像信息，拓展新闻背景信息，突出"现实"与"虚拟"之间的关系，使受众更好地接收和解读新闻。

美国 Empathetic Media 和《华盛顿邮报》联合推出的新闻报道《弗雷迪·格雷之死》（*Freddie Gray's Death*）是使用增强现实技术报道新闻的成功之作。2015 年 4 月，25 岁的巴尔的摩黑人弗雷迪·格雷在被警察拘捕过程中非正常死亡，该事件引发了美国多地黑人的游行示威和骚乱。Empathetic Media 和《华盛顿邮报》综合法庭文件、证人证言以及各种影像信息，利用 3D 图像建模来还原该事件的前因后果，并借助增强现实技术进行传播。用户只需要使用特定的手机客户端，扫描《华盛顿邮报》关于此报道的标识，就可以在手机上观看该事件的 3D 场景重现（如图 5-2-11 所示）。

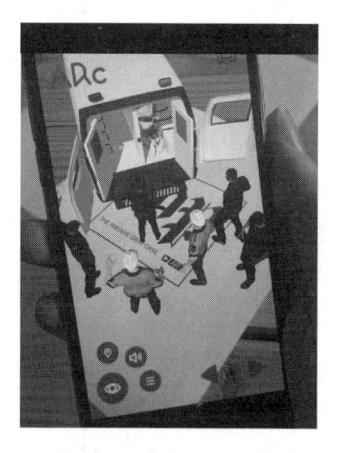

图 5-2-11 《弗雷迪·格雷之死》AR 报道效果图

CGI VR 增强真实感的另一种做法是为其配上采集自新闻现场的真实的声音，这种声音包括新闻现场的环境声、人物采访声等，现代录音技术已经能够非常真实地记录和还原新闻现场、新闻事件、新闻人物的声音效果。作为视听媒介产品，真实的声音，有助于增强 CGI 影像的现场感和真实感。

这种将 360 度全景摄影影像、CGI 影像、现场同期声、音乐音响效果等综合运用的方式，已经成为当下 VR 新闻报道的常用模式。

第三节　VR 与新闻的相融与悖反

虚拟现实技术为新闻报道提供了新的技术，也为新的报道理念、报道方式的出现提供了可能，然而，在现阶段，VR 新闻的制作和传播受到技术手段的严格限制，新闻采集、编辑、传输、接收的各个环节都存在比较明显的技术瓶颈。VR 新闻的视听效果、时效性都远远没有达到理想状态。

一、VR 新闻——融合新闻报道的手段之一

VR 眼镜（头显）并不是生活必需品，而且不方便随身携带和随时随地使用。就像 iPad、Surface 等平板电脑设备，虽然屏幕大，观看效果好，但他们的方便性、便携性远不及手机。对于中国 VR 行业来说，经历了 2016 年短短的一年左右的投资、研发热潮，2017 年就开始逐步进入寒冬期，资本大批逃逸，硬件产品研发项目和内容创作项目大批下马。2019 年，综合考虑 VR 新闻内容的制作能力和收看习惯，我们认为，VR 新闻的到达率不会有显著的提高，还不足以在短期内形成完备的生态系统。

没有到达的传播是无效的传播。纯粹的 VR 新闻，无论是 360 度全景摄影还是 CGI，目前都难以解决终端设备不足，以及观看独占性的问题，不能有效利用受众的碎片化时间。同时，在此类 VR 新闻的采集制作方面，也存在着数量、质量等方面的明显不足。尽管各家新闻单位开通了 VR 新闻频道，但是，其中的优质 VR 新闻内容严重不足。

相对于制作纯粹的 VR 新闻作品，将虚拟现实技术作为融合新闻报道的手段之一，将 VR 新闻段落作为融合新闻作品的有机组成部分，是当下比较现实的 VR 新闻报道方法。融合传统和新媒介的各种形式——文字、图片、声音、

全景视频和 CGI，兼容手机为代表的移动设备，基于 VR 新一代计算平台界面进行融合新闻传播，而不是一味强调 VR 的沉浸式体验，也许才是当下 VR 新闻的生存之道。

第 39 届世界新闻设计大赛，纽约时报选送的《南极突击》（*Antarctic Dispatches*）图形综合报道获得金奖，VR 视频和交互图形、动图、图片融合报道了南极冰川开始融化的过程（如图 5-3-1 所示）。沉浸式的 VR 视频中，第一段是一架军用货机飞过罗斯冰棚 Ross Ice Shelf 的边缘，窗户下方的橙色和灰色吊舱正用雷达、激光和其他传感器绘制冰架的结构。第二段是在直升机上以驾驶员的视角飞过一个六英里长的冰山，这段冰山是罗斯冰架的一小部分。

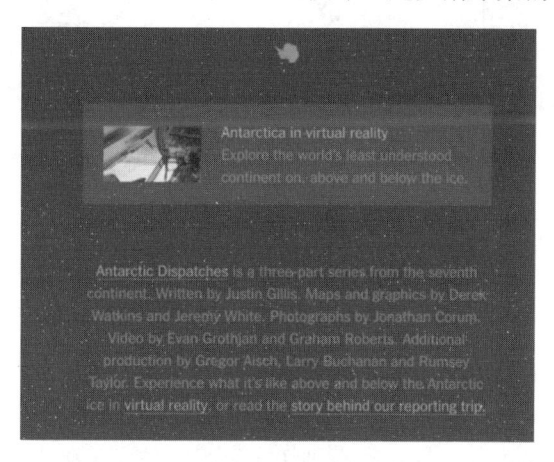

图 5-3-1　《南极突击》（*Antarctic Dispatches*）报道中的 VR 部分

用雷达、激光和传感器绘制的数据，被制作成动图，非常直观地展现了冰架的变化，数据令人信服。而 VR 让观众"亲身"感受到，南极洲海平面上升的风险。两者互为佐证，新闻报道的可信度和感染力超过之前所有形式的报道（如图 5-3-2 所示）。

VR 新闻受阻，和 VR 媒介技术本身并不完善有关，但更为根本的原因是 VR 新闻非常低的到达率，无法和传统新闻比肩的时效性，以及海量信息分众传播的困境。在新一代 VR 计算平台没有成为主流平台之前，VR 新闻只能和其他媒介技术一起，作为多媒体融合报道的一种重要视觉材料，承担其独特的传播功能。

受 4G 网络带宽的限制，VR 新闻的视听效果不能得到最佳呈现，同时，VR 新闻不及传统新闻报道的时效性。随着 5G 时代的到来，传输的延时降低到了毫秒级，图像传输质量也从之前迟滞、拖尾的低分辨率提升到流畅的 4K、8K 甚至更高的分辨率。之前，只有电视台才能制作高质量直播节目，5G 开启了全媒体大直播，解锁报纸、广播媒体的直播形态，真正把传媒业推进到融合传播的时代。充分利用 5G 技术，将显著提高 VR 新闻的传播到达率。

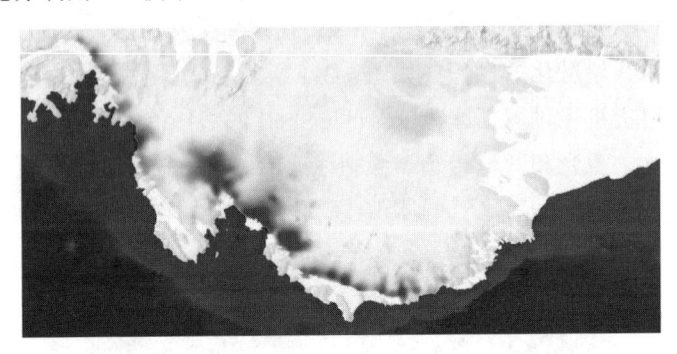

图 5-3-2　《南极突击》（Antarctic Dispatches）报道中的数据动图

二、VR 新闻——受限的互动

虚拟现实技术的一大特征是互动性，用户可以参与到虚拟现实场景中，和虚拟现实场景中的事物相互作用，从而产生独特的互动结果。在现有的技术条件下，只有 CGI 影像才能为互动提供切实可行的技术基础。而对于新闻报道而言，摄影实拍影像在真实性方面还是优于 CGI 影像的，摄影实拍影像的本质是客观记录，而 CGI 影像的本质是主观生成，只要能够采用摄影实拍获得新闻现场的影像，人们一般不会优先使用 CGI 影像进行新闻报道。因此，只有在摄影术使用受限的科技新闻、再现新闻等题材中，CGI 影像才会得到充分运用，VR 互动功能也才能被充分发挥出来。

360 度全景摄影新闻与传统影像新闻相比能够为用户提供更好的互动效果，用户可以戴上 VR 眼镜转动头部和身体选择性观看，也可以在手机、平板电脑等移动屏上划屏选择观看，但是，与 CGI VR 新闻影像相比，其互动方式是比较简单的，互动可能性也是比较有限的。

360 度全景摄影新闻与用户之间的互动主要体现为用户观看时的选择权，用户可以选择观看新闻全景影像的不同区域，可以在一定范围内进行影像局部的放大或缩小，还可以按照 VR 新闻作品的环节设置，对 VR 新闻作品中提供的不同选项进行选择，从而影响到 VR 新闻作品叙事进程及其最终的呈现状态。

虽然用户在观看 360 度全景摄影新闻时可以"置身"新闻现场，但是也只能隐形在其中，以全景摄影机镜头为视点依据向四周观看，却不能体验到真正进入新闻现场内部，与现场的人物、事件进行互动的感觉。用户不能通过自己的行为对被摄对象、场景、事件的本来状态进行改变，通常也不能控制 360 度全景视频新闻的播放时间、叙事节奏、线索、结构、结果等，这与以 VR 游戏为代表的 VR 作品的互动可能性相比，显得非常有限。

即便是在未来光场摄影、容积捕捉等摄影技术成熟的情况下，观众通过 VR 眼镜和互动装置，也只能是在新闻现场景物周围移动观察，而不能对摄影实拍影像施加更多的影响，更不能与其进行导致结果改变的交互。

即使不考虑技术条件的限制，假设虚拟现实技术完全达到理想状态，但是，由于新闻的本质特性真实性、客观性的限制，观众也不能与新闻现场及其中的事物、人物进行 VR 游戏般的互动，新闻报道必须保证新闻事件按照自己的本来状态发生发展和变化，观众的行为不能给新闻事件、新闻现场带来改变进程和结果的影响。这一新闻报道的本质特点，是与虚拟现实技术对互动的无限追求相互矛盾的，因此，无论虚拟现实技术如何发展，其在新闻报道中的应用都会受到一定的限制，都应注意其可行的边界。

三、新闻专业主义与 VR 新闻

运用虚拟现实技术，让观众以第一人称视角在场，成为新闻事件的见证者，"沉浸式新闻"从传收方式上讲是一种全新的新闻类型，新闻的讲述者和接受者的角色关系发生了重大改变。电视新闻的观众是被动的观看者，VR 新闻的观众是具有一定互动权力的参与者、直接"目击者"，大众传播学意义上的"魔弹论"在虚拟现实媒介技术环境下被解构，从传统新闻报道的客观呈现到 VR 新闻的沉浸式体验，新闻的客观性到底发生了哪些变化？

"在传播过程中，意义对于传收双方而言是不一致的。世界太大，我们得到的信息太少，所以舆论绝大部分产生于想象。"[1]传统电视新闻为观众提供的是一种片段化的间接体验，虽相较于文字，电视像是更为全面的信息集合，相对

---

[1] 王楠，徐天宜. VR 新闻对传统新闻生产的影响[J]. 传播与版权，2018, (09): 16-17+20.

于图片增加了时间轴以消除静态瞬间的歧义，但根本上还是有限的镜头序列经过拍摄和剪辑双重筛选后碎片化的信息组合。观众在观看电视新闻时，要靠想象填补信息碎片间隙，产生合理想象。新闻解说说明图像意义不明确的部分，协调各个场景之间的逻辑关系，观众仍然无法超越旁观者的角色视角。

　　VR对事件场景一次性的记录还原，去掉取景框的同时也去掉了碎片化的属性。360全景视频第一视角亲临现场，更加接近亲历者的感受。如果对真实事件进行CGI创作，观众还可以在新闻事件现场"游历"，改变360全景视频同一镜头机位的限定，以"见证人"的身份替代"旁观者"的角色，突破传统媒介的局限性。但VR新闻在对客观世界的再现中同样存在对现实的建构，3D全景影像、全景立体声音放大了空间的表达强度，新闻解说继续保留了传统视频新闻中的叙事和逻辑功能，第一人称视角创造了"化身"这一全新的新闻语言，一切服务于"在场感"的操作所构成的符号系统，进一步把拟态环境推向真实的客观环境。

　　全景视角的初始位置需要平衡新闻事件利益方的媒介权力，视点再现空间感要充分考虑真实诉求而不是艺术创造，沉浸的空间建构有利于传递公正客观的信息，而不是改变原有的空间结构，植入不恰当的情感和情绪。典型场景是VR新闻的核心要素，视点机位的确定包含至关重要的客观性信息。传统视频新闻的视听秩序基本遵循空间的整体概览和局部细节的辩证关系，虽然也存在视角倾向，即以谁的视角去看的问题，但更多的是在时间轴线上的主观选择。全景视频的特点赋予了VR摄影在整个空间中的中心视点位置，强化了视点的主观表意功能。

　　新闻是建构现实的重要方式，VR新闻进一步增强了这种建构性，沉浸体验式的VR新闻报道面临着未知的伦理风险。《叙利亚项目》（*Project Syria*）根据真实的事件用计算机图像生成（CGI）手段进行了场景重现，可以近距离观察街道上的每一个人物，关注众多细节。该作品部分使用了原始实拍素材中小女孩在街角唱歌的声音（如图5-3-3所示）。包括随后突然传来的近距离的爆炸声在内，新闻现场的光线、色彩以及爆炸所产生的烟雾使用CGI重建，在一个普普通通的日子里，突然的变故改变了许多人的生活轨迹（如图5-3-4所示）。CGI极大地拉开了传统视频新闻和VR新闻的传受效果。受众（用户）与新闻事件距离的改变本质上是一个伦理问题，报纸、广播和电视都存在一定的媒介距离，当虚拟现实技术消融了这种距离，新闻受众成为参与新闻事件的用户，必然会挑战传统媒体时代的新闻道德和伦理。

图 5-3-3 《叙利亚项目》(*Project Syria*) 中的前采原始素材

图 5-3-4 《叙利亚项目》(*Project Syria*) 中的 CGI 影像

CGI 是强化了客观存在还是以合理的想象替代了客观存在？谁来确认其中的细节处理和真实新闻事件之间的关联？"创作这些作品必须非常谨慎。我必须遵循最好的新闻实践，并且确保用诚信去打造这些强大的故事。如果我们不自己捕捉故事素材，我们就必须彻底弄清楚这些故事的出处，以及它们是否真实可信。"[1]有学者认为"VR 新闻使得现实世界和虚拟世界之间的界线逐渐模糊，用户对 VR 新闻的过度沉溺也为虚假新闻和策划新闻的产生提供了温床，进一步消解了新闻的真实性。"[2]虽然现阶段 VR 新闻并未成为新闻报道的主流形式，但鉴于沉浸式传播的强大效果，从新媒介视角去重新发现和审视新闻专业主义就显得尤为重要。

---

1 Nonny de la Peña.The future of news? Virtual reality. [EB/OL].
2 张钊瑜. VR 新闻对新闻传播业态的重塑与反思[J]. 新媒体研究，2019,5(06): 25-27+32.

第六章
VR 现场直播

现场直播与正在发生的事件即时同步进行,是最能够给观众带来现场感、共时感的媒介传播形式。使用 VR 现场直播技术,观众戴上头显设备,就可以体会到身临其境的感觉。随着虚拟现实技术的快速发展,360 度全景影像采集技术获得快速提高,8K、16K 甚至更高清晰度的全景摄影机不断推出,360 度全景影像的自动缝合技术也越来越成熟,导播和切换系统可以保证多机位高质量信号无时延切换,并可实时生成虚拟影像和实拍影像融合播出。现在的 VR 现场直播在技术上已经可以实现多机位、无延时、直接切换、即时播出。

目前,VR 现场直播主要的瓶颈是远程信号传输网络速率,以及用户接收端非专业头显设备的视听效果,即便制作端能够生产优质的直播信号,也难以给大众用户带来真正优质的直播传播效果。

2019 年,中国、美国、韩国、日本、英国等世界主要国家都开始正式开启 5G 商用,使得数据信号网络传输速率得到成倍提高,为 VR 现场直播解除了一定的瓶颈限制,有助于推动其进一步快速发展。

使用虚拟现实技术进行视听媒体现场直播,其影像来源主要有两种渠道:一是 360 度全景摄影机拍摄的影像;二是在全景实景影像基础上实时融入的虚拟影像,通过虚拟渲染,可以加入定制的背景、LOGO、动画等素材。

第一节 VR 现场直播的优势与不足

VR 现场直播主要使用 360 度全景摄影机采集高清晰、全视域的影像,收录全向域的现场声音,并实时向用户传输,通过 VR 头显设备,可以使用户沉浸于拟真的新闻现场情境，相对自由地观看和体验。截至目前，VR现场直播是视听媒体能够为用户提供"在场感""真实感"体验的最佳方式。

一、让受众同步置身于现场

现阶段，VR现场直播的基础是360度全景摄影。经过一百多年的发展，摄影术具有复原物质世界的本体优势，能够将客观事物的光影形象记录下来，并予以客观、真实的还原。360度全景摄影的全视域视野，进一步增强了现场影像的记录能力，可以将摄影机周围所有景物都拍摄下来，突破了传统摄影机单支镜头视角的限制。

目前，所有的360度全景摄影机都有两个以上的镜头，所谓的360度全景影像，就是将每只镜头拍摄到的有限视角的影像"缝合"起来。理论上讲，镜头数量越多，每只镜头的视角就越窄，影像的畸变也就越小，最终的360度全景影像质量就越好；单支镜头影像分辨率越高，最终的360度全景影像质量就越好。当然，镜头数量越多，单支镜头影像分辨率越高，则各支镜头采集到的总数据量也就越大，后期缝合难度就越高，所以，对360度全景摄影机而言，并不一定是镜头越多越好，还是要根据需要适可而止。现在，能够较好地承担VR现场直播任务的专业级全景摄影机通常会有四支、六支、八支甚至更多镜头。完成现场直播任务通常需要3台以上的全景摄影机，可想而知，其总体数据采集和传输量是远远超出传统视听媒体现场直播的，需要重新再造其直播流程的各个环节。

不同镜头拍摄的影像都有一定的视角限制，需要将各镜头影像完美缝合才能获得360度全景影像。影像缝合可以利用后期制作软件手动进行，也可以通过算法自动完成。手动缝合费时费力，但是，可以严格按照制作者的需要精雕细琢，最终完成天衣无缝的360度全景影像。自动缝合主要通过算法，由全景摄影机或专用的计算机将各个镜头采集的数据信号缝合做为360度全景影像输出。随着影像缝合技术的快速发展，现在，人们已经能够即时完成超高清质量的影像"缝合"。再加上影像压缩和数据传输技术的提高，人们已经可以无延时地完成对多个影像采集端（360度全景摄影机）的数据进行缝合、切换、包装、输出等工作。目前，VR现场直播系统已经比较成熟，基本可以满足VR现场直播信号制作的需要，这为高质量VR现场直播奠定了基础。

与此同时，适配VR作品的录音技术也得到了进一步发展，声音录制的空间感、层次感、方位感、距离感等多方面都得到了改进和提高,声音专家正在努力研究新的技术,以实现跟随不同 VR 体验者注意力方向的随机转变即时提供相应声音信息的目标。使用专业级头显设备和声音还原设备,在视觉和听觉两个方面,观众仿佛置身于事件现场,可以获得非常强烈的在场感和真实感。

通过 VR 现场直播,可以极大地突破直播现场空间的局限,使得广大用户可以借助虚拟现实技术"穿越时空"获得身临其境的感受,比如:世界杯足球赛决赛是全世界足球迷都希望到现场观看的赛事,但是,受到球场空间、球票数量、假期时间、工作安排、国际旅行法规等多种因素的限制,能够到达现场观看决赛的球迷只是极少数,借助 VR 体育现场直播,就可以较好地满足广大球迷的愿望。与此相类似,大型文艺演出、重大新闻事件等都是人们希望亲身参与、亲眼见证的活动,也都非常适合对其进行 VR 现场直播。

二、个性化、差别化体验

VR 现场直播可以在现场的不同位置设置多台 360 度全景摄影机,每台摄影机可以为用户带来不同的视点效果,让用户仿佛置身于现场的不同位置,有的全景摄影机所处的位置是 VIP 席,有的全景摄影机所处的位置为会员席,有的全景摄影机所处的位置为非会员席。

VR 现场直播可以由专业团队将多个全景摄影机机位的信号进行切换、包装,再依靠高速网络传输给受众,即汇集成单路信号实时播出;也可以同时为用户提供现场多路实时信号,由用户在不同的信号源之间自由选择,自主转换视点观赏和体验,即多路信号实时播出。前者有些类似于传统的电视现场直播,后者则更符合网络化传播特点,能够更多满足受众个性化、差异化的心理需求。从理想化市场营销角度来说,不同的视点位置带来的视听效果、体验感存在明显差异,不同视点提供的信号可以以不同的价格出售给用户。

三、VR 现场直播的局限与不足

尽管 2016 年以来 VR 现场直播的前期制作环节获得了长足的进步,全景影像自动缝合、超高清影像的无延时切换、即时包装等日趋成熟,但是,仍有一些影响 VR 现场直播的瓶颈需要被突破。

（一）传输网络速率不足

截至目前，VR 现场直播的最大瓶颈是直播信号的远程传输和受众体验，VR 现场直播信号传输和接收主要依靠互联网络，受到传输网络带宽不足的限制，高质量的 VR 现场直播前期信号不能以源信号的质量传输，只能被人为压缩以适应较慢的网络传输速度，信号质量被极大地降低。即便如此，传输过程中还经常出现明显的时延甚至卡顿，严重影响观众的体验感。

因为网络带宽不足、传输速率不够，而每台专业级全景摄影机生成的信号数据量又很大，这使得 VR 现场直播难以像传统电视现场直播那样采用非常多的机位采集影音信号，并即时切换和传输，通常设置的机位只有 3——5 台，与传统现场直播动辄几十台的机位设置相比相去甚远，这就容易造成视点单一、缺乏运动、固定僵化等问题，难以实时添加虚拟影像融合播出，用户接收端获得的信号质量被大大压缩和损耗，不能流畅地观赏高质量的视听效果，严重影响了用户的体验。

传输网络速率是制约 VR 现场直播发展的最主要的因素，2019 年开始，中国、美国、韩国、英国等国家都正式启动 5G 网络商用，5G 网络的推广和普及可以较好地满足 VR 现场直播远程信号传输的需要，突破这一瓶颈，促进 VR 现场直播的进一步发展。

与 4G 相比，5G 具有低时延、高速率的特性，其传输速率提高了几十倍，使得全视域、超高清影像的流畅传输成为现实，这为虚拟现实、增强现实产品、作品的传播和用户体验打通了技术瓶颈。5G 逐步开始商用，为 Cloud VR 产业的快速发展创造了良好条件，创造了一种智终端、宽管道、云应用的全景商业模式。

5G 技术使得超高清信号传输成为现实，4K、8K 及 VR 等超高清、大数据量视频信号流畅传输实现，观众可以体验更加清晰的影像，也会产生更加强烈的现场感、真实感。

5G 技术传输速度快、时延较低，这可以很好地支持异地互动及多点内容协同合成，为作品创作提供了更多可能。

5G 使得虚拟现实、增强现实头显、互动设备等可以真正发挥出其技术优势，给观众带来高清、流畅的视觉信号，切实满足观众在沉浸感、互动感方面的需求。受众欣赏视听作品的方式发生了变化，由传统的观看演变为参与、体验。

（二）视点固定，互动不足

受到360度全景摄影自身技术特点的限制，如果全景摄影机运动拍摄，需要开发专门的遥控运动承载设备（因为摄影师无处藏身），对于信号传输也提出了更高的要求。此外，360度全景摄影机运动摄影有时还会带来晕动症问题，造成观众感官的严重不适。因此，VR现场直播中，全景摄影机机位通常是固定的，但是，机位固定的话，用户戴上头显体验时，就只能停留在全景摄影机位置，向四周观看，并不能自由移动，也不能和周围的人和事物进行真正的互动。用户虽然"到了现场"，但是，却依然只是现场的旁观者。用户可以感受现场的气氛，却往往处于"幽灵视点"，不能真正参与其中。

（三）空间表现能力受限

360度全景摄影机通常由两个以上的镜头组成，各个镜头普遍焦距较短，并且没有变焦距影像采集功能，这样的镜头有利于获得大视角的影像范围，同时也会夸张空间透视效果，前后景物之间的距离感会被凸显，物体影像近大远小的特点更加明显，距离全景摄影机较近的景物影像容易面积巨大且出现变形，距离全景摄影机较远的后景中的景物影像明显变小，只有处于适中位置的景物其视觉效果才是比较理想的。对于空间范围比较适中的场景（比如常规室内场景）来说，比较适合使用全景摄影机拍摄，前后景物都能得到较好的展示。对于空间范围比较大的项目（如足球比赛、大型庆典仪式等）来讲，全景摄影机的纵深空间表现能力显得不足，需要多台全景摄影机协调配合，才能完成较大空间场景记录和再现的任务，而使用多台全景摄影机前期拍摄，又会带来数据量的激增，对其他制作、传输环节提出更高的要求。

（四）接收设备欠佳，影响用户体验

受到设备价格、内容质量、信号传输等多方面因素的影响，在受众接受环节，现阶段绝大多数观众难以使用比较昂贵的专业头显设备来观看VR现场直播，通常会使用手机、平板电脑转动方向或手指划屏观看，或者使用电脑结合鼠标拖动360度全景影像方式观看，这两种观看方式基本无法体验到沉浸感。即便少数受众会使用VR头显设备观看，其头显设备也大多是价格便宜的手机嵌入式头显、一体机头显等设备，这种头显设备尽管价格便宜，但会使得VR现场直播的视听信号质量下降，受众根本不能感受到VR现场直播的原始信号效果，从而影响到大家对 VR 现场直播的认知和评价。

（五）常与传统现场直播套拍，制作自由度受限

因为 VR 现场直播刚刚起步，还没有形成良好的工作机制和赢利模式，而传统视听媒体现场直播经过几十年的发展，已经形成了比较成熟、完善的工作机制，目前在视听媒体传播中也占据着主体地位。因此，很多 VR 现场直播都是在传统现场直播的同时采用套拍的方式进行，VR 现场直播往往只能作为传统现场直播的补充，处于从属、次要地位，在机位设置、现场拍摄、光线照明、声音录制、人员配备等过程中，必须要优先保证传统现场直播的需要，很多时候只能退而求其次，不能完全从最佳位置、采用最佳方式进行 360 度全景现场直播的影像摄制。直播现场的被拍摄者、活动组织者也往往优先考虑配合传统现场直播的需要。这样的制作方式，也使得 VR 现场直播的优势得不到充分发挥。

第二节　VR 现场直播的主要类型

重大新闻事件、体育比赛、仪式庆典、演唱会等节目是传统视听媒体现场直播的核心内容，也是 VR 现场直播的首选题材。VR 现场直播按题材类型划分，大体可以分为 VR 新闻直播、VR 体育直播、VR 文艺直播三大类。

一、VR 新闻直播

新闻直播是传统视听媒体的重要节目内容，随着科技进步和新闻报道理念的发展，不仅仅只有重大新闻会采用直播的方式进行报道，一些突发新闻、社会新闻甚至民生新闻也会采用直播方式报道，电视新闻直播化已经成了世界各大视听媒体新闻报道的基本方式。

新闻直播报道与新闻事件的发生、发展同步，可以即时将新闻现场的信息传达给观众，新闻直播报道将新闻报道的时效性发挥到极致，让观众体会到与正在发生的历史同在的感觉。新闻事件在发展过程中，会存在一定的未知和变数，观众在观看新闻直播时，心中的悬念会吸引受众对新闻报道持续关注，有

利于提高新闻媒体的用户黏性。

VR 新闻现场直播继承了传统视听媒体新闻现场直播的优点,并且在新技术的支持下,进一步增强了观众的在场感、真实感。随着 VR 现场直播各个环节的技术瓶颈被逐渐突破,VR 新闻现场直播的作用会显得越来越重要。

新闻现场直播可以分为突发新闻现场直播、可预见性新闻现场直播两大类,在现有技术条件下,因为 VR 现场直播系统搭建以及信号传输、接收的复杂性,专业新闻媒体还难以进行突发新闻的 VR 现场直播,目前的 VR 新闻现场直播主要是可预见性新闻现场直播。由于 VR 新闻现场直播现在还没有成为视听媒体常规化的直播手段,所以,其主要用于重大新闻事件的现场直播,特别是具有奇观化场景、决定性瞬间的新闻事件,这类事件更容易吸引受众,激发其渴望亲身参与的心理。VR 新闻现场直播应该选择内容比较丰富的新闻事件,并主要用于新闻事件发展变化的关键阶段,避免长时间拍摄缺少变化的场景,将 VR 新闻直播作为"监控摄像头"应用。

2015 年 9 月 3 日,纪念中国人民抗日战争暨世界反法西斯战争胜利 70 周年大阅兵(又称"九三大阅兵")在北京举行,新华社和腾讯视频、数字兰亭等公司联合进行了 360 度全景视频的拍摄,主要机位设置在长安街与军乐团之间的路边,使用多目摄影机拍摄、后期"缝合"方式完成 1 个多小时长度的 360 度全景视频,记录了活动主要过程,但是,并没有进行即时播出,相当于 VR 实况录像,可以看作我国 VR 新闻现场直播前期摄制部分的早期测试(如图 6-2-1 所示)。

图 6-2-1 "九三大阅兵"新闻实况 360 度全景拍摄

2017 年 4 月 20 日,我国首艘货运飞船"天舟一号"在中国文昌航天发射场执行飞行任务。这是我国空间站货物运输系统首次实用性亮相,为我国空间站组装建造和长期运营奠定重要技术基础。CCTV-1《中国相册》栏目联手央视网、腾讯新闻,对此次发射进行近距离 VR 直播,此次直播开创了三个"首次":首次航天领域 VR 直播、首次最近距离全程直播火箭发射、首次在 VR 直播中引入专业讲解员。

此次全景 VR 直播创造了史上最近距离(100 米)全程直播火箭发射的记录,在火箭点火升空的瞬间,火焰升腾、烟尘、水汽扑面而来,仿佛将受众淹没其中,火箭腾空而起,飞向苍穹(如图 6-2-2 所示)。观众可以通过央视影音客户端、《中国相册》微信公众号、腾讯视频客户端观看体验这次直播,不仅可以感受火箭发射一瞬间颇为震撼的视觉冲击,还能在火箭吊装、转运等环节获得全方位的沉浸式体验。通过电视、PC 端和移动社交媒体的多屏互动模式,无缝覆盖直播前后 72 小时,实现了良好的传播效应。这次 VR 现场直播报道获得了第二十八届中国新闻奖"融媒直播"项目一等奖。

图 6-2-2   "天舟一号"发射任务 VR 全景直播

2019 年 10 月 1 日,庆祝新中国成立 70 周年盛大阅兵式和群众游行活动在北京举行,中央广播电视总台利用 VR 技术对其进行了全程直播。为了既保证前端拍摄设备的快速、轻便、机动性,又保证获得比较好的影音质量,央视 VR 直播团队选择了机内自动"缝合"多目影像的全景摄影机——Insta360 Pro2 全景摄影机,该全景摄影机拥有 6 个镜头,可以支持 4K 清晰度的 2D VR 或 3D VR 影像直播,同时还可存储 8K(2D VR 直播)或 6K(3D VR 直播)清晰度的影像信号。本次央视 VR 直播的机位设置点分别位于长安街北侧东华表和南侧军乐团附近,每个点位设置两台 Insta360 Pro2 全景摄影机,分别作为主机和备用机使用(如图 6-2-3 所示)。在 VR 直播过程中,以东华表处的全景摄影机信号为主信号,以军乐团处的全景摄影机信号为辅助信号,通过专线网络将前方信号传输至总台光华路办公区的 VR 直播系统,通过切换制作系统对前方信号进行选择、切换、包装,再将信号输出至新媒体集成发布平台进行分发传播。

图 6-2-3 "庆祝新中国成立 70 周年"VR 直播机位设置点位图

在直播进行过程中,VR 直播团队使用 Insta360 Pro2 自带的图传系统对全景摄影机摄录信号进行远程监测和实时调控,该图传系统最大可支持地面 300 米远程传输,有效地避免了现场工作人员进入全景影像的问题。

庆祝新中国成立 70 周年 VR 直播基本代表中央广播电视总台 VR 新闻直播的最高水平(截止 2019 年 10 月),能够为观众提供超高清的 VR 新闻现场直播信号,能够给观众带来强烈的"在场感",仿佛自己置身于东华表、军乐团附近。然而,这次 VR 新闻现场直播的缺憾也很明显。首先,其现场机位设置数量较少,去除备用全景摄影机,只有 2 个全景摄影机机位。其次,为了优先保证传统电视直播的机位设置需要,这几台全景摄影机位置并不是最佳位置。前方全景摄影机主机、备用机加在一起总共提供 4 路前方影音信号,其中 2 路信号用来切换、包装播出,全景摄影机只能定点展现阅兵方阵和游行队伍,不能对现场不同时段、不同区域(如天安门城楼、天安门广场)、不同事件内容(如长安街领导检阅、空中飞行编队等)做重点表现,受众所能感受到的视点变化较单一,视觉效果不够丰富,只能获得概览式体验,仍属于试验性、辅助性直播尝试。

二、VR 体育直播

体育直播是视听媒体最具商业价值的节目内容之一,体育项目种类繁多,赛事层出不穷,产业商机无限。不同的体育项目都有大批的爱好者和体育迷,他们构成了体育节目的主要受众。在观看体育赛事直播时,观众的参与意愿更加强烈,对于一些重大赛事,观众到达现场、参与互动的愿望更甚。受到比赛场地空间的限制,能够到现场观看比赛的人只能是少数,广大体育迷只能通过视听媒体欣赏比赛,视听媒体体育直播对于体育产业发展具有举足轻重的影响。

体育直播的核心是赛事直播。体育比赛具有很强的动作性、戏剧性，其中充满了未知、悬念、矛盾、冲突，还经常凝结着体育精神、爱国主义等延展意义，被赋予了超出体育竞技范畴的文化内涵。观众在观看体育直播时，经常会将自己代入体育比赛的某一方，然后，随着其在场上的情势变化或喜或悲。

传统视听媒体体育直播经过几十年的发展，已经形成了非常成熟的工作机制，在奥运会体育转播过程中，对于每一个项目的转播流程、公用电视信号制作都有非常明确的规范，标准化、规范化已经成为其基本准则，以确保体育项目关键进程不被遗漏，确保体育高光时刻能被精彩呈现。体育直播不仅能够客观再现现场的实际情况，还能够通过直播团队的共同努力，为体育赛事增色，更好地突出比赛的亮点，表现体育比赛的精神内核和文化意义。"运动与情感（Motion & Emotion）"是奥运会电视委员会对体育直播的原则要求，通过直播团队的创造性工作，一场体育比赛可以被呈现为"精彩的戏剧"，让观众为之迷醉和痴狂。

体育直播能够为相关各方带来巨大的商业效益，因此，体育直播一直是最新媒体技术运用的优先领域，任何先进的技术、设备都会最先应用于体育转播领域，VR/AR 技术也不例外，其沉浸感、在场感、互动性优势与体育直播受众的需求天然契合，VR 体育直播一度成为最被人们看好的视听媒体虚拟现实技术应用领域。

世界多家视听媒体机构都曾尝试进行 VR 体育直播，2016 年，NBC 电视台制作了多部美国各项目国家队备战奥运的 VR 作品，NBC 还和巴西里约奥运会合作，进行了多场赛事的 VR 直播，里约奥运会被称作"首届使用 VR 技术转播的奥运会"。英国 Sky 电视台 2016 年也开通 VR 赛事直播。

在 2018 年初举行的平昌冬奥会上，NBC 奥运频道通过与英特尔合作，利用其 True VR 驱动的虚拟现实直播，让用户通过一个手机 App 就能观看 50 多个小时的 VR 赛事直播，这是 VR 第一次正式用于冬奥会直播。

2016 年 6 月 3 日，乐视体育首次 VR 直播中国国家男足与特立尼达和多巴哥的热身赛，这成为中国 VR 体育直播的开端。我国中央电视台 2016 年里约奥运会期间也曾尝试制作、播出 VR 体育节目，2018 年通过央视影音客户端等平台 VR 直播俄罗斯世界杯的一些赛事。2019 年第七届世界军人体育运动会于 10 月 18 日至 10 月 27 日在湖北武汉举行，中央广播电视总台的 VR 技术团队承担了此次军运会 VR 赛事制播的系统建设和内容制作的工作，他们使用"5G+VR"技术，共完成了 8 个竞赛大项 VR 直播和点播内容的制作工作，并用

6台VR单机拍摄制作了部分不适合VR直播的竞赛小项的点播内容。[1]

（一）VR体育直播的适用条件

受到360度全景摄影机成像原理的限制，现阶段比较适合进行VR直播的体育项目通常具备以下几个特点：

1. 场地面积适中

360度全景摄影机普遍由多目镜头组成，为了降低各个镜头影像的"缝合"难度，镜头数量一般较少，每个镜头的焦距相对较短，被摄物体影像近大远小的现象容易被夸张。每台全景摄影机都有自己的最佳拍摄距离，物体距离镜头太近影像会明显变形，物体距离镜头太远则影像太小，不易看清。通常360度全景摄影机的最佳拍摄距离为1.5~2.5米左右，不同品牌、目数的全景摄影机最佳拍摄距离会有一些具体差异。一般情况下，为了避免干扰比赛进行，全景摄影机只能位于场地边线位置，如果比赛场地面积太大，则难以兼顾前后景景物成像效果，不同机位信号切换，也容易给观众带来空间转换感的不连贯、不适应，操作难度加大。

2. 室内项目

室内项目（如篮球、冰球、拳击等）不会受到天气条件的影响，现场可控性强，比较容易进行VR直播。室外项目（如足球、橄榄球等）场地面积较大，且无论风霜雨雪，只要不是极端天气，都会进行比赛，这种天气条件的变化会给VR直播造成很多麻烦。

室内体育场馆在建设时，对于其声场效果有明确的要求，比赛过程中声音来源相对稳定，有利于获得良好的现场收音效果。室外场馆场地空阔，人员众多，必须考虑环境声、风力风速等多种因素的影响，对现场录音也提出了更高的要求。

3. 人工光照明

360度全景摄影机需要记录下全视域的影像范围，人工光照明的体育赛场光线稳定、亮度均匀，可以较好地保证各个镜头成像的效果比较一致。如果是

---

[1] 周建. 5G+VR技术与体育赛事类新媒体内容制播结合的思考与实践[J]. 现代电视技术，2020(1):49.

室外自然光照明，特别是室外晴天直射光照明，那么，不同方向的光照条件会有明显的不同，光线的亮度、反差、色温等都会有差异，这种情况下，要想使各个镜头的成像效果接近，能够"缝合"成完美的全视域影像，难度较大，需要做更多的技术调控。而且，室外自然光随时都在发生变化，VR体育直播团队也必须随时注意动态技术调控。

将距离遥远的用户"带到"比赛现场，缩短用户与赛场之间的距离，这是体育转播商一直努力达到的目标。得益于智能手机功能越来越强大，移动网络越来越发达，VR技术为用户带来了前所未有的"沉浸感""在场感"。和VR技术相比，有人认为AR技术在未来将会真正为体育直播带来革命性变革，通过一些AR程序系统，人们可以把一场2D足球比赛转成3D全息影像格式，将其投射在桌子之类的平面上，戴上AR头显设备就可以观看比赛的立体全息影像。尽管这种技术现在还不够成熟，但是，其未来发展的可能性仍然值得预期。

（二）VR体育直播的业界翘楚及其探索

1. 美国NextVR公司

美国的NextVR公司是VR直播领域的领军者，特别是在VR体育直播和VR综艺娱乐直播领域。这家公司成立于2009年，开始叫做Next3D，是一家3D电视技术公司。2012年该公司转型为虚拟现实技术公司，主要进行广播级的高清3D VR内容直播，给用户提供富有沉浸感、在场感的体验。NextVR公司于2015年开始进行第一次VR直播，以8MB/秒的网络速率，提供180度视野的海滩全景影像视频流至三星GEAR VR，用三星Galaxy NOTE 4手机播放。

NextVR公司拥有世界顶尖的VR直播系统，其全景摄影机通常由4台RED 6K摄影机组成，能够制作出超高清3D VR影像内容。NextVR公司拥有26项超高清全景影像采集、压缩、传输、显示等虚拟现实技术专利，还拥有自己的VR转播车。凭借自己的核心技术优势，NextVR可以在4G网络时代为用户提供流畅的高清3D VR直播内容，用户可以使用Oculus、HTC Vive、Sony PlayStation、Daydream View这些主流头显设备体验VR直播内容，也可下载NextVR App，通过一体机头显设备、手机或平板电脑观赏其提供的VR节目内容。

截止2019年，NextVR公司共融资超过1亿美元，在技术开发和直播业务方面都取得了显著成绩。NextVR分别与福克斯体育、NBA、足球国际冠军杯（International Champion，Cup）、温布尔登网球公开赛稳定合作开展VR直播服务，还尝试进行游泳、橄榄球、棒球、冰球、拳击等多种赛事的 VR 直播。

2016 年 10 月开始，NextVR 和 NBA 签署合作协议，成为 NBA 篮球赛事 VR 直播的官方合作伙伴，每周采用 VR 直播一场 NBA 赛事，2018-2019 赛季双方合作进一步扩展，NextVR 除负责提供部分场次赛事的 VR 直播外，还要制作一些 VR 赛事集锦以及其他点播内容。2019-2020 赛季，双方继续合作，NextVR 计划每周选择一场比赛进行 VR 直播，共 VR 直播 26 场 NBA 赛事，其中部分场次 VR 直播免费向用户开放。

NextVR 在 VR 直播 NBA 比赛时，通常在现场布置 8—12 台摄影机，其基本机位设置如下：每个篮板后面各 2 台摄影机，每个篮架肩部各 1 台，场地侧面正对中心位置 1 台，另外还有 1 台游机。这些摄影机与传统电视体育直播的摄影机互不干扰，篮板后面、篮架肩部的机位最为重要（如图 6-2-4 所示），能够让用户仿佛置身于篮下或中线场边，近距离感受球员的精彩配合、投篮或扣篮。NextVR 直播团队对这些摄影机提供的多路信号进行切换后通过网络播出，也可以为受众同时提供各个摄影机的信号，由用户自主选择变换机位体验不同的视点效果。NextVR 直播团队还会拍摄比赛幕后、休息室采访甚至比赛城市的影像内容，适时切入 VR 直播中，努力形成并完善自己的叙事线索，而不仅仅只是提供在场感。

图 6-2-4　NextVR 直播 NBA 赛事最主要的两个机位设置图

在进行 VR 直播时，NextVR 还会设置解说嘉宾分析比赛进程，安排现场报道人员串联，还会加进比赛时钟、投篮计时、双方得分等信息。对于比赛中出现的精彩场面，NextVR 还会进行慢动作回放，让用户仔细、真切地感受精彩瞬间。在 VR 直播过程中，篮板背后 180 度左右视域范围经常被虚拟影像取代，它们通常是 NextVR、NBA 或比赛双方球队的 Logo 标识，或者是制作合成的解说嘉宾的影像，头顶空间和脚下空间的影像也被采用技术手段遮挡，而朝向球场方向的180度左右视域是摄影机拍摄的3D影像，这样不仅可以将用户的注意力集中在球场上，而且，在一定程度上也降低了VR直播的技术难度。

NextVR内容合作副总监丹尼·吉恩斯（Danny Keens）坦言，在进行NBA VR直播过程中，最难的部分就是让比赛组织者和传统电视直播团队接受VR直播摄影机的存在，它们不能对比赛进程和传统电视直播造成干扰和影响。因为360度全景摄影机没有变焦距推拉功能，所以，全景摄影机机位就需要尽量靠近比赛场地，以便更有效地展现场上队员的动作，VR直播团队为此必须要和比赛组织者和传统电视直播者达成共识。[1]

NextVR公司另一块主要业务是VR综艺娱乐直播，NextVR和全球最大规模的演唱会推手Live Nation合作，几年来，现场录制了酷玩乐队（Coldplay）等东队的多场演唱会。用户通过NextVR App、Oculus等头显设备，就能身临其境地体验各位明星的演唱会。NextVR App被认为是Oculus平台最优秀的应用。

2. 英国BBC VR与俄罗斯足球世界杯VR直播

英国的BBC Sport承担了2018年俄罗斯足球世界杯的VR直播任务，这也是历史上第一次提供VR直播服务的足球世界杯比赛。BBC并没有利用VR技术把用户带到球场上，让用户体验球员在自己身边比赛的感觉，而是通过一个名为"BBC Sport VR-FIFA World Cup Russia 2018"的App为用户提供33场世界杯足球比赛VR直播，该App可以在苹果、安卓、Gear VR、Oculus Go、PlayStation VR等平台获得。通过VR头显设备，用户会发现自己身处比赛现场看台的一个豪华包厢里，用户在观看现场比赛进行的同时，还可以在包厢墙壁上的大屏幕中看到每天的比赛集锦（如图6-2-5所示）。

图6-2-5　BBC Sport VR俄罗斯世界杯直播虚拟包厢

---

1 山姆·卡普（Sam Carp）.NextVR怎样把VR带给NBA总决赛（*How NextVR brought virtual reality highlights to the NBA Finals*）.Sportspro官网.

BBC Sport 为用户提供了 3 个不同的视点观看现场比赛，一是正对场地中线的侧面视点，可以让用户看到球场的全景，随时能够看到球的运行轨迹、线路和位置；二是比赛一方球门的左后方底线外视点，三是比赛另一方球门的右后方底线外视点，这两个视点可以让用户和守门员同感，并看到守门员的站位、脚步移动及面对对手进攻时的反应。用户可以在这三个视点间自主选择转换观看比赛。为了弥补 360 度全景摄影没有变焦距推拉、不能进行景别变换的不足，在现场比赛的影像中嵌入了 2 个大屏幕，里面播放世界杯官方比赛直播的 2D 影像公用信号。如果想了解比赛裁判、教练、队员及场上比赛数据等信息，用户看向面前的虚拟咖啡桌，这些信息就会出现，供用户选择查看（如图 6-2-6 所示）。BBC 宣称这款 App 被下载了 32.5 万次[1]，这个数字与观看 BBC 俄罗斯世界杯传统电视直播的 4200 万观众相比还是比较小的。

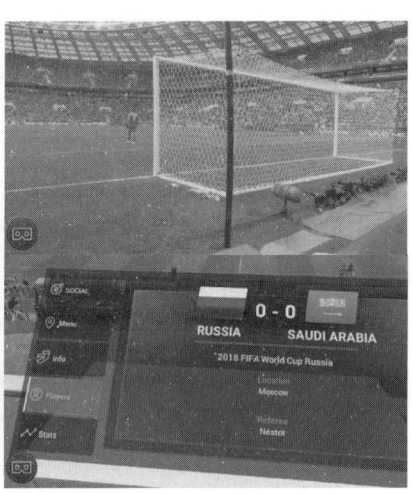

图 6-2-6　BBC Sport VR 俄罗斯世界杯直播设定的几个主要视点效果图

当用户在非比赛直播时间登录 BBC Sport VR App 时，他们可以看到已经结束了的世界杯比赛的赛场集锦，这些集锦影像是 360 度视域的全景影像。

BBC Sport 为俄罗斯世界杯设计的 VR 直播方案是比较智慧和务实的，它尽量频避了现阶段 VR 及 360 度全景摄影技术的不足之处，将传统电视现场直播和 VR 直播结合起来，在普通用户原有的观赛经验的基础上再向前一步。在

---

1 蒂娜·马多克斯（Teena Maddox）.2018 年俄罗斯世界杯使用的 6 项最酷的技术（*The 6 coolest tech innovations being used at the 2018 FIFA World Cup*）.Techrepublic 网站.

每个比赛现场其设置的摄影机位只有 3 个，并不是很多，制作团队也没有进行多机位信号的切换，不同视点之间的转换完全由用户自主完成。本届世界杯 3 个全景摄影机提供的是 180 度而非 360 度视域的比赛直播影像，比赛集锦和进球部分才用 360 度视域全景影像呈现。这些操作方法，在降低 VR 直播工作难度的同时，拓展了普通用户的世界杯观赛体验。

然而，持批评意见者认为，BBC Sport 的 VR 直播并没有从本质上超越传统的电视体育直播，难以让受众真正放弃电视机而用 VR 设备观赏比赛。有人预期，在四年之后的 2022 年卡塔尔世界杯比赛和其他世界大赛的直播过程中，VR 直播会更上一层楼。VR 技术已经可以构建虚拟观赛空间，不同的远程用户可以共同进入其中，相互之间可以进行交流分享；随着因特尔"体积测量"（volumetric）VR 技术的发展，人们可能可以选择一个场上参赛球员的视角来观看和体验比赛；AR 技术也被人们寄予厚望，它可以使体育赛事直播更立体、更直观，在运动员奔跑的同时，他们的各项统计数据（心率、奔跑距离、传球次数等）会实时地呈现出来。2018 年俄罗斯世界杯的 VR 体育直播是一次意义重大的实验，它具有开拓性但并不完美。2021 年东京奥运会、2022 年北京冬奥会也计划进行 VR/AR 体育直播，它们一定会给观众带来更加惊喜的感官和心理体验。

三、VR 文艺娱乐直播

以剧场类演出和音乐会为代表的文艺娱乐节目是最适合 VR 直播的内容之一，演艺明星往往拥有巨大的粉丝群体，他们渴望能够在现场近距离观赏、参与自己偶像的演出,尽管一些狂热的粉丝不惜投入巨大的时间、金钱成本追星，但是，受到各种具体原因的限制，真正能够到演出现场和明星近距离接触的人是少之又少，这使得 VR/AR 文艺娱乐直播和现场制作节目具备了广泛的受众基础。

常规情况下，文艺娱乐类演出的经济回报主要来自演出票销售，但是，每场演出每个座位只能售出一张演出票，其数量是有限的，而且演出票价往往也比较昂贵，绝大多数人不能亲临现场欣赏演出。VR 直播为演出运营商和用户都提供了新的机会，通过 VR 直播，更多人可以不到现场就体验到"在场感"——坐在现场的某个座位上（这个座位通常还是 VIP 座位）看向舞台或环顾四周，自身成为演出现场的一部分。对于演出运营商而言，在演出票收入之外，他们又有了获得附加经济回报的渠道。VR 技术已经具备了为用户提供高保真、超高清的视听体验的能力，市场自然就会利用技术赋能实现自身提高经济效益的目标，这使得 VR/AR 文艺娱乐直播和现场制作节目具备了良好的市场基础。

VR 技术不仅能够将用户带到演出现场的观众席上观赏演出，使其可以和现场观众一起为自己喜爱的明星痴狂，还可以将用户带到舞台上，使其"置身"于表演者之中，近距离观看自己偶像的表演，体验表演者在舞台上的所见所闻所感，反观台下观众的状态。

如果能够将 360 度全景摄影机的机位设置和演出中的角色视点有机结合，那么，用户戴上头显设备，还可以成为某个特定的角色，参与到演出之中。由此，人们创造出一种全新的文艺演出呈现形式和一种全新的文艺演出欣赏方式。

中国关于 VR 文艺娱乐现场制作的探索开始于 2016 年。2016 年 3 月，芒果 TV《我是歌手》VR 专区正式上线，成为国内首档 VR 节目。用户需要下载"米多娱乐"App，然后使用移动 VR 眼镜盒进行观看。如果用户有支持 3D 效果的 VR 设备，就可以观看这个专门的 3D 增强版本。《我是歌手》在现场设置 3 台全景摄影机，分别位于舞台前沿的左、中、右位置，高度基本与舞台边沿平齐，对舞台上演唱的歌手基本都是仰视效果，而且，提供的是舞台方向 180 度左右视域的影像范围，观众席一侧空间被处理成虚拟星空影像，失去了观众的现场表现，现场感减弱。受到当时 360 度全景影像制作、VR 直播切换系统、传输网络速率等多方面技术条件限制，《我是歌手》VR 版并不是直播，而属于现场录制，影像质量和声音效果都不够理想，尽管领一时风气之先，但是，传播效果一般，持续时间也不长。

2016 草莓音乐节于 4 月 30 日—5 月 2 日举行，中国强氧科技公司负责多机位直播。强氧科技公司 2001 年成立，是目前中国知名的数字影像产品及服务提供商。2015 年强氧科技公司进军 VR 领域，很快成为行业领先的全景视频技术服务提供商。强氧致力于提供专业级 VR 视频解决方案，拥有自主研发的 360 度全景摄影机、后期影像缝合制作设备、VR 直播系统等，业务涉及 VR 直播、VR 教育、VR 旅游、VR 影视和 VR 体育等多个行业应用领域，是中国 VR 技术研发及应用领域的典型代表。2016 年 3 月 25 日—3 月 31 日中国国际时装周 2016/17 秋冬系列举办，强氧科技和乐视 VR 携手直播 10 场时尚秀，为观众带来全球首次的 VR 直播时装周盛宴。

在近几年的 VR 文艺娱乐现场制作和直播中，以下案例比较具有代表性，我们对其进行详细介绍和分析。

(一) 王菲"幻乐一场"演唱会 VR 直播

在中国演唱会 VR 直播领域具有标志性意义的事件是 2016 年 12 月 30 日数字王国、腾讯视频、微鲸合作的 VR 直播：王菲"幻乐一场"演唱会。此次演唱会只演一场，只有 800 张现场票，腾讯视频对其进行多机位网络视频直播。数字王国在现场设置 8 台自主研发的 Kronos 及 Zeus360 度全景摄影机，几个主要机位如下：一台在舞台正面距离王菲较近处，其位置比第一排 VIP 位置还要近，主要看王菲演唱；一台在王菲身后的舞台上，用户可以从王菲的视角看向台下；一台在舞台上担任和音任务的窦靖童面前，可以看到和音歌者和旁边的乐队乐手；一台在台下观众席后部，可以置身观众之中体验全场效果。头顶上方的影像空间由数字王国制作的虚拟星空影像构成，低头看脚下处的影像空间由演唱会现场大屏幕影像来填充（如图 6-2-7 所示）。

图 6-2-7 "幻乐一场"演唱会 VR 直播视频截图

本次演唱会 VR 直播采用付费收看方式，用户需要支付 30 元费用，主办各方希望借此来尝试和培育 VR 直播的商业模式。在微鲸 VR App 的直播页面里，在直播结束时，显示共有 8.8 万人在线观看。负责本次直播内容分发的微鲸表示，这场 VR 演唱会仅微鲸平台累计播放量达到 50 多万次。如果微鲸统计的数字不虚的话，本次 VR 直播的收入大约为 264 万，尽管和传统的网络视频直播广告、现场演出门票收入相比很少，但是，其创新和探索精神值得肯定。

由于受到当时技术条件的限制，"幻乐一场"演唱会 VR 直播遭到了大多数网友的差评，受到网络传输速率和 VR 头显设备的影响，尽管制作方提供了 4K 画质的信号源，但是，付费用户却无法体验到制作方宣传的"4K 画质、3D 全景立体声"。这场演唱会的 VR 直播充分暴露了当时 VR 技术及其产业链条的缺陷，成为一个具有标志意义的案例。

（二）央视春晚 VR 录播与直播

中国的广播电视台对于大型晚会 VR 录播与直播做了较多的尝试和探索，2016 年底湖南卫视、江苏卫视的跨年晚会就同时进行了 VR 直播。

2018 年度世界虚拟现实（VR）产业大会在南昌举办，江西着力发展 VR 产业，江西电视台 2019 年春晚也进行了 VR 录播，采用和传统电视直播同步播出的直播推流方式，该春晚被称作"电视史上首个基于 5G 网络的超清全景 VR 春晚"[1]，获得了超过 100 万的点击量。

中央电视台从 2017 年开始，每年的春节联欢晚会都会进行 VR 录制，有的采用"现场制作+后期制作"的录播方式，有的采用 VR 直播方式。采用 VR 录播方式，可以较好地解决和传统电视春晚直播的机位设置、拍摄等相互干扰的问题，比较充分地发挥 VR 的技术优势，实现理想的 VR 视觉效果。VR 录播主要在带妆正式彩排阶段进行，而且，通常会选择最能发挥 VR 优势的歌舞类、杂技类、武术类等人数众多、看点多元、场面较大的节目来重点录制。尽管这些 VR 制作和直播与传统电视春晚直播的影响力无法同日而语，但还是积累了一些实践经验，体现出传统视听媒体努力利用新技术创新的执着探索。

2020 年中央广播电视总台首次进行 VR 春晚直播，总台首创了虚拟网络交互制作系统 VNIS，远程采集超高清分辨率的动态 VR 实景内容，通过 5G 等网络技术将高质量 VR 视频传输到总台央视频虚拟演播室 VR 渲染系统，并进行实时渲染制作，实现视觉特效和节目内容的有机结合，用户可以通过央视频客户端观看 2020 春晚 VR 直播和多视角全景式直播。

2020 年中央广播电视总台春晚 VR 直播是一次全流程的 VR 直播，专门设置了 VR 直播间、VR 直播晚会主持人（如图 6-2-8 所示），还在总台老台主楼前院内设置了 VR 机位，从晚会正式开始前就开始了直播过程。

在春晚主会场的 VR 机位设置方面，仍是以 3 机位为主。最重要的正面居中 VR 机位与舞台的距离和前几年相比略远一些，位于传统电视直播台前自动横移摄像机的后面，其高度及视觉效果更正常，不像前几年位于舞台前沿处，为了避让后面的传统电视直播机位，往往只能低角度拍摄，容易给用户带来明

---

1 孙春华. 江西广电：首个基于 5G 网络的超清全景 VR 春晚开启 5G 探索之旅[J]. 影视制作, 2019(5):26.

显的仰视效果。正面 VR 机位后移也有不利影响，加大了视点位置与舞台的距离，使得舞台中央、后部区域的表演者成像面积较小，难以引人注意，也难以看清楚。舞台左侧摇臂上设置了 1 个 VR 机位，可以提供固定高点 360 度全景视频或机位运动中的 360 度全景视频。舞台上方偏右侧位置设置有 1 个固定高点 VR 机位，可以俯瞰舞台全景（如图 6-2-9 所示）。

图 6-2-8　2020 年中央广播电视总台春晚 VR 直播直播间和串场主持人截图

图 6-2-9　2020 年中央广播电视总台春晚 VR 机位拍摄视频截图
（从左至右依次为左侧机位、正面机位、右侧高点机位）

2020 年中央广播电视总台春晚 VR 直播的一个创新点，是在 VR 全景视频中嵌入了传统电视直播的信号视窗，在展现一些人员较少、看点单一、场面简单的晚会段落（如主持人串场段落、相声小品等语言类节目等）时，可以让用户的注意力集中于此，也可以避免被摄对象在 VR 机位拍摄的视频中距离远、成像面积小的缺陷（如图 6-2-10 所示）。只不过，这种段落出现频次较多的话，会让用户质疑对其进行 VR 直播的必要性。

图 6-2-10　2020 年中央广播电视总台春晚 VR 直播视频中嵌入传统电视直播信号视窗

2020年中央广播电视总台春晚 VR 直播的另一个创新点，是增设了专门的主持人，由李七月、刘洋担任，利用虚拟影像技术将其与不同场景影像无缝合成。

现场观众区域、舞台之外的 180 度球形空间全部使用虚拟影像来填充，用户看不到任何现场观众，可以更多地将注意力集中在舞台方向。对于少数节目（如舞蹈类节目），VR 直播团队事先结合舞台空间美术效果对舞台之外的填充虚拟影像进行了特定制作，使得台下区域的影像和台上表演完美结合，给人耳目一新的感觉，这种制作方式应该是未来 VR 晚会直播的一个可以延续和发展的方向。

当然，2020 年中央广播电视总台春晚 VR 直播还是有一些难以克服的缺憾。首先，VR 机位的设置要避让传统电视直播机位，难以根据自身需要设置在最理想的位置，更不能置身舞台表演者中间，难以发挥最佳效用。其次，不同机位 360 度全景视频之间的切换比较简单、随意，不能和节目内容产生有机联系，基本属于为切换而切换。再次，VR 直播相声、小品、独唱（无伴舞）等节目时，主体对象距离远、成像小、运动不足，360 度全景影像显得单调、静止、缺乏细节，不仅没能发挥其独特优势，反而充分暴露了其缺陷。

第三节　VR 现场直播的实践操作

和其他虚拟现实视听作品的创作过程一样，初级阶段的 VR 现场直播也是从拷贝、模仿传统电视现场直播、网络现场直播过程中起步的，许多 VR 直播中使用的设备都是在传统现场直播设备的基础上升级、改造而成，相对成熟的传统视听媒体现场直播为 VR 现场直播提供了诸多营养，随着实践的发展，人们逐渐认识到两者之间尽管模式相同，但是，使用的技术手段存在明显差异，用户接收方式和审美心理大相径庭，VR 现场直播需要探索自己独特的摄制、传播方法，总结具有自身本体特性的创作规律。

一、VR 现场直播的基本技术框架

VR 现场直播需要强大的技术支持，在现有技术条件下，VR 现场直播的基

本流程和传统电视现场直播有些类似，其基本技术框架是：依靠千兆以太网或5G网络连接直播的拍摄、制作、包装、传输各个环节。通过多台360度全景摄影机采集现场的影像和声音，通常要保证4K、8K的高分辨率，也可以采用更高分辨率的360全景摄影机拍摄，清晰度越高，数据量越大，对信号压缩、信号传输技术的要求越高；现场采集的影音数据传输至VR导播切换系统，进行切换、包装，可以实时添加字幕、音乐、特效、解说等，也可以叠加、合成数字虚拟影像；再将经过处理的信号传输到云服务器，通过云服务器最后输出到移动端（手机和平板电脑）、PC端（台式机或笔记本电脑）、VR头显设备，实现360度无死角实时直播（如图6-3-1所示）。

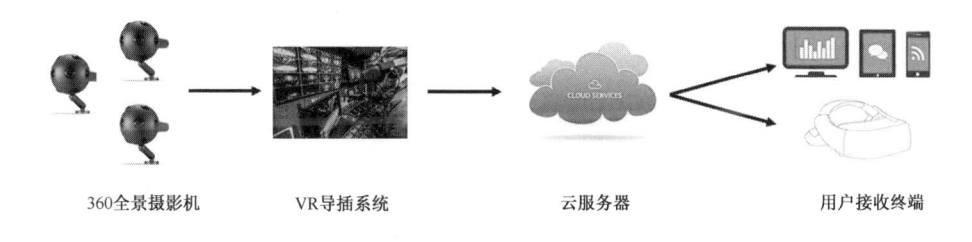

图6-3-1　VR现场直播基本技术流程示意图

经过几年的发展，VR现场直播进步很快，现在已经可以做到超高清、无延时同步直播，而且，越来越多的转播商将数字制作的虚拟影像和现场实拍、实采的影音信息叠加、融合起来进行直播，可以更好地发挥VR现场直播的优势，回避其短处，改善用户体验。

二、机位设置

传统视听媒体现场直播的机位设置，通常遵循"三角形机位原理"，即在被摄场景的对面和左、右前斜侧方设置主要机位，对面的顶角机位可以通过变焦距镜头推拉拍摄现场的全景或小景别画面；左、右两侧前斜侧方机位主要拍摄现场被摄对象的中景、近景景别画面。在"三角形机位"设置基础上，再根据各种直播具体要求，增设多台摄像机。以足球、篮球、排球现场直播为例，通常会使用十几或二十几台摄像机，力求做到对直播现场的无死角全覆盖。因为现场直播机位众多，有时还需要采用多级切换的方式，保证将现场最精彩的镜头奉献给观众。

VR 现场直播中，每一台 360 全景摄影机拍摄的都是周围的全视域影像，每一台摄影机拍摄的影像都没有传统的景深效果，所拍摄的影像前后景都是清晰的。由于 VR 现场直播中通常采用超高分辨率拍摄，每一台 360 全景摄影机采集的影音信号数据量都比较大，所以，为了保证信号传输，现场设置的机位数量会远远少于传统视听媒体现场直播的机位数量。再加上，VR 现场直播每一次切换机位信号，观众的体验都是"置身于一个新的观看位置"，为了保证观众接受心理的流畅衔接，也不能像传统现场直播那样进行高频率的快速切换，所以，一般场景也就不需要设置十几台机位，通常设置 3—5 台 360 全景摄影机为宜。

VR 现场直播中，360 度全景摄影机拍摄的影像失去了传统影像的"景别"概念，要想让用户既看到现场的整体情况又看清主要对象，就需要在距离主体对象远近不同的位置分别设置 360 度全景摄影机，以被摄主体对象为参照物，形成用户视觉心理感受的"镜头景别序列"。

为了充分发挥 VR 影像 360 度全视域的优势，以下几个位置是设置 360 全景摄影机的优先选择：

1. 现场有交流关系的主要对象之间

如 VR 直播舞台演出，在舞台上的明星和台下的观众之间通常会设置一个机位，往往位于台口的位置。会议、庆典等具有"表演性""仪式性"的场景的 VR 现场直播，也可以照此设置机位。

然而，在群体性、大型体育比赛的现场直播中，为了不影响比赛的正常进行，通常不能在比赛的队员之间设置 360 度全景摄影机。

2. 能够为用户提供"主观视点"感受的位置

如将 360 全景摄影机设置在现场观众中，让用户体验"置身"观众之中，感受现场观众的激情；或者将 360 度全景摄影机设置在舞台主角身边，让用户"转换角色"，体验一下置身台上、被万众瞩目的感觉。

360 度全景摄影机仿佛就是用户的头，机位设置在哪里，用户就被定位在哪里，并以该位置为中心向四周环顾。"身处"的位置不同，所能观察到的景象不同，用户的心理感受也会大相径庭。

3. 最能够表现被拍摄对象本质特点、视觉效果的机位设置

不同的事物表现形式不同，人们对其欣赏方式也不同，如足球最精彩的场

面是门前攻防，排球最精彩的部分则是网上争夺，制作者要针对不同的现场直播场景和对象，确定最符合其特点的 VR 现场直播机位设置方案。

4. 超越常规视点的机位设置

无论是传统视听媒体现场直播，还是 VR 现场直播，都需要为用户提供一定的"视觉奇观"，也就是超出人们常规视点、常规视觉效果的影像。采用悬挂方式，在直播现场高于被摄对象的空中位置设置 360 度全景摄影机，通过算法在最终的影像中隐去悬挂装置，可以为用户提供现场宏观的视觉感受。

5. 运动承载设备上的机位设置

VR 现场直播中，为了防止晕动症，通常会以固定机位为主，但是，固定机位毕竟容易给人"画地为牢""原地打转"的感觉，难以完全满足用户的视觉、心理需求。我们可以适当设置少量运动机位，如将 360 度全景摄影机设置在移动轨道、移动车、摇臂等运动承载工具上，在连续影像呈现过程中完成视点、关注对象、表现重点的变化。当然，拍摄过程中，360 度全景摄影机的运动速度要平缓、均匀，避免造成用户生理和心理的不适。

未来，随着 360 度全景摄影机的小型化，可以将其设置在一些赛场装置上，既不影响比赛，也不影响现场传统直播机位，还可以保证全景影像的获取。如可以将全景摄影机设置在网球比赛、羽毛球比赛的球网立柱上，既获得了良好的视觉效果，也不影响其他部门的工作。

三、场景性质："可进入"与"仅旁观"

传统角度上，360 度全景摄影机架设的最佳位置是场地中央，但是，很多时候，现场直播场景中央是不允许架设任何摄影机等转播器材的。场景性质不同，对 VR 现场直播方案有直接影响。

VR 现场直播场景可以分为两大类：可进入场景和外围旁观场景，前者是指 360 度全景摄影机等现场直播器材可以置身其中的场景，如会议、庆典、演出活动等；后者是指 360 全景摄影机等现场直播器材不能进入、只能在其外围进行旁观式拍摄，以免对比赛进程造成干扰的场景，如足球、篮球、排球等体育比赛等。

一般情况下，直播机位能够进入所拍摄的场景中，更容易给用户带来身临其境的沉浸感，也容易满足用户新奇的体验感，在心理上让用户产生一定的角色身份置换感觉。直播机位不能进入所拍摄的场景，VR现场直播的用户就不能从根本上改变其观众身份，其沉浸感、体验感都会受到一定程度的影响。

当然，"旁观者清，当局者迷"，现场直播场景内外的机位各有所长、各有所短，最好的方式是能够在直播场景内外都能合理地设置足够的360度全景摄影机，有效地将"进入"与"旁观"结合起来。技术在不断进步，努力在原来不可进入的场景开拓、设置可进入的360度全景直播机位，是VR现场直播持续研发和实践的方向。

四、场景大小对VR现场直播的影响

在现有技术条件下，VR现场直播在场景中能够设置的360度全景摄影机数量相对较少，而且，每台360度全景摄影机基本都是由多个广角镜头组合而成，所拍摄的影像在空间透视关系呈现上，与正常人眼看到的透视效果相比，通常会有一定程度的夸张，景物之间的远近距离感会被加强。所以，在进行近距离、小场景拍摄时，其视觉效果和人眼正常视觉感知接近，用户体验相对较好。如果远距离拍摄或进行旁观式大场景拍摄，对于被摄对象、被摄场景的表现就会显得不够清楚，用户的体验感就会较差。如VR演唱会现场直播中，用户经常觉得看不清舞台上的歌星；足球比赛VR现场直播中，用户会觉得只能看清360度全景摄影机附近有限距离内的比赛情况，而对于球场其他区域的比赛情况则只能看到"一群小人儿在混战"。

对于可进入的大场景，VR现场直播可以将其划分为若干表现重点不同的小场景，分别设置机位，并在各机位之间适时进行切换，以保证现场信息的顺利传达。而对于不可进入的大场景，VR现场直播就容易显得力不从心。现在，通常采用将传统电视直播画面嵌入VR现场直播影像的方式，在360度全视域影像中增加传统电视直播画面视窗，以实现点面结合，弥补这种场景VR现场直播细节呈现不足的缺陷。这种传统电视直播影像信号可以由活动官方组委会协调提供，也可由VR直播团队单独增设传统拍摄机位来获取。

五、解说、同期声引导用户注意力

在传统视听媒体现场直播中，现场解说主要是跟着视频画面的切换来进行，对所呈现的现场直播影像进行附加信息的补充。因为解说声音与直播画面相比处于绝对的从属地位，因此，许多现场直播中，解说员并不需要一定置身直播现场，而是身处视听媒体后方的演播室，看着现场传回、经过切换的直播画面信号，就可以完成解说任务。

在 VR 现场直播中，为用户提供了随机观看四周全视域影像的自由，用户的注意力容易分散，也容易错过或漏掉现场重要的瞬间或过程，因此，适时引导观众的注意力成为 VR 现场直播的重要任务。在此过程中，解说的重要性得以凸显，它不再仅仅是依附于现场影像上的信息补充手段，而在一定程度上具有了主持功能，牢牢把控现场事件主线，提醒、引导用户关注主要对象、重要流程、关键瞬间，相应地，VR 现场直播的解说方式也会有所调整和变化。

现场同期声可分为主要对象声音和现场环境声。VR 现场直播中，主要对象的有声语言也是引导、吸引用户注意力的重要声音元素。

六、虚拟影像与实拍影像结合

尽管 360 度全景摄影机可以为用户提供全视域的视野范围，但是，在 VR 现场直播实践中，人们发现，并非所有时候，全视域范围内都有值得用户关注的视听信息，用户也不可能不停地 360 度旋转着观看和体验 VR 现场直播，大多数情况下，用户还是更关注视线前方半球视域范围内的事物，只是在有特殊吸引元素出现时，才会进行大范围地转头、转身搜寻和看视。对于缺乏足够信息量的空间区域进行全程展示，一是容易分散用户有限的注意力，二是会浪费宝贵的高清影音采集、制作、传输等技术资源。因此，目前，在不可进入场景的 VR 现场直播中，越来越多的转播商采用事先制作的虚拟影像遮盖或替换"非表演区"。水平较高的 VR 现场转播商会事先根据转播对象的内容特点，创造性地制作虚拟影像，在直播过程中实现虚拟影像部分和实拍影像部分的有机融合，如中央广播电视总台 2020 年春晚部分舞蹈节目的 VR 现场直播等。前者是比较简单的处理方法，但在一定程度上也使得 VR 现场直播退回到了传统视听媒体现场直播的视听状态，或者说，如此处理，并不能充分发挥 VR 现场直播的本体优势，不如干脆使用传统现场直播方式更好；后者应该是 VR 现场直播的发展方向，只有这样，才能充分地扬长避短、虚实结合，为用户提供全新的视听、参与体验。

现阶段，VR现场直播还处于不断探索之中。在理论层面，人们已经描绘出了VR现场直播的美丽图景，其现场感、沉浸感、互动性、体验感都是传统视听媒体现场直播无法比拟的。然而，真正将理想变成现实，还有很多具体工作要做、很长的路要走。

尽管VR直播会越来越多，其技术艺术质量也会越来越好，但是，估计在未来几年内，VR直播还难以成为视听媒体的主流。并不是每个人都愿意花昂贵的费用购买专业级VR头显设备、互动设备，比较便宜的消费级VR眼镜等设备销量可能会上升，VR现场直播最佳体验效果的实现，还需要内容、技术、市场等多方面的突破和创新。

下一步，人们可能会在社交活动中更多地使用VR直播功能，传统上，VR体验经常被人们认为是独立的、个体化的，但是，有识之士却可以看到其中蕴藏的社交潜力。使用VR直播技术，人们可以邀约朋友或同社区人士和自己即时一起体验事物，尽管大家相隔遥远，但还是可以一起进入共同的虚拟空间，可以远程相互看到、交谈并分享经验。

第七章
VR 纪录片

VR 纪录片的兴起得益于 VR 技术的快速发展！如何通过技术手段更大限度地接近真实？此追问贯穿整个 VR 纪录片的发展史。曾经，同期录音技术、轻量化设备、CG 合成、3D 技术，改写了纪录片的定义；现在，VR 技术赋予了纪录片前所未有的在场感，又将如何拓宽纪录片的疆界？

影视内容创作层面，在视听语言上 VR 更容易和纪录片融合，或者说 VR 的技术特性更能体现纪录片的本体特征，VR 技术与纪录片有着天然的联系。把新的媒介技术应用到更具人文关怀和社会公共价值的领域，利用 VR 技术实现纪录片的"在场感"体验，调动人体各种感知，帮助观众在虚拟与现实的时空交互中，真实地感受纪录片所表现出的氛围，深刻认识其内涵，对认知纪录片的纪实本质具有非凡意义。[1]

第一节　VR 纪录片创作概况

一、国内 VR 纪录片"360 全景"式创作模式

媒体公认的中国第一部 VR 纪录片是财新传媒在 2015 年发布的《山村里的幼儿园》，时长 9 分 48 秒。这一年正是 VR 技术快速发展的时期，在新闻、教育、游戏、电影等多个领域，VR 技术正逐渐进入成熟期，极大地刺激了内容上的创作。纽约时报、时代杂志、美国广播公司等国外媒体都在积极尝试"新闻

---

[1] 徐来. 论中国 VR 纪录片的现实建构与发展趋势[J]. 电视研究，2017(06):14-16.

纪实+VR"的纪实作品创作，国内的媒体还没有做好大面积应用这种技术的准备，财新传媒以纪录片作为试点具有极好的示范意义。

"选择了纪录片的形式，因为纪录片是最真实的再现。"[1]《山村里的幼儿园》一片的导演邱嘉秋认为，纪录片对真实的内在要求和VR更进一步的现实感非常相符，在镜头语言上，纪录片中的固定机位长镜头也比较容易转化为VR内容。《山村里的幼儿园》在创作上的主要贡献是明晰了VR视频中的主角度与导演思维、剪辑理念之间的关系，明确了360度全景影像仍然可以将视觉引导、叙事线索等融入创作的思路。

由于传播网络、观看设备还未普及，关于《山村里的幼儿园》的讨论还停留在学术界和VR专业领域。到了被称为VR元年的2016年，VR纪录片在中国才开始正式进入大众的视野。受到Facebook 20亿美元收购Oculus的激励，资本市场涌动，国内几大视频平台纷纷开辟VR频道，平台流量的诱惑刺激了内容的创作。这一年，VR纪录片的数量超过百部，但许多作品并不符合传统纪录片的概念。第一届"CHINA VR 新影像奖"入围的作品有60部左右，纪录片24部，题材集中在人文自然、军事、宗教艺术三个方面，宗教题材 VR 纪录片《参见小师傅》（被称作国内首部宗教题材VR纪录片）获得最佳人文纪录片奖，后来参加了第70届法国戛纳电影节纪录片展映。社会人文主题的作品虽然不多，但作品质量较高。关注西藏地区视力障碍儿童的《盲界》，被称作西藏首部VR纪录电影，通过影片来呈现社会上被公众忽视的盲童群体。常规情况下，健康的人和盲人之间是存在一种屏障的，通常人们认为他们看不见，他们是另外的一个群体，但是《盲界》这个影片打破了这个界线，VR技术能够让观众亲身体验盲童们生活的世界，给观众带来巨大的情感冲击。记录医院中临终关怀的《摆渡人》，被称作全球首部临终关怀VR纪录电影，该作品由国内著名VR影像研发机构Upano制作出品，历时半年通过VR全景的形式记录临终人群的生活，让观众亲身体验生命的意义，消除人们对临终关怀的恐惧和误解。通过这些VR纪录片作品，可以看到纪录片创作团队对传统纪录片题材类型的继承和发扬。

2017年虚拟现实行业的最大特点是机构在资本的驱动下开始追逐热点。2016举办的"Sandbox砂之盒沉浸影像展"率先在国内展映国外优秀的VR纪录片作品，像BBC联合阿德曼工作室出品的VR动画纪录片《我们等待：一个移民故事VR》（We Wait: A Migrant Story VR）。第二届"CHINA VR 新影像奖"

---

1 邱嘉秋. 国内首部VR纪录片是怎样炼成的?[J]. 影视制作, 2016, 22(07):19-20.

继续举办，共收集到了487件参赛作品，角逐13项单元奖和3项评委会奖，有36部VR纪录片/影视作品入围，3部VR纪录片获奖。UCC（Ultimate Creators Create）在上海举办全球创想家VR视频大赛，吸引了包括中国、美国、日本、澳大利亚在内的20多个国家和地区的300多部作品参赛，类型覆盖长剧情交互电影、影游交互作品、CG电影和纪录片等领域。VR创作的热度在这一年出现一个小高潮，但是，"CHINA VR新影像奖"和UCC VR视频大赛都在次年停办，像这样"一年生"或"两年生"的VR赛事成了VR资本迅速升温和降温的真实写照。

UCC VR大赛的亮点有两部纪录片，"国内首部跨国联合制作的长片《超幻波尔多》（如图7-1-1）获纪录片单元大奖，这部累计时长达100分钟的纪录片，讲述的是《时尚》杂志女编辑去法国波尔多体验生活的故事，片中多处取景于异国风情。同样具有民族风情与特色的《古格王国守护者》，再现了位于西藏扎达县城18公里的一座300多米高、占地18万平方米的古格王朝遗址，带领观众走进了'最后的国王'普布曲桑守候遗址神秘而又普通的生活。"[1]

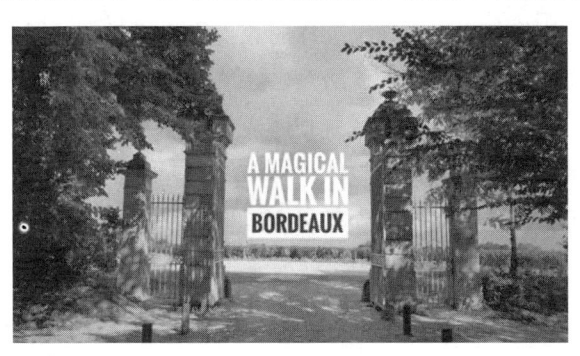

图7-1-1　微鲸出品的VR纪录片《超幻波尔多》

北京师范大学主办的VR/AR/MR创作大赛"金铎奖"生命力比较顽强，至今已经举办了五届。2017年第二届"金铎奖"，中山大学传播与设计学院的参赛作品《日出乌蒙山》《银匠村》获最佳纪录片奖，这两部纪录片将视角聚焦于偏远地区的小人物身上，从中可以看到传统创作中的人文题材在VR纪录片中的传承。2018年第三届"金铎奖"名称稍有变化，在VR/AR基础上又增加了MR板块，这一届的"金铎奖"桂冠被中国国家地理影视中心的作品《本色中

---

[1] 范利媛. 中国VR纪录片的叙事研究（2015-2017年）[D]. 河南：郑州大学，2018:16.

国》摘得。《本色中国》较早采用了 8K 立体 VR 技术，以实景拍摄的方式记录了中国境内 50 多个世界级景观。8K 技术能极大地增加像素密度，观看时如果借助菲涅尔透镜，能够大幅降低甚至消除纱窗效应；3D 技术能最大限度地发挥 VR 的在场感潜能。两者的集合可以视作实景拍摄 VR 纪录片的技术里程碑。2019 年第四届"金铎奖"最佳 VR 纪录片获奖作品为《中国福文化》《徐志摩与剑桥》《全民铁骑》。2020 年第五届"金铎奖"最佳 VR 纪录片获奖作品为《情趣之外》《北平之秋》《闷》。第五届中国 VR/AR/MR 创作大赛金铎奖一等奖、"全景战疫"特别单元奖获奖作品《我生命中的 60 秒》，用全景视角存档 2020 年中国人的疫情记忆，向世界讲述中国抗疫的真实故事。该片曾在 2020 年 9 月入围第 77 届威尼斯电影节的"VR 竞赛单元"，它采用了众包的创作模式，由 32 个省市自治区的 124 名拍摄者共同完成，导演万大明称其为"全民全景纪录计划"。这次跨越 960 万平方公里的邀约在 2020 年 2 月 20 日上午 10 点整开始，全国 100 多位 VR 创作者同时记录自己当下的一分钟，展现了疫情之下中国人坚强乐观的精神面貌。

  经过几年的创作积累，VR 纪录片的数量稳步增长，作品的专业性不断增强，VR 的技术特性和纪录片本体属性之间的融合更加深入。新媒介手段介入纪录片创作，虽然有时会模糊纪录片原本就不是很清晰的边界，但对挖掘 VR 的纪实能力，探索纪录片创作中新的表现手段起到了很大的促进作用，虚拟现实技术与纪录片相结合创作出了大量 VR 纪录片作品（如表 7-1-1 所示）。

表 7-1-1 国内 VR 纪录片作品概览（2015 年—2019 年）

题材类别 \ 年份	2015	2016	2017	2018	2019
人文生活类	1.财新传媒《山村里的幼儿园》 2.中山大学《舞狮》	1.极图科技《摆渡人》 2.财新传媒《郑祖杰的咏春申遗"梦"》 3.北京电视台、暴风魔镜《北京礼物》 4.华硕道公司《参见小师父》（获奖） 5.乐视 VR、财新作	1.山东广电视觉科技《红色记忆-核潜艇》 2. 维斯塔克科技《老盛京·新沈阳》 3. 睿格 ReigVR《旅行格欣——热辣南非的多彩文化》（获奖） 4. 微鲸《超幻波尔多》	1.《我们村搬到了城市》 2.《非遗天下——景泰蓝》 3.《大山深处的坚守》 4.《本色中国》（获奖） 5.《瞬舞》	1.《筑福——7 项标志工程全景看祖国》 2.《品读京城百科全书——北京胡同》 3.《一生三幕》 4.《中国福文化》

续表

题材类别 \ 年份	2015	2016	2017	2018	2019
		品《5·12地震回望系列纪录片》（获奖） 6.清华大学《触摸清华》 7.北京师范大学《See you again，BNU》 8.3YU《Hello！成都》	5.《乡村小学的一天》 6.《日出乌蒙山》 7.《银匠村》	6.《善琏湖笔》 7.《沙漠与黄河的碰撞》 8.《通天祭坛》	5.《乡村历史拾遗》
自然地理类		1.优酷旅游《最美中国》 2.财新传媒《消失的红树林》 3.东方梦幻《800万年的熊猫》 4.兰亭数字《滇金丝猴》 5.子午天地、金辉影业《纶音佛语五台山》 6.胡狼文化《闯天山》 7.埃舍尔科技《心中的日月：香格里拉》 8.火柴VR《黄山记》（获奖） 9.光明网《天上丝绸之路》	1.华荣道《秘境·博尔塔拉》 2.卓凡科技《这就是洛阳》 3.山东广电视觉科技《梦幻阿尔山》 4.互动视界《五彩斑斓的中国》 5.七维科技《三峡》 6.道通传媒——《古格王国守护者》 7.大西北传媒《祁连雪山》 8.微鲸VR、五星传奇《极地》	1.《崇仁古镇》 2.《山海雄关》 3.《Hello成都熊猫特别篇》 4.《中国熊猫》	1.《无人家园》 2.《成都十二时辰》 3.《成都倒计时》 4.《我在成都的前世今生》 5.《都江堰VR旅游样片——空中鸟瞰》 6.《熊猫宝宝游成都》 7.《VR航拍青岛灵山湾影视文化产业区》 8.《太和山风景区太和峰》
军事类		1.新华社瞭望周刊社《制胜!中国海军陆战队》	1.解放军报社中国军网VR、互动视界：国家反恐VR纪录片《出击!猎鹰突击队》	1.《特种战术演习》 2.《老兵》VR纪录片	1.《VR阅兵场——我为70年受检阅》 2.《巡战2022》 3.《全民铁骑》

159

续表

年份 题材 类别	2015	2016	2017	2018	2019
公益、体育类		1.觉醒VR《星星的孩子》 2.互动世界《盲界》 3.IDO基金、华容道《助梦》 4.极图科技《摆渡人》（获奖）	1. YJ Conception《HER》 2. 北京电影学院《1209》 3. 联合国开发署《熊猫》	1.《运动|环法自行车赛全纪录》 2.《全景东师之探秘东师女足》	
历史人物传记类		1.Portal Studio《四面——张莹：为你种下一粒种子》 2.《大宇播报》·同志人群特辑 3.《我是演员》 4.《船长日记》 5. 晨星VR工作室《师父》（获奖）	1.《笔尖佛堂》 2.互动视界、华容道《秦俑之眼》	1.《石碑上的传承》 2.《皇家园林颐和园》	1.《切尔诺贝利四号反应堆》 2.《全景湘江战役纪念馆》 3.《壮丽七十年——阳江新时代》 4.《徐志摩与剑桥》

内容创作上，VR初创阶段对剪辑的排斥，推动了长镜头，甚至一镜到底拍摄技巧的新应用，长镜头和VR特有的沉浸式方式对叙事的影响在《她》(*HER*)中进行了大胆的试验，展现了现代都市女性独立自信的生活态度。在技术方面，广受诟病的纱窗效应和眩晕在2018年得到了极大改善，《本色中国》在全世界第一批使用8K 360度全景立体影像创作VR纪录片，在超高清、HDR先进影像的时代，在技术上为VR的普及开辟了道路。

从现有收集到的VR纪录片作品分析，国内VR纪录片创作大多延续了传统纪录片的创作方法，观念创新的作品较少。摄影机实拍仍是我国VR纪录片创作的主要方式，以摄影纪实为技术基础的物质现实还原仍是我国VR纪录片的基本理论基础。

2016年，《师父》用360度全景影像表现中国武术的传承，《天上丝绸之路》以鸟瞰的视角360度全景影像拍摄丝绸之路，可以看出创作者面对VR拍摄技术时的新鲜感和淳朴的情愫。只有少量VR纪录片创作真正突破了传统纪录片的技术和理论边界,进行了令人关注的探索。

2016年,由新华社多家下属机构联合出品的VR纪录片《制胜!中国海军陆战队》上线,创造了总流量超过1000万、单片平均点击超过250万的记录。《制胜!中国海军陆战队》片长超过20分钟,利用VR技术表现了海军陆战队训练、演习的丰富场景。借助VR技术的优势,用户可以与陆战队员一同"登上"冲锋舟、坦克、登陆舰等装备,有极强的体验感(如图7-1-2所示)。

2017年,《秦俑之眼》制作在技术上实现了突破,这部讲述秦始皇兵马俑的VR纪录片赋予了观众第一人称视角,观众以秦俑的身份经历被铸造、被埋葬和被挖掘的历史过程。为了再现壮阔的历史时空,纪录片采用了大量的CGI手段,按比例计算,合成的镜头占到了90%,初步体现了VR技术的特质。该作品让用户与秦俑"合体",从秦俑的视角去观察、回顾兵马俑被发掘的过程,体验其经历的一些历史事件。该作品获得第六届中国先进影像作品奖——VR影像作品优秀奖(如图7-1-3、7-1-4所示)。

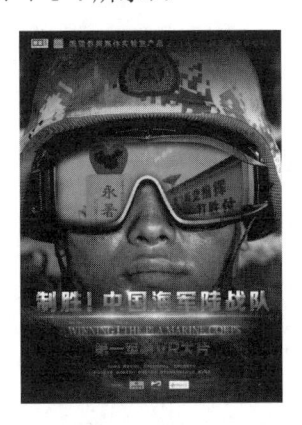

图7-1-2 VR纪录片《制胜!中国海军陆战队》

图7-1-3 《秦俑之眼》拍摄现场

图7-1-4 互动视界公司出品的VR纪录片《秦俑之眼》

《秦俑之眼》的交互展示也比较成功，2017年7月，在"感知中国芬兰行——触摸中国VR互动体验展"上，远在芬兰的观众能够借助VR穿戴设备，穿越时间和空间，回到西安兵马俑一号俑坑，"加入"两千多年前的中国军团。

到了2018年，同样是金铎奖的获奖作品，《本色中国》在技术上有所突破，但是，《皇家园林颐和园》《长城》等作品还只是停留在VR技术的简单应用层面。从各个VR大赛入围和获奖的纪录片来看，国内的VR纪录片大多以实拍为主，全CGI生成的作品非常少，一方面是因为VR纪录片的创作离不开制作工具的创新，像Oculus Quill应用和Google Tilt Brush应用；另一方面是因为中国纪录片理论界对动画纪录片的质疑，国内缺少动画纪录片创作的积累，动画创作人才极少跨界这一类型作品的创作。理论界的保守，在新媒介出现之前好像无关痛痒，但在VR纪录片时代却成了重要障碍。

逐利的资本渴望快速的回报，2019年，VR硬件技术虽有所突破，但是由于成本高企，资本逃逸，VR概念迅速降温。影视内容创作方面更是筚路蓝缕，视听规律的积累并没有因为资本的轰炸而改变它的周期，降温后的冷思考成为业界、学术界VR研究的主题。

二、国外VR纪录片的CGI制作传统

2012年1月，美国圣丹斯电影节上，有史以来第一部VR纪录片《饥饿的洛杉矶》(*Hunger in LA*)向观众展映（如图7-1-5所示）。该片的作者Nonny de la Peña曾是美国《新闻周刊》的记者，作为南加州大学的高级研究员，她在2010年开始研究"饥饿的洛杉矶"项目，在USC的混合现实实验室和她的实习生Michaela Kobsa-Mark的帮助下，Nonny制作了这部VR纪实作品。圣丹斯当时还缺少通用的观看设备，MxR实验室的兼职员工Palmer Luckey受委托为该片的首映制作虚拟现实眼镜，九个月后，Luckey创立了大名鼎鼎的Oculus Rift。

得益于一个记者对新闻事实的理解，以及Nonny对虚拟现实制作和观看设备历时三年的研究体会，《饥饿的洛杉矶》以情境再建构的方式，全CGI合成了排队领取救助食品的场景。一直到今天，即使VR技术已经更新迭代，新的作品类型层出不穷，但没有人超越《饥饿的洛杉矶》的理念。2015年，Nonny采用同样的方法创作的《越界》(*Across the Line*)，综合了实拍的画面、真实的同期声和第一人称视角的CGI，把观众置身于反堕胎分子抗议医疗机构的现场，

唤起人们对于当事者境遇的极大同情。

图 7-1-5 《饥饿的洛杉矶》

正是看到了 VR 使观众置身现场的感染力，联合国在 2015 年也发布了一部 VR 纪录片《锡德拉湾上空的云》（Clouds over Sidra）（如图 7-1-6 所示），因为其在业界的巨大反响，往往被误认为是全世界第一部 VR 纪录片。联合国正是在这一年发起了 VR 计划，通过拍摄一系列 VR 纪录片，展现人们在地球发展过程中面临的危机。VR 技术令观众能更加切身地体会到其他个人和群体所处的境地，提升了大众对于相关议题的认知，唤起了社会的公益热情。现在，该计划已经将 VR 应用于筹款、活动倡议和公益教育，并且正在探索更多应用场景。

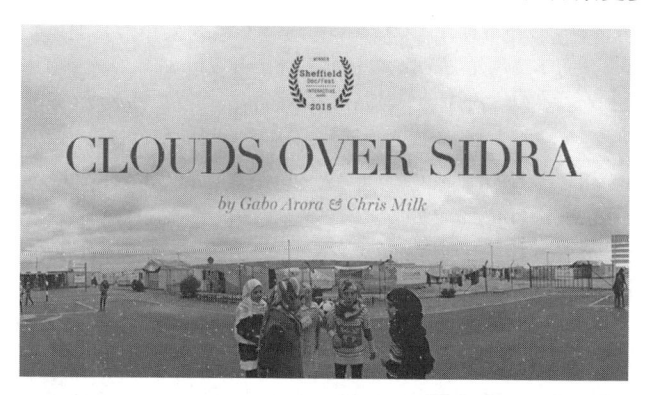

图 7-1-6 联合国推出的 VR 纪录片《锡德拉湾上的云》

亟待普及的硬件观看设备，急需重新发明的影像语言，初创阶段的 VR 纪录片面临着重重困难。作为制作技术和创作理念分享的理想平台，电影节中的 VR 纪录片单元受到广泛关注。自 2016 年开始，圣丹斯电影节（Sundance Film

Festival）、翠贝卡电影节（Tribeca Film Festival）、西南偏南电影节（SXSW/South by Southwest Film Festival）成为 VR 纪录片评选展映的三大电影。威尼斯电影节 2017 年正式设立 VR 奖项，纪录片入围作品逐年增加。电影节的评选有力推动了 VR 纪录片的创作与传播（如表 7-1-2、表 7-1-3 所示）。

表 7-1-2　国外媒体机构 VR 纪录片代表作品（至 2015 年）

题材类别	代表作品
人文生活类	1.联合国 VR 纪录题材：《锡德拉湾上空的云》（Clouds Over Sidra）关注叙利亚难民生活《埃博拉幸存者》（Waves of Grace）关注非洲埃博拉疫情；《女孩快长大》（Growing up Girl）等 2.纽约时报《流离失所》（The Displaced） 3.美国公共电视台（PBS）《埃博拉爆发：一场虚拟之旅》（Ebola Outbreak: A Virtual Journey）《饥荒边缘》（On the Brink of Famine） 4.Happyland 360　《走进马尼拉》 5.美联社 VR360 门户频道，最著名的代表作是《套房生活》（The Suit Life） 6.BBC　2011 年 360 度全景视频《蓝色彼得号》（Blue Peter）《旋转的森林》（The Turning Forest）《地球脉动 2》（Planet Earth 2）《加莱丛林难民营》（Calais "Jungle"）等 7.经济学人 2015 年 12 月，推出自己的 VR 实验室，首个项目是"复原"伊拉克的博物馆
自然地理类	1.被称为"自然纪录片之父"的英国人大卫·阿滕伯勒（David Attenborough）于 2014 年底进入一艘小型特里同号潜艇，拍摄 VR 纪录片《与大卫畅游大堡礁》（David Attenborough's Great Barrier Reef Dive VR），如今，这部纪录片在澳大利亚博物馆播出 2.2015 年，《生命的起源》（David Attenborough's First life VR）在伦敦自然历史博物馆首映
历史人物传记类	1.英国著名纪录片导演 Oscar Raby 与 BBC 共同完成的《复活节起义：反叛的声音》（Easter Rising: Voice of a Rebel） 2.由顶级 VR 工作室 Felix & Paul 主导制作，并由 Oculus 和多媒体内容生产商 Uninterrupted 共同开发完成的《追求伟大》（Striving for Greatness VR）讲述的是 NBA 巨星"皇帝"勒布朗·詹姆斯的训练生活情况

表 7-1-3　电影节 VR 纪录片入围作品（2015 至 2019 年）

电影节	VR 纪录片入围作品
翠贝卡 Tribeca Immersive	**2016 年** 1.《色盲岛》（The Island Of The Colorblind），创作者：Sanne De Wilde；10 分钟；荷兰

第七章 | VR 纪录片

续表

电影节	VR 纪录片入围作品
翠贝卡 Tribeca Immersive	**2017 年** 1.《停电》(*Blackout*), 导演: Alexander Porter; 10 分钟; 美国。 2.《最后的道别》(*The Last Goodbye*), 创作者: Gabo Arora、Ari Palitz; 20 分钟; 美国。 3.《我们的生命》(*Life of Us*), 创作者: Chris Milk、Aaron Koblin; 7 分钟; 美国。 4.《人民的宫殿》(*The People's House*), 创作者: Félix Lajeunesse、Paul Raphaël; 20 分钟; 美国&加拿大。 5.《保护者》(*The Protectors: Walk In The Ranger's Shoes*), 创作者: Kathryn Bigelow、Imraan Ismail; 8 分钟; 美国。 6.《踩线》(*Step To The Line*), 创作者: Ricardo Laganaro; 12 分钟; 美国。 7.《证言》(*Testimony*), 创作者: Zohar Kfir; 40 分钟; 美国。 8.《在破碎的天空下》(*Under A Cracked Sky*), 工作室: The New York Times; 9 分钟; 美国。 **2018 年** 1.《珊瑚罗盘: 应对帕劳气候变化》(*Coral Compass: Fighting Climate Change in Palau*), 创作者 Tobin Asher、Elise Ogle、Jeremy Bailenson。 2.《世界改变之日》(*The Day the World Changed*), 创作者 Gabo Arora & Sachka Unseld。 3.《隐藏者》(*The Hidden*), 创作者 Lindsay Branham 及其主要合作者 International Justice Mission、Oculus VR for Good。 4.《潜入当下》(*Into the Now*), 创作者 Michael Muller、Michael Smith、Morne Hardenberg。 5.《我的非洲》(*My Africa*), 创作者来自国际保护组织、Passion Planet、Vision3, 由 Lupita Nyong'o 和 Naltwasha Leripe 共同讲述。 **2019 年** 1.《第二次国内战争》(*2nd Civil War*), 创作者: Kevin Cornish; 美国。 2.《孩子不玩战争》(*Children Do Not Play War*), 创作者: Fabiano Mixo; 乌干达, 巴西, 美国。 3.《共存之地》(*Common Ground*), 创作者: Darren Emerson, 英国。 4.《沧海一粟》(*A Drop in the Ocean*), 创作者: Adam May、Chris Campkin、Chris Parks; 英国、法国、美国。 5.《有烟的地方》(*Where There's Smoke*), 创作者: Lance Weiler; 美国。 6.《另一个梦想》(*Another Dream*), 创作者: Tamara Shogaolu、Ado Ato Pictures; 荷兰、美国、埃及。 7.《12 秒枪声: 校园枪击案的真实故事》(*12 Seconds of Gunfire: The True Story of a School Shooting*), 创作者: Suzette Moyer、Seth Blanchard; 美国。 8.《美洲豹女儿的梦想》(*Dreams of The Jaguar's Daughter*), 创作者: Alfredo Salazar-Caro; 美国、墨西哥。

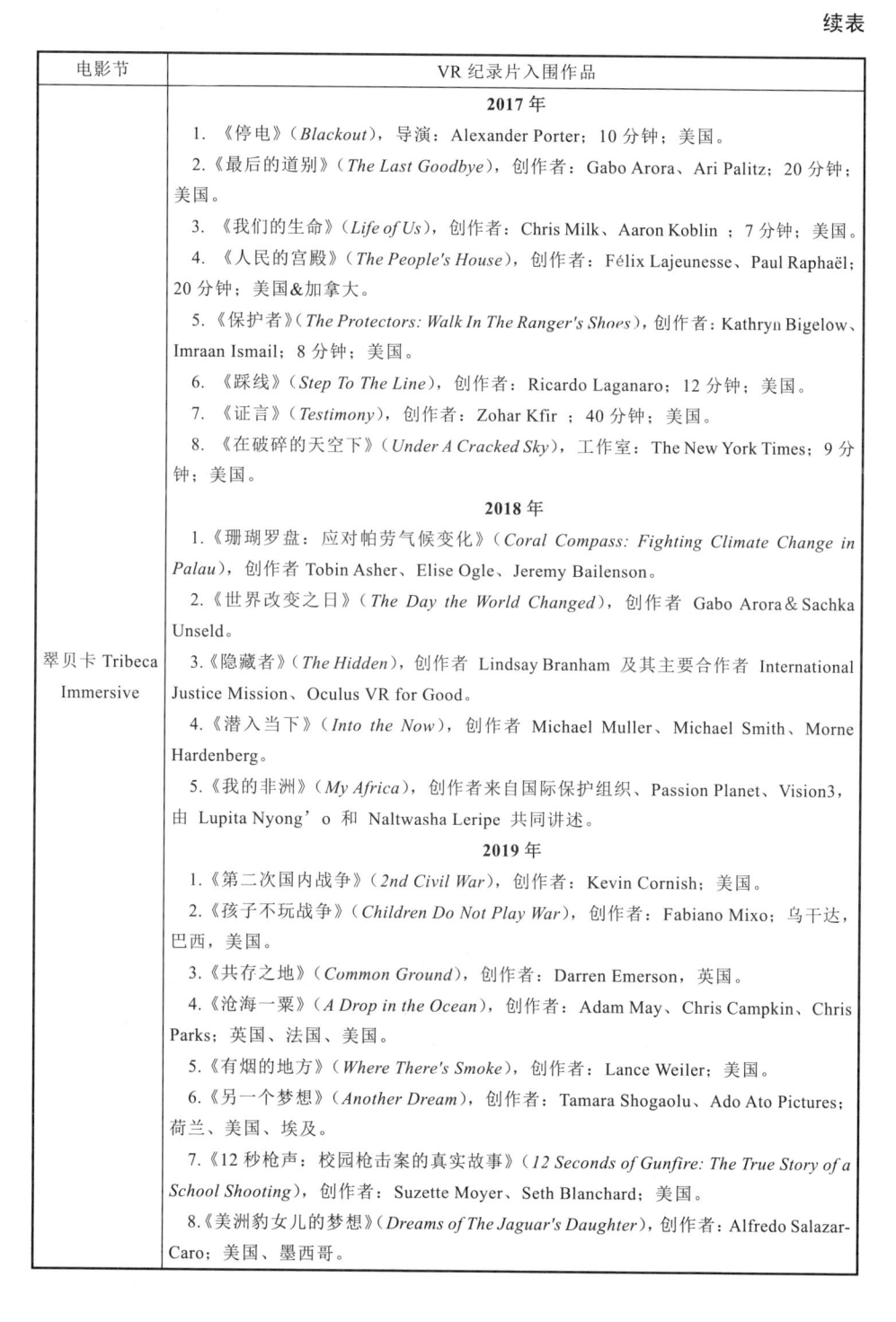

续表

电影节	VR 纪录片入围作品
圣丹斯 New Frontier	**2016 年** 1.《无名摄影师》(*The Unknown Photographer*),参展艺术家:Loic Suty、Osman Zeki、Claudine Matte；主要合作伙伴:Catherine Mavrikakis，François Lafontaine。 2.《埃博拉幸存者》(*Waves of Grace*)参展艺术家:Gabo Arora,、Chris Milk；主要合作伙伴: Imraan Ismail、Samantha Storr、Patrick Milling Smith。 3.《越界》(*Across the Line*),创作者 Nonny de la Peña,、Brad Lichtenstein,、Jeff Fitzsimmons。 4.《游牧民族:马赛》(*Nomads: Maasai*),参展艺术家:Felix Lajeunesse、Paul Raphael；主要合作伙伴: Stephane Rituit。 5.《失明笔记》(*Notes on Blindness—Into Darkness*),参展艺术家:Arnaud Colinart、Amaury Laburthe、 Peter Middleton、James Spinney；主要合作伙伴:Arnaud Desjardins、Béatrice Lartigue、Fabien Togman。 **2017 年** 1.《珊瑚追击》(*Chasing Coral*),创作者 Jeff Orlowski；美国。 2.《融冰》(*Melting Ice*),创作者 Danfung Dennis；美国。 3.《树》(*Tree*),创作者 Milica Zec、Winslow Porter,主要合作 Aleksandar Protic、Jacob Kudsk Steensen；美国。 **2018 年** 1.《Zikr:苏菲胡旋舞复兴》(*Zikr: Sufi Revival*),创作者 Selim Bensedrine、Igal Nassima、Jennifer Tiexiera、Wilson Brown；美国。 2.《太阳女兵》(*The Sun Ladies*),创作者 Wesley Allsbrook、Tim Gedemer、Mark Simpson；美国。 **2019 年** 1.《阿什的1968 年》(*Ashe '68*),主要艺术家:Brad Lichtenstein, Beth Hubbard, Jeff Fitzsimmons, Rex Miller，关键合作者:John Legend, Mike Jackson, Masha Vasilkovsky, Ruah Edelstein, Madeline Power, Vernon Reid；美国。 2.《幽灵舰队VR》(*Ghost Fleet VR*),主要艺术家:Lucas Gath, Shannon Service；美国。 3.《最后的私语:沉浸演说家》(*Last Whispers: An Immersive Oratorio*),主要艺术家: Lena Herzog, Jonathan Yomayuza, Meghan McWilliams, Laura Dubuk, 关键合作者: Nonny de la Peña, Mark Mangini, Amanda Tasse, Cedric Gamelin, Marilyn Simons, Mandana Seyfeddinipur；美国。 4.《非裔美国人的旅行》(*Traveling While Black*),主要艺术家:Roger Ross Williams, Félix Lajeunesse, Paul Raphaël, Ayesha Nadarajah,关键合作者: Bonnie Nelson Schwartz, Stéphane Rituit, Ryan Horrigan, Jihan Robinson；美国。

第七章 VR 纪录片

续表

电影节	VR 纪录片入围作品
威尼斯国际电影节 Venice International Film Festival	**2017 年** 设立正式 VR 竞赛单元 Venice Virtual Reality，包括 Best VR、Best VR Experience 和 Best VR Story 三项大奖。 1.《格陵兰融化》(*Greenland Melting*)，由 Catherine Upin、Julia Cort、Nonny de laPeña 和 Raney Aronson-Rath 导演。 2.《最后的告别》(*The Last Goodbye*)，由 Gabo Arora 和 Ari Palitz 导演。 **2018 年** VR 单元扩容，入围作品由 2017 年的 22 部，增加到 40 部。来自全球的这 40 部作品被分为互动和叙事两组，前者收录 11 部作品，后者收录 19 部作品。国内 VR 影视工作室 Pinta Studios 的《烈山氏》、爱奇艺 VR 的《无主之城 VR》和 Sandman Studio 的《地三仙》成功入围竞赛单元的叙事小组。国内没有 VR 纪录片入围。 1.《艾维娜》(*Awavena*)，导演：Lynette Wallworth；美国。 《艾维娜》是由艺术家 Lynette Wallworth 制作的一部 360 度纪录片，讲述了亚马逊地区 Yawanawá族人第一代女萨满讲述的故事。影片时长 30 分钟，被认为是 2018 年最佳 VR 纪录片之一。 2.《球体：宇宙合响》(*Spheres：Chorus of the Cosmos*)，导演：Eliza McNitt；美国。 《球体》是一个由三部分组成的系列剧，它将观众带入到宇宙的最深处，探索未来世界。伴随着萦绕心头的音乐，用户能够观看黑洞的碰撞，感受太空的荒凉和美丽。 3.《战后家园》(*Home After War*)，导演：Gayatri Parameswaran、Felix Gaedtke；伊拉克。 4.《透视时尚》(*X-Ray Fashion*)，导演：Francesco Carrozzini；美国、丹麦、印度。 5.《1943 柏林空袭》(*1943 Berlin Blitz*)，导演：David Whelan；爱尔兰。 6.《即使在雨中》(*Even in the Rain*)，导演：Lindsay Branham；美国。 7.《边境线》(*Borderline*)，导演：Assaf Machnes；以色列。 **2019 年** 1.《战歌》(*BATTLE HYMN*)，导演：Yair Agmon；以色列。 2.《Chibok 的女儿》(*DAUGHTERS OF CHIBOK*)，导演：DAUGHTERS OF CHIBOK；尼日利亚。 3.《候诊室 VR》(*THE WAITING ROOM VR*)，导演：Victoria Mapplebeck；英国。 4.《VR 免费》(*VR FREE*)，导演：Milad Tangshir；意大利。 5.《非裔美国人的旅行》(*Traveling While Black*)，导演：Roger Ross Williams, Ayesha Nadarajah, Felix Lajeunesse, Paul Raphaël；美国、加拿大。

2016 年被媒体称作"VR 元年"，这种断代的方式虽然模糊不清，但却折射出大众传媒集体达成的共识。这一年是 VR 从一个专业概念向大众普及的关键年，所以作品的选题主要侧重通过"身临其境"显示 VR 的特性。

初次体验 VR 的观众，和电影史料中记载的初次看电影的观众反应非常接近。巨大的新奇感进一步推进了创作者对 VR"在场感"的强化。整体上看，从 2016 年至 2019 年，VR 纪录片的数量明显增长，质量显著提升，技术手段和创作思维的突破更是得到了广泛的关注和讨论。纪录片的叙事越来越完整，作品时长从几分钟逐渐增加到二三十分钟。交互手段的使用改变了故事的节奏，观众拥有了越来越多的主动权。360 度全景影像对高剪辑率的排斥提高了声音的地位。由于 VR 纪录片的情节远不如传统纪录片丰富，题材的选择成为 VR 纪录片成功的关键。

一种新的媒介视听经验的积累不会因为资本的轰炸而改变它的周期规律，而逐利的资本渴望快速得到回报，2018 年，VR 硬件技术虽不断突破，但仍有几大瓶颈难题没能被攻克，全球 VR 视听内容创作增速下降，大部分门户网站的 VR 内容停更，转战专属的虚拟现实平台（需要使用 VR 头显设备才能登入）。2019 年，受益于 5G 技术和云端渲染的新技术解决方案，VR 产业回暖，翠贝卡电影节 VR 入围作品数量超过 30 件，相较 2018 年，VR 作品的互动性和社交属性都得到了进一步强化。

时至今日，越来越多的 VR 作品不能简单地以现有单一的视听媒介艺术形式来区分，如纪录片、电影等，甚至有些作品更多地融合了其他的媒介属性，成为一种跨媒介的前卫艺术表现手段。也许，当不能再将其归入某种细分类型的时候，也就意味着 VR 已经真正成长为下一代计算平台。

第二节　VR 纪录片概念辨析

一、从全景到 CGI：VR 纪录片的类型探索

自有纪录片以来，关于其概念的争议一直不断，VR 技术介入纪录片创作，加剧了这种争议，产生了两个方面的后果：一方面使之前有争议的部分内容合理化，另一方面继续突破原有的、并不是很清晰的纪录片概念边界。

以 2012 年 VR 纪录片《饥饿的洛杉矶》发布作为界线，之前的纪录片创作和理论研究称之为传统。根据理论界研究的现状，可以把传统纪录片的研究归结为：反思"对事实的创造性处理"格里尔逊模式，超越"墙壁上的苍蝇作壁

上观"的直接电影，西方纪录片进入"后直接电影"时代，中国新纪录片兴起，纪录片创作者在"真实性"问题上，虚构与非虚构"深陷彼此"[1]，已经打破了纪实主义的羁绊，探索种种新的表达方式的可能。

2012 年以后，纪录片的创作和理论研究进入新媒体时期，饱受批判的"复原客观物质现实"的纪实性，是否会因为新技术对现实超常的捕捉能力而得到新的佐证？只有一台 VR 摄影机，现场没有导演、录音等创作团队，是不是真的可以将现实以一种无中介的方式移植到虚拟现实的头显设备中？ VR 技术的 3i（immersion-interaction-imagination）特性，正在动摇传统纪录片的理论基石，也使"真实的游戏"[2]更加扑朔迷离。

"沉浸性""互动性""构想性"（简称 3i 特性）是虚拟现实系统三个最根本的技术特征，从根本上说，这是人和计算机关系的革命性变革。参照计算机平台的三代分期（如图 7-2-1 所示），VR 作为下一代计算平台的核心本质是："人不但能够使用计算系统进行环境的建构，而且能够使自主的意识进入这个环境。"[3]

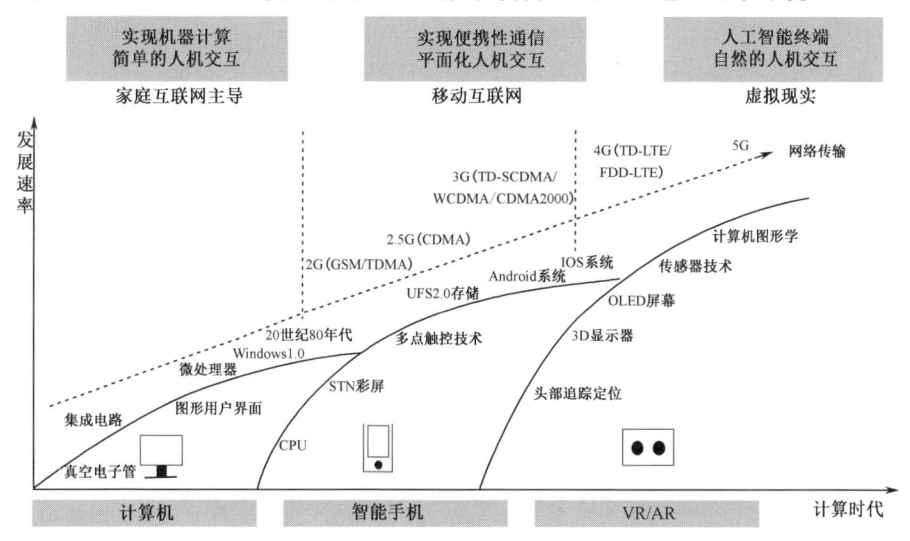

图 7-2-1 计算平台演化

---

1 王迟，[英]布莱恩·温斯顿. 纪实之后：纪录片创作新趋向[M]. 北京：中国国际广播出版社，2017.10：2.

2 孙红云. 真实的游戏：西方新纪录电影[M]. 北京：文化艺术出版社，2013.12.

3 徐兆吉、马君、何仲、刘晓宇等. 虚拟现实：开启现实与梦想之门[M]. 北京：人民邮电出版社，2016.9:181.

五大感官的双向传感器技术难题正在被攻克，多维的、直接的信息交互手段正在取代鼠标键盘这类单向输入设备。

受传统二维框式影像创作惯性的影响，早期的 VR 纪录片大部分是通过 360 度全景摄影机拍摄而成。但 360 度全景影像只是 VR 技术的表现形式，360 度全景 VR 纪录片也只能说是 VR 纪录片的初级形态。如果仅以这种类型来界定 VR 纪录片，清晰的边界的确有利于使纪录片变得单纯，易于把握，但是，当时间流逝，新鲜感消失，观众有理由忽视这种形式的存在。一部严格意义上的 VR 纪录片必须具备以下特点：观众在改变视角的基础上可以在场景当中任意走动、转换空间位置，依托 VR 属性加入丰富的交互。这些功能只有依靠 CGI 手段才能实现。VR 纪录片《8:46》就是这种创作思路的试验。

9·11 事件已经深植大众的记忆，但对于不在现场的人来说，视觉的体验只能来自远距离拍摄到的影像。近距离的体验到底有多恐怖？基于这一想法，法国 Cnam-Enjmin 大学的六名学生开发了他们的项目：《8:46》，通过"叙事驱动的虚拟现实体验"，试图获取 9·11 事件期间"世界贸易中心北塔办公室工作人员"的视点，向观众移植当事人的体验（如图 7-2-2 所示）。

图 7-2-2　叙事驱动 VR 纪录片《8:46》

2015 年 9 月，Oculus Rift 应用商店推出这个项目，关注度和争议接踵而来。抛开伦理道德的评判，只站在案例分析的视角，《8:46》对纪录片类型进行界定具有非常重要的意义。

在这之前，先要论证动画纪录片的合法性。

二、CG 动画纪录片的合法性

2008 年，阿里·福尔曼导演的《和巴什儿跳华尔兹》，第一次把数字动画纪录片这一特殊的类型推上热点，像一根导火索，引发了国内纪录片学术界激烈的争论（如图 7-2-3 所示）。

图 7-2-3 动画纪录片 《和巴什尔跳华尔兹》

当时国内学界关于"纪实"和"真实"之间的关系争辩几近胶着，数字动画突然以纪录片的形态出现在观众面前，立刻被广泛关注，更准确地说大部分情况下是被批判。《动画纪录片：一种值得关注的纪录片类型》《动画可以成为纪录片吗？》《常识之外的动画纪录片》等作品横空出世，用"非虚构的内容+动画片"的形式来构建的影片还是不是纪录片成为争论的焦点。纪录片学者王迟对动画纪录片进行了历史、美学和合法性的理论梳理后，认为动画纪录片这一类型的起源最早可以追溯到 1918 年温瑟·麦凯的《路西塔尼亚号的沉没》，这部纪录片的身份合法性在于内容是现实中非虚构的人物、事件，即 1915 年一艘英国邮轮被德军潜艇击沉，造成 1198 人死亡的悲惨事件。国内纪录片界对纪录片局部使用数字合成、动画已经习以为常，但对于纪录片主体用动画形式表现还持怀疑态度，动画比重的多少被认为和真实性相关，从而影响到其合法身份的确认。

回望历史，从弗拉哈迪的浪漫人类学、宣讲式的格里尔逊到直接电影、真实电影，再到第一人称自我反射等新纪录电影，每一次突破都对纪录片的传统合法边界提出新的挑战，在创作上都起到了扩展纪录片表现力或表达可能性的作用。颠覆原有的认知，促使创作者和研究者重新思考纪实本质，一直被视作纪录片成长的能量之源。因此，尽管有许多专家学者反对，动画纪录片还是作为一种特殊的类型进入到纪录片这个大家族，荷赛的获奖作品《这里曾经生活着……》(There Once Lived…)更是在动画基础上加入了部分互动干预功能，在创作实践上确认了动画纪录片这个亚类型（如图7-2-4所示）。

图7-2-4 荷赛获奖作品《这里曾经生活着……》(There Once Lived…)

《这里曾经生活着……》被归类在2018年荷赛创新故事栏目下，讲述了Lilya、Roma、Esma、Raisa和Zhenya五位无家可归者的故事。荷赛官网把《这里曾经生活着……》定义为网络互动动画纪录片（An interactive animated web-documentary），片中反复强调"这是一个真实的故事（This is a real story）"，正是王迟反复强调的合法性根据。"动画纪录片并没有因为其对动画的运用而失去对现实的指涉，这是其具有纪录片身份合法性的根本来源。""纪录片的唯一标准是观众是否在观影的过程中，确信影片所传递的是对现实的指涉"，"纪录片之所以成为纪录片，关键就在于我们看待它的方式"[1]。

《8:46》《和巴什尔跳华尔兹》《这里曾经生活着……》在创作手段上并无本质的不同，只不过相比CG动画，《8:46》使用的CGI手段增加了人机交互功能，改变了CG动画的被动叙事，在叙事学上具有革命性的意义。

CG（Computer Graphics）本意是指计算机绘图，主要应用在艺术与设计、游戏、动画、漫画四大领域。影视行业中的CG特指二维和三维动画、特效合

---

[1] 王迟，[英]布莱恩·温斯顿. 纪实之后：纪录片创作新趋向[M]. 北京：中国国际广播出版社，2017.10：139.

成。CGI（Computer-generated imagery）指计算机生成图像，强调的是实时渲染和动态呈现。通俗地说，CGI 是基于一个可交互的虚拟环境，在人机交互之前它是不确定的，只存在事先建构的模型和数据。一旦人机交互开始，按照事先设计的逻辑，不同的使用者"输入"的指令不同，产生的结果也会有所差异。

真人表演情景再现、CG 动画情景再现、全 CGI 动画，不论是何种再现方式，所占比例多少，都不应该成为纪录片类型判定的法则，决定性的因素只在于事件是否有事实的依据，以及叙事是否遵循客观事实自身的逻辑。双子座倒塌，没有人明确地知道遇难者最后时刻的境遇和感受，《8:46》的事实依据存疑。《饥饿的洛杉矶》在对事实的创造性处理上则要谨慎地多，Nonny de la Peña 认为对"真实性"的保障取决于从业者的职业道德。

三、CGI 成为纪录片新的"真实性要素"

随着移动互联时代的到来，图文音视频混合编辑、动图、动画、H5、VR 等多媒体技术成为传播形态的标准界面，在叙事形式方面赋予记录手段大量多媒体的特征。依赖新技术的赋权，把文字、图片、聊天记录、声音、视频、互动网页、动画、三维建模、全景影像、VR 视频、网页导航混合在一起，形成了纪实作品史无前例的新类型。尤其是 2016 年之后，VR 关键技术难题被迅速攻克，进一步扩展了新手段的共情能力。从材料、表达机制、纪实风格、作品与现实的指涉关系、观众认同等方面，"VR+CGI"是否有成为"纪录片真实性"的要素？像《饥饿的洛杉矶》这类的影片，是否还具备纪录片的本质特征？如果尊重事实，根据事实，观众是否同意给这些影片冠以纪录片之名？

传统的观念认为，摄影机是对客观现实的复原，可以保障影像的真实可靠，摄影机摄取的音视频是纪录片最重要的声音和影像来源。巴赞认为，摄影具有本质上的客观性，即使影像模糊不清、畸变褪色，但人们相信在过去的某个时间，被摄物的确存在过，影像和被摄物之间存在必然联结的纽带。皮尔斯符号学以更为深刻的范式对这种联结进行了理论化表达，皮尔斯将符号分为三种类型：图像符号、索引性符号和象征符号。图像符号中，能指和所指之间的关系是通过相似性来表达的。索引性符号中，能指通过点对点的对应来代表所指；在象征性符号中，能指和所指之间具有任意性。绘画属于图像符号，摄影属于索引性符号，而文字属于象征性符号。以摄影的手段摄取的影像和自然界被摄物之间具有点对点的关系，天然地满足纪录片对真实性的要求。

国内纪录片学者王迟的观点则要激进的多，在他看来，纪录片真实性的观念走得更远。"所有这些阐述都是基于前数字时代的特定的技术语境。当我们今天再来考察照片的索引性问题的时候，情况已经完全不同。在如今的新闻报道、影视制作乃至家居生活中，数字照相机、数字摄影机已经得到了广泛的使用。这些设备运行中不再有胶片感光的过程，所有获得的图像都是以数字的形式存在……一旦对活动影像进行了数字化的处理（或者直接以数字的形式进行记录），它便失去了与镜头前现实之间的那种索引性特权。"[1] "摄影机拍摄下的活动影像就像是有待加工的原材料，尽量放弃后期的加工，力求保留素材的原始状况，那是创作者的一种选择。运用不同的动画软件，进行创造性处理，甚至将整个原始素材全部替换掉，那是另外的一种选择。即使是那些完全抛开摄影的动画，不管风格如何夸张，它们依然是指向现实的。只不过这个现实与经验现实距离更远了，与人物的精神现实、心理现实更近了。可以说，动画的进入促使纪录片从经验现实主义转向了心理现实主义。"[2]

Nonny de la Peña 在 TED 演讲时还原了《饥饿的洛杉矶》的创作过程："我有一个很好的实习生，她叫米歇尔·马克。我们一起去了食品供给处，开始进行录音和拍照。直到有一天，她来到我的办公室，痛哭不止，泪流满面。她看到了一条排队领取食物的长队，那里有一个管理队伍的女人情绪崩溃了，她在尖叫，'人太多了！人太多了！' 然后有一个得了糖尿病的男人没有及时得到食物，他的血糖降得太低了，昏了过去。当我听到那个录音的时候，我知道这就是那种能够真正反映食品供给处的情况，并引起感情共鸣的作品。"[3]

《饥饿的洛杉矶》接受了 2012 年圣丹斯电影节的邀请，以有史以来第一部虚拟现实纪实作品的身份参加了展映。许多现场体验的观众看完这个作品深受触动，潸然泪下，就连作者本人都感到惊讶："我们所看到的观众的反应，一次又一次同样的反应。人们跪在地上试图安慰病情发作的患者，试图在他耳边低语，或者提供一些帮助，即使他们完全帮不上。很多人从这个作品中走出来后

---

[1] Lev Manovich. *The Language of New Media*. Cambridge: The MIT Press. 2002：254.

[2] 王迟，[英]布莱恩·温斯顿. 纪实之后：纪录片创作新趋向[M]. 北京：中国国际广播出版社. 2017.

[3] 资料来源：https://www.ted.com/talks/nonny_de_la_pena_the_future_of_news_virtual_reality.

都说，'哦，天哪，我太沮丧了，我帮不了那个人。'并把这种感受带回到他们自己的生活中。"[3]

由于失去了摄影影像和现实的索引性关联，CGI VR 纪录片强化了对现场同期声音的依赖，Nonny 之后的多部同类型的作品都采用了同期声。在 CGI 制作的过程中，Nonny 也承认，创作这些作品必须非常谨慎，必须遵循最好的新闻实践，并且确保用诚信去打造这些强大的故事。"如果不是自己捕捉故事素材，就必须彻底弄清楚这些事件的出处，以及它们是否真实可信。"

广西大学新闻与传播学院的黄凯迪认为，VR 纪录片是指将 VR 技术与纪录片摄制结合起来的一种纪录片新形态，最大的特点是给受众深度的沉浸式体验。[1]湖北大学侯雅欣等，把 VR 纪录片界定为："以背景实录为样本，以 VR 技术为框架、融合了纪录片纪实叙事与 VR 技术场景建构的'VR+纪录片'"。[2]

综合理论界的学术思考和 VR 纪录片的创作实践，我们认为沉浸式体验只是 VR 技术的特性，VR 纪录片并不是一种技术和一种视听作品类型的简单相加，而应该是以真实的事件为叙事起点，采用三维全景拍摄、CGI 计算机影像生成的虚拟现实项目。值得强调的是，理想的包罗万象的概念是不存在的，在对 VR 纪录片概念进行界定时暂时牺牲一些精确性，把"有利于观众对作品所传达的事件真实性的认同"作为当下判断的依据，从长远看利大于弊。

第三节　VR 纪录片创作模式初探

一、格里尔逊式和直接电影式 VR 纪录片

纪录片教父格里尔逊 1932 年发表了《纪录电影的首要原则》[3]，提出了纪

---

1 黄凯迪. 浅析 VR 纪录片在传媒领域的可行性运用[J]. 新闻研究导刊，2018,9(23)：240-241.

2 侯雅欣，王雨晴，杨焱雯. VR 技术在我国电视纪录片中的应用及发展模式探析[A]. 海归智库（武汉）战略投资管理有限公司. 荆楚学术 2018 年 5 月（总第十九期）[C]. 海归智库（武汉）战略投资管理有限公司，2018:5.

3 赵曦. 真实的生命力：纪录片边界问题研究[M]. 北京：中国传媒大学出版社，2013.

录片应具备三方面的要素：纪录片是取材于真人真事的非虚构故事；在真实环境中普通人演出他们自己的生活；捕捉生动的语言变化和原发性的自然动作。从不同角度出发，纪录片可以被视作一种艺术形式，也可以成为一种影响公众舆论的媒介手段。格里尔逊对两者的优先级做了处理，他视纪录电影为讲坛，领导了"英国纪录片运动"。格里尔逊认为纪录片要取材于真人真事，但反对冷眼旁观的态度，主张"对事实的创造性处理"，强调拍摄前确定主题和写作剧本，鼓励一种"解决问题式"的创作方法，针对公众关心的问题，拍摄简明的、具有明确主题的纪录片。自此，纪录片成为了不可忽视的社会改革力量，也使纪录片创作带上了宣传说教的色彩。

纪录片的类型更迭，边界漂移，并不意味着格里尔逊式纪录片的消亡，相反，由于其结构的封闭稳定和易操作性，当下的众多纪录片作品仍然有明显的格里尔逊式的烙痕，VR 纪录片的创作也不例外。第三届"中国 AR/VR/MR 创作大赛"金铎奖获奖纪录片《乡村小学的一天》，记录了江西省吉安市永新县坳南乡一所乡村小学的留守儿童一天的生活，其中的许多创作要素，诸如：公众关心的选题、拍摄前的脚本创作、从头到尾的解说、结尾处对事件的点评等，都是格里尔逊式的标配。"教学楼亮着的灯像是点点星光，在这寂寞的山间，照亮着孩子们的路。"纪录片结尾的解说词也正是格里尔逊所倡导的"反对冷眼旁观的态度"的具体体现。

目前延续传统创作方式的 VR 纪录片在创作水准上还远达不到同类优秀纪录片的水准，在纪实的理念上也比较陈旧。采用格里尔逊式"画面+解说"方法创作 VR 纪录片的意图可以从两个方面来理解：一是 VR 的眩晕感还没有最终解决，作品的长度受到了限制，大部分在 10 分钟以内。在这么短的时间完成叙事，构建完整的逻辑表达，加入解说成为理想的创作手段。解说词既可以在各个部分之间建立关联，起承转合"润滑篇章"，又可以压缩叙事，把因片长限制无法展开的内容浓缩进文字语言中。二是 VR 天然的"在场感"，是目前最理想的"感同身受"的视听媒介。把观众置入故事角色的位置，以 VR 纪录片见证社会事件，发挥其社会改革的力量，成为格里尔逊式 VR 纪录片的另一个重要原因。

20 世纪 50 年代以后，摄录设备逐渐小型化，出现了可以同步录音的摄影机，新技术极大降低了纪录电影的拍摄预算，在格里尔逊式之后，发展出一种新的纪录片类型：直接电影。"像墙壁上的苍蝇作壁上观"成为最经典的关于直接电影创作理念的表达。在具体的创作方法上，直接电影试图使用便携式、轻量化的设备，尽量地贴近现实，消除影片的被拍摄对象和观众之间的距离，自然地呈现生活本真的形态。依靠同期声来叙述故事，避免解说词提供阐释，将创作者隐蔽在画面之外，把创作者对影片的干预降低到最小限度。

从技术的角度理解 VR 和纪录片的结合，同样能发现电影技术革新而带来的美学创新[1]。相比于格里尔逊式纪录片，直接电影的创作方法在 VR 纪录片中采用的比例更大。像《乡村里的幼儿园》《参见小师父》等都属于这一类作品。《参见小师父》里的主人公法号"演艺"，从小在寺院里长大。在曹山宝积寺的一年里，她在大殿中担任"香灯"的职位，在修行中学会了独立。从形式结构来看，人物的画外音提供必要的事件信息，反映人物的心路历程，镜头几乎是清一色的固定机位，剪辑点基本上和场景的转换统一，不带有剪辑观点，具有典型的直接电影冷静观察的特点。由于 VR 摄影机"无人值守"，拍摄过程相较于传统纪录片创作更加不引人注目，纪录片拍摄对象的语言和行为方式真切自然，使观众相信他们在沉浸影像中看到的如同在现场亲眼见到、亲耳听到一样。对于亲历见证影像风格的创造，VR 纪录片不仅是简单重复直接电影的方法，而是藉由新技术的赋能，把"壁上观"的纪实追求又向前推进了一步。

二、"纪实声音+抽象视觉"VR 纪录片

人类自有文字记载以来的媒介发展史表明，一种新的媒介形态，一定有属于自己特有的表现方式。麦布里奇拍摄奔跑的马的图片（1870 年）；卢米埃尔兄弟第一次在公众场所播放电影（1895 年）；梅里埃的停机再拍；埃德温·鲍特的自由时空实验；格里菲斯的"最后一分钟营救"，以及在此基础上的闪回、加速剪辑，标志着商业电影规范的形成。直到《一个国家的诞生》（1915 年），距人类能够记录运动影像 45 年后，电影才有了自己比较完备的语言。

参照电影媒介能指所指系统建立经历的较长历史过程和特有发展节奏，VR 纪录片亟须典型的作品贡献关键语汇，积累形成一种 VR 纪录片的本体语言。

作家和学者约翰·赫尔（John Hull）的视力在数十年里不断恶化，最终在 1983 年完全失明。随后三年多的时间里，赫尔开始用录音带记录音频日记，帮

---

1 孙红云. 真实的游戏：西方新纪录电影[M]. 北京：文化艺术出版社，2013.

助自己理解失明后生活的剧变。以赫尔超过 16 小时的录音为基础，Ex Nihilo、ARTE France 和 Audio Gaming 创业公司联合制作了《失明笔记》（*Notes on Blindness: Into Darkness*），用六个部分 Unity 全景影像和立体声"还原"盲人超越常规视觉的世界。《失明笔记》在 2016 年的圣丹斯电影节中引起了极大的反响，在翠贝卡电影节上获得了"新技术故事叙述奖"（Storyscapes Award），在 2016 年谢菲尔德国际纪录片电影节上获得了"替代现实（Alternate Realities）VR"奖，成为迄今为止最具有诗意和最受欢迎的 VR 叙事体验作品之一（如图 7-3-1 所示）。

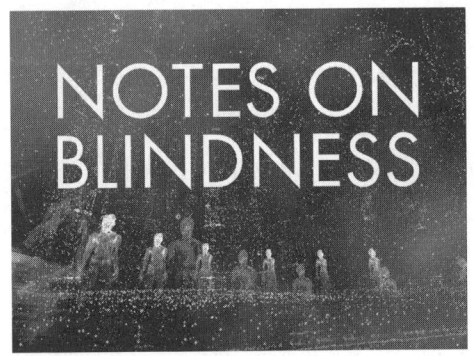

图 7-3-1　VR 纪录片《失明笔记》

展现盲人的"视界"是影像艺术不可能完成的挑战。互动视界全景视觉与纪录片导演祁少华合作，拍摄了讲述西藏地区视力障碍儿童的 VR 纪录片《盲界》，结合 CG 合成还原盲童的感受，呈现这个群体孤独的内心世界（如图 7-3-2 所示）。看过影片之后，不否认创作团队做出了巨大的努力，但呈现出来的作品仍然未脱离正常人的"视界"。

图 7-3-2　VR 纪录片《盲界》

两部作品相比,《失明笔记》的想象力更胜一筹,这部作品充分体现了 VR 作品的"构想性",这也是 VR "3i 特性"中最重要的一个:imagination。虚拟现实体验只是围绕"失明笔记"这个多平台项目的一部分,该项目还包括彼得·米德尔顿和詹姆斯·斯宾尼导演的同名 2D 纪录电影。如果说电影以传统影像叙事的方式呈现了赫尔相对完整的生命故事,那么《失明笔记》VR 部分则让赫尔的录音,流淌成一段关于失落、重生和转变的非凡旅程,并以超越常人想象的场景和元素构建能力,让观众跟随赫尔进入"一个无法看见的世界"。"1983 年和孩子们坐在公园里,我听到人们在人行道上走过,我的后方再往右一点是停车场,人们开车、驻车。向左转驶入主干道,远处传来车流的嘈杂声。奇怪的是,这是一个只有盲人活动速度的世界,这些地方会随风变换。如果室内能够模拟相当于下雨的状况,那么整个房间就会呈现出形状和尺寸。"(来源:赫尔的录音)赫尔失明后依靠敏锐的听觉,通过声音的回响产生的三维体验,在目前的影像技术手段中,只有 VR 可以实现声音空间到视觉空间的转换。

《失明笔记》凸显了 VR 纪录片独有的本体特征,以此片为参考,VR 影像的创作难度超过了之前所有的影像作品类型,因为还有很多的创作工具有待发明。

三、"CGI 自传体" VR 纪录片

20 世纪 70 年代,当纪录片创作者将摄影机对准自己和家人的时候,直接电影的各种戒律变得模糊了。在熟悉的家庭环境中,客观真实向心理真实转变,直接电影内部衍生出了自传体纪录片,重塑了纪录片"真实"的定义。作者作为当事人主观地记录私人世界,探讨"我是谁"的个体身份寻找和表达,对纪录片原有的形式提出挑战。站在技术发展史的维度,不可忽视的是当时背后推动自传体纪录片产生的技术力量,便携式的摄影机和同步录音设备,甩掉了庞大的摄制组,家庭空间的私密性和个人深层心理的挖掘成为可能。[1]

VR 这种新的媒介形态同样具备孕育新的纪录片类型的能力,从 CG 到 CGI,虚拟现实技术把观众置入影片角色的"身份"中,情景再现进化升级为情境体验,为创作者自己包括家庭成员和观众之间建构了新的关系。由于这种关系的制造是 VR 独有的,我们暂且把这种类型叫做"VR 自传体纪录片"。虽然时日

---

[1] 孙红云. 真实的游戏:西方新纪录电影[M]. 北京:文化艺术出版社,2013.

尚浅，这样的作品并不是很多，但仍然有典型的作品值得分析借鉴，《盲从》（*Assent*）就是这样一部影片。

澳大利亚人奥斯卡·拉比（Oscar Raby）在《盲从》中将体验者带回到1973年的智利，当年拉比的父亲曾经亲眼目睹了一场军事政权对一些被捕者的处决行动，其父亲曾是该军事政权军队的一分子。通过 VR，拉比使用户和他父亲的脚步一起，去观察和经历这场处决行动。在这部作品中，拉比有意让观众了解自己的想法、思考。分析这种由 VR 技术深度参与构建的关系，不只是要观看体验作品本身，而且要重点关注创作过程的复原。因为创作过程已经作为对事件刻写的一部分，深度介入到自传体纪录片的生成过程中（如图 7-3-3 所示）。

图 7-3-3 　《盲从》（*Assent*）建模界面

和《盲从》相关的故事，如果按照大众熟悉的叙事策略进行组织构建，经典叙事文本会具有非常高的识别度：

"1973 年 9 月，智利发生军事政变，放到大的国际政治背景下，它是冷战思维导致的局部冲突的激烈爆发。对于军队中的军人个体来说，这一事件彻底改变了他们的人生。

军政府树立强权的做法是大规模的政治杀戮、人间蒸发和酷刑，这种侵犯人权的行为在头几个月里特别残酷。在政变后的一个月里，一支被称为死亡大篷车的死亡部队乘直升机从一个城市到另一个城市，对政治犯进行大规模处决。1973 年 10 月 16 日，该小队处决了被关押在该市阿里卡军团的拉塞雷纳监狱中的十五个'囚犯'。奥斯卡·拉比的父亲，当时是该团的一名年轻军官，见证了这次大规模的处决。从那以后，这段记忆再也无法抹去。

军事政权于 1990 年结束，新的政府承诺伸张正义。在两极分化后的智利，对于许多罹患创伤后遗症的人来说，穿军装的目击者等同于犯罪者。拉比的父亲只能向他的儿子讲述他的故事。"

拉比第一次听到这个故事时只有十六岁，他一直努力记住和理解父亲讲述的这段带着创伤的记忆。2013 年，拉比在 Oculus Rift 的虚拟现实中开辟了一个空间，放弃了经典的叙事文本，历史和个人记忆中重建了当年的暴力冲突，意图向大众无损传递这种复杂的情感，唤起观众（参与体验者）基于第一人称视角的深刻思考。

《盲从》中，所有的角色都通过立体扫描穿着不同服装、不同姿势和位置的拉比来建模。在项目制作的早期阶段，三维扫描出现了一些小故障，导致模型部分缺失，这一技术上的缺陷反倒成为了作品的特色。

场景建模时，拉比以父亲提供的照片为参照，并整合 Google 卫星照片以便更准确地复原场景（如图 7-3-4 所示）。

图 7-3-4 《盲从》建模过程中使用的 Google 卫星地图和水平角度的照片

但是，他并没有将自己局限于这些真实的文献，拉比也参考自己周围的物体。智利北部有许多桉树，澳大利亚到处都能找到相同的桉树，所以，他去了距离他居住的地方两个街区的公园，并拍摄了桉树的视频，将他们塑造成《盲从》里的形象。他还在那个公园里记录了《盲从》里的声音。拉比将真实参考与他周围的物体混合在一起，同时结合了媒体的视觉效果，创造了一种独特的方法来创造 VR 体验。他的方法类似于记忆本身的工作方式，折叠空间和时间，并使过去的不同层面与现在共存[1]（如图 7-3-5、图 7-3-6 所示）。

图 7-3-5 《盲从》（*Assent*）中的"记忆碎片"

图 7-3-6 《盲从》中重新构建的场景

虚拟现实媒介的叙事空间广阔，然而，开辟其中一隅也绝非易事。拉比父亲的口述在代际传递中被赋予了新的视角，几十年前的暴力事件渗透记忆，推动叙事。《盲从》将 VR 媒介推向过于个人化、实验性和复杂性的境地，同时推动参与者思考虚拟现实媒介的可能性。纪录片学者孙红云在其著作《真实的游戏：西方新纪录电影》中指出，导演作为一个"行者"的身份本身就是一种探索

---

1 [澳] 奥斯卡·拉比.《盲从》（*Assent*）的创作过程[EB/OL].

文化身份的隐喻，在操作层面上，衔接不同的场景，带领观众体验影片所表达内容的各种情景和语境。作为行者自传体纪录片的基本叙事范式……自我反射要懂得自我的哪些方面有揭示的必要，以便观众既能够理解制作过程也能够理解合成的作品，要懂得揭示本身是有目的、有意图的，而不是单纯的自恋，不是偶然的揭示。[1]

虚拟现实只是一种单纯的技术，它既可以成为催化剂，也可以成为阻碍物，一切取决于人们如何应用这种技术手段。只有找到新一代计算平台的技术功能和特定表达内容之间的契合，VR 才能进化成一种媒介。从这个意义上看，拉比借助自传体纪录片创造出一种新的纪录片形式，使用虚拟现实技术探索政治暴力，它的重要性是用"VR+纪录片"的技术尝试发明一种新的媒介。当然，这种形式的发展还需要大量的、反复的实践，经受时间的考验。

从能进行简单人机对话的 Siri，到对答如流的阿拉伯第一机器人公民 Sophia，人工智能掌握语言意味着机器开启了逻辑思维。2016 年，程序设计师杰姆斯·弗拉霍斯（James Vlahos）的父亲被诊断出为肺癌晚期，在父亲最后的这段日子里，杰姆斯用数字录音机记录了父亲生活中的种种轶事。随后在 PullString 工作人员的帮助下，机器人父亲 Dadbot 被创造了出来。奥黛丽·赫本出演德芙巧克力广告，邓丽君和周杰伦同台演唱，名人数字建模和动作捕捉技术快速发展，假如摩尔定律短期内还不会失效，实时 CGI 将很快达到阿丽塔的效果，跨过"恐怖谷"，每个人将有一个在外貌上代替自己的 Avatar，平行宇宙将在"第二人生"中成为现实。

可访问的平台、智能的交互、深化的语境，作为下一代计算机技术支撑创作的作品，VR 纪录片将实现观众和作品真正意义上的双向沟通，突破符号所指、能指的局限性，纪录片不再只是"真实的游戏"。VR 自传体纪录片是新纪录片发展的一个方向，摄影机成为催化物，通过影片个人化的、自我反射的方法，使其主题在一个普遍性经验接受的范围内聚焦和语境化。纪录片的社会目的一直是影像潜力开掘的努力方向。VR 和人工智能的结合，提供了前所未有的媒介技术条件。

---

1 孙红云. 真实的游戏：西方新纪录电影[M]. 北京：文化艺术出版社，2013.

四、民族志 VR 纪录片

著名的 Felix & Paul 工作室拍摄的 VR 纪录片《游牧民族三部曲》(*Nomads*) 共有三部，分别记录了肯尼亚南部的马赛人、坦桑尼亚北部的巴瑶族和蒙古族的生活。该作品内置了 App 应用，作为影片的串联和导航。考虑到并不完备的 VR 技术，每一部作品的时长都在 10 分钟左右，平均 5 到 10 镜头，每个镜头都超过 45 秒。每个镜头相对完整地描写了部落中的特定生活场景。《游牧民族三部曲》已经具备影像民族志最基本的美学特征（如图 7-3-7 所示）。

图 7-3-7　民族志 VR 纪录片《游牧民族三部曲》(*Nomads*)

纪录影像和人类学民族志互动的历史可以追溯到纪录片诞生之初，即 1922 年弗拉哈迪的《北方的纳努克》。之后近 100 年，纪录片创作思潮和人类学研究方法互动更替，从观察到参与的范式革新，逐渐确立了纪录片和文字同等地位的深描能力。21 世纪前十年，移动互联技术打破了媒体的边界，使文字、图片、动画、音视频等媒介手段融合融通。第二个十年 VR 技术崛起，360 度空间兼容之前所有的多媒体手段，沉浸式体验绝对是民族志最珍视的价值，VR 超媒体[1]民族志以整合性为特征，融合先前已有的各种范式，很可能成为影像民族志的

---

1 超媒体是一种采用非线性网状结构对块状多媒体信息（包括文本、图像、视频等）进行组织和管理的技术.

终极形态。

像《游牧民族三部曲》（*Mongolian-set Nomads: Herders*，*Nomads: Maasai*，*Nomads: Sea Gypsies*）用 360 度全景影像记录某个民族、某个群体的 VR 纪录片不在少数，包括以静态图片为主要表现形式的 VR 纪录片，如《色盲岛》（*The Island Of The Colorblind*）。受目前还不完备的 VR 技术限制，这些纪录片的时间长度和内容的丰富程度还不能使之成为一部完整的影像民族志。虽然到今天为止，还不能找到一部民族志 VR 纪录片，可以作为讨论分析的理想范本，但他山之石可以攻玉，参照互动式多媒体纪录片的创作模式，可以给今后的民族志 VR 纪录片提供借鉴。

2011 年世界新闻摄影大赛（荷赛）首次举办多媒体作品评奖，《监狱谷》（*Prison Valley*）获得一等奖。虽然荷赛将这部作品定义为"互动式网络纪录片"，然而它所呈现出的影像文字互文表述，正是影像民族志追求的一种深描编码系统。前纽约时报多媒体编辑 Andrew DeVigal 说"告诉我一些事情，我可能会忘记；给我看，我会记得；让我参与，我就会理解。"[1] 从纪录片的发展历史来看，围绕"真实"，纪录片的创作一直在拓宽自己的疆域，诸如第一人称、自我反射、故事片的表现手法等，都在试图寻找更高层次上的真实，这个过程和格里尔逊"document"的"文献"本意渐行渐远。但《监狱谷》融合多种媒介技术，在统计数据、图文深度报道、历史媒体资料归档的加持下，主体纪录片部分反而获得了最接近"document"的质素。尤其是其中的统计数据，包含了囚犯、监狱、监狱工作人员、秘密监狱、监狱劳工、预算、健康情况等海量资料，对后人的历史专题研究来说具有极高的文献价值（如图 7-3-8 所示）。相比之下，《游牧民族三部曲》《色盲岛》在材料积累方面还比较简单，还没有从对 VR 的"好奇"中解放出来。

《监狱谷》的另外一个特色是突出了网络互动手段。在观看纪录片时，传统的叙事模式被解构，强调因果逻辑的经典叙事策略和突出时间线重排的现代叙事策略，在互动模式的衬托下都显得不够灵活。《监狱谷》的信息在开篇的时候进行了严格的限定，必须从汽车旅馆的片段进入，以公路沿线的几个关键人物为单位依次呈现，带有一定强制性。但随着情节的积累，大量素材被激活，出于深度解读的必要，观看者有强烈的意愿回溯已经完成的片段。这些数量众多的素材，有许多跳出了主叙事线条，延续了一百多年的线性模式被多线程取代。

---

[1] 资料来源：https://vimeo.com/55110990.

受限于观众知识结构、生活背景信息的差异,虽然传统的纪录片在接受效果上有一定区别,但不能和互动纪录片的个体化差异比拟。

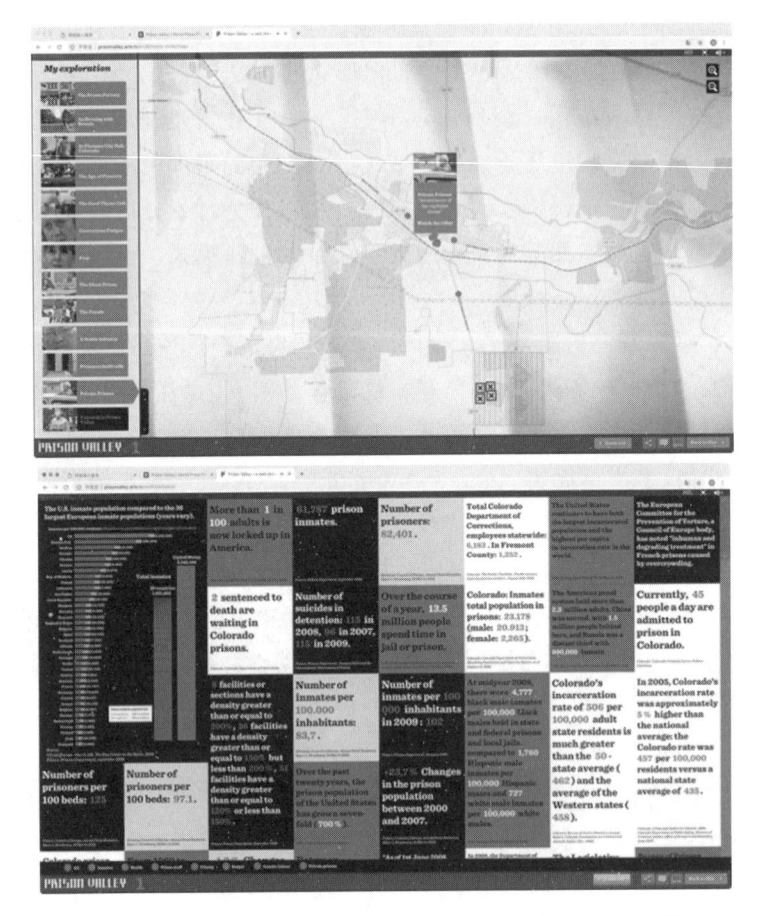

图 7-3-8 融媒体影像民族志作品《监狱谷》截图

《监狱谷》在数个环节上需要观众完成调查问卷才能继续播放视频,在这种强调功能性的类型下,作品被赋予了超媒体的属性,观众的称谓需要被用户替代。用户的身份,意味着超媒体影像民族志的写作和传播过程允许受众参与,在交互中丰富纪录片的素材,改变记录统计数据,动态地改变民族志中的部分观点倾向。超媒体影像民族志的纪实影像和图片、文字图表的主体地位往往不容易被区分,文本和解释文本的互文性导致了本体属性追问的困境。用户的参与度,影响着作品的客观性,来自用户文本的数量越大,越接近客观。成为作者的用户高度依赖超文本构建整个故事,产生迥异的叙事体验。传统纪录片创作者稳定的叙事结构被瓦解，取而代之的是精心设计的交互叙事策略。VR 技术最强调互动，和《监狱谷》相比，现在的一些民族志 VR 纪录片，对互动手段的应用还相当的不充分。

在《数字民族志学者》一书中，梅森·布鲁斯和迪克斯·贝拉认为："我们相信有一种整合性的'后范式'（post-paradigm）民族志，它注重多元视野与文本的互动性，得益于互联网等计算机技术，为民族志的写作提供了新的媒介……超媒体民族志（hypermedia ethnography）能够为民族志作品和写作程序提供一种崭新的视角。"[1]技术的发展催生了全新的媒介作品形态，文字、图片、音视频、数据、CGI 等等并非简单地合而为一，而是形成一种全新的、多重表述符号的综合编码系统。虽然上述学者的论述是在十年前的第二代计算平台背景下做出的，但 VR 技术兼容所有上一代平台的多媒体手段，它开创了一种崭新的、优异的方法，多种媒介形式的互文确证，是目前能获得的最理想、最有力量的影像民族志。

第四节　叙事"枷锁"或新的可能性

一、叙事时间线性化

可以断言，适应新媒介形态的叙事方式，在叙事结构、叙事视角、叙事时空、叙事节奏等方面都有必要进行颠覆性的改变。在这种改变完成之前，特别是在 VR 技术提供新的叙事工具的早期阶段，尚不够成熟的新技术反而会给叙事戴上枷锁，近几年 VR 纪录片爆发式增长后迅速退潮，已经充分反映了这种情况。

VR 作品拍摄时，拍摄者是隐身的，确定好机位后，摄影师或离开摄影机，或在后期把摄影师和支撑设备擦除。只有少数镜头会由被拍摄者背负，或者安装在运动的交通工具上，如无人机和汽车。由于缺少了摄影师实时的操作（即使可以实时操作，可控制的造型手段也很有限），VR 摄影造型的丰富度远不及传统摄影造型，现场借助摄影机机位变化进行的场面调度受限，视听语言运作

---

[1] [英]梅森·布鲁斯，迪克斯·贝拉. 数字民族志学者.

的空间被挤压。

VR后期的剪辑也不能照搬传统剪辑的方式，传统的剪辑不但会打破VR特有的沉浸感，而且会带来空间的困惑和眩晕。在前期拍摄和后期剪辑同时受限的状况下，大部分VR纪录片不能摆脱单一的线性叙事结构，驱使创作者过度放大了VR的技术特征，沉浸大于互动、互动大于想象。由于对新媒介手段的使用缺少经验，又会自觉或不自觉地在故事处理上混合传统纪录片的类型手段。

叙事的视角也困惑着创作者，一方面VR纪录片可以给体验者带来超乎寻常的"沉浸感""在场感"。"一个沉重的救济包裹从空中掉下来，似乎在我们的脚下，一个年轻人试图举起它，触发了我们伸手援助的愿望。饥饿和依赖的经历不是由旁白来叙述的，而是具体化的，因为我们见证了举起这捆东西对体力的挑战，并通过在这个空投区域争抢救济物资体验到了需求的紧迫性。我们在行动边缘的明确定位使我们认识到我们不可能与寻求食物的人进行互动，无法在特定的时刻接触到某个特定的人，这种经验成为一种极强烈的帮助饥饿难民的愿望。"[1] VR提供的默认视角是第一人称视角，这种视角能产生很强的沉浸感和在场感，诱导观众认为这是一个可以访问和浏览的虚拟空间，而不是一部影像作品。另一方面，现有的VR技术尚不足以充分满足体验者对"真实"与"互动"的心理期待，如VR纪录片《寻找冥王星的冰冻之心》（*Seeking Pluto's Frigid Heart*）中无源的解说和音乐，和身处宇宙太空的观众体验发生冲突对抗；纽约时报的VR作品《流离失所》（*The Displaced*）"我在场，但我无所作为"所带来的虚假参与感，有时也会导致体验者的行为与心理错位。

二、叙事空间舞台化

业界期待尽快建立被广泛认可的新的故事形式和持久的表达策略。《失明笔记》的题材具有特殊性，它的表达形式不可复制，但是它的表达策略值得所有VR纪录片创作者参考，那就是一定要跳出传统的根据电影的媒介形态定制的一整套表达手段。

为了让观众看得舒服（格里菲斯语），传统的影视创作在空间的处理上，需要在银幕上保持空间的连贯性。有两种方法在长期的创作实践中被发明：第一

---

1 [美]珍妮特·H·穆雷. 不是电影也不是移情机器.

种是轴线规则，把摄影机放置在轴线同一侧 180 度范围内分切拍摄，用于维持银幕空间方位和银幕运动方向的一致性。这套规则慢慢衍生出经典的正反拍三镜法和制造封闭空间的目光确认法。有学者统计，一部常规影片平均有 80% 左右的镜头都属于这一类[1]。第二种是全景定位，由全景定位方法拍摄的场景，按照连贯性的视觉效果进行分割。有覆盖场景中所有表演的远景或大全景镜头，还有这一空间的局部镜头。远景镜头一开始就提供了关于空间关系最为丰富的信息，使得之后所有镜头不会造成空间的混淆。局部镜头可能是面部表情或者对于小物体的放大，表达人物的情绪、强调物体的细节。使用这种方式，可以让观众更容易理解逐渐复杂的叙事。

VR 实景拍摄的纪录片镜头都是"全景"镜头，去掉景框后，不存在保持空间完整连贯的问题，同时也剥夺了导演刻画细节和强调情绪的工具，声音设计成为引导观众视线的关键手段。如果是第一人称视角，角色的目光接触也是一个非常好的引导。目前来看，VR 导致了某种倒退，叙事空间舞台化的倒退，就像声音刚一出现导致了蒙太奇艺术的倒退一样。舞台化的空间当然也有自身不可替代的优势，在全景镜头中，"反应镜头"绝不会被漏剪，对这类镜头的处理变得比以前更加重要。

如果需要场景转换，一定不能采用原有的剪辑手段切换，应该是观众主动完成场景转换。在 VR 电影里，转场通常难以实现，在剧作阶段需要有意识地选取角色，由他来引导场景的变化。有的 VR 粉丝还建议增加场景转换按钮，让观众自己切换时空，消除时空突变造成的不适感，让观众对此有充分的心理准备。

许多 VR 纪录片采用了更为简单的办法，那就是大面积恢复"淡入淡出"或者采用"幕"的形式实现场景转换。

三、技术约束下的客观真实

第一，摄影元素选择的受限。

传统摄影机记录的影像形状、体积、颜色、质地及其在时间和空间中的运动与人眼所见的现实有很大程度的相似性，这使得影视摄影成为人们记录和再

---

[1] 陈霞. 结构与表达：冯小刚电影论[D]. 浙江大学，2010:15.

现客观世界的重要手段。与此同时，摄影机记录的影像在很多方面与人眼的视觉感受有一定的差异，例如：不同的焦距对透视的改变、更为灵活的景别、特殊的角度、丰富的构图、流畅的运动等。这种差异为创作者提供了主观选择和表现的空间，从而使影视摄影摆脱对客观世界的机械复制而成为一门造型艺术。

《党内初选》（*Primary*）中表现候选人竞选演说的出场方式，在背后搅动的双手等，对这些细节的处理表明：无论创作者在拍摄时间长度、事件选取等方面如何平等对待竞选对手，仍然难以规避摄影机通过选择加以造型的主观倾向。迈克尔·摩尔（Michael Moore）华氏系列的第二部电影《华氏11/9》（*Fahrenheit 11/9*）把这种选择产生的结论与事实之间的矛盾推向了极致，作为美国总统候选人的特朗普在摩尔的镜头下好像输掉了竞选（事实恰恰相反），让人质疑导演在玩弄观众的情感。在传统纪录片中，创作者可以通过摄影、剪辑、解说等多种手段在客观现实的基础上加入自己的主观评判，使其呈现出"创作者认为的真实"。

在VR纪录片中，创作者仍然能够通过场景、事件的选择，过滤传递给观众的信息。《摆渡人VR》对临终关怀的关注程度离不开导演对特定事件的挑选，但是在场景内，360度全景影像信息的同步呈现，极大地抑制了摄影诸元素的造型手段，客观上减少了创作者主观的表达。接下来的问题是，我们是否欢迎技术约束下的客观真实，尤其是这种客观真实缺少了必要的"对事实的创造性处理"。

第二，隐身的画外空间。

纪录片美学对场面调度的贡献集中在开放式的画面空间，相对于电影的紧密控制，纪录片的场面强调的是摄影机调度，通过捕捉而不是人为安排，借开放式的构图暗示整个现实的存在。虽然没有精妙的对称均衡，但自然亲切的效果增强了纪实的感受。

纪录片开放式的场面调度开辟出影像美学的"画外空间"，反哺电影创作，成为许多电影导演的标签。台湾导演杨德昌深谙此道，《牯岭街杀人事件》中，多处对"画外空间"的处理已经成为电影创作的经典范例。贾樟柯导演的许多电影也刻意使用了纪实拍摄的手法，用并不完整的空间形式加强了故事的真实感。画外空间在审美接受的层面已经成为观众二次创作的触媒，作为想象的存在，人与人每每不同，审美的参差多态正是这类手段的魅力所在。

VR解除了"画外美学"的武装，360度全景影像不存在画外空间，即兴造成的自然而然的效果也不再是导演重视纪实手段的结果。无法全面承接传统纪实美学的成果，VR 纪录片难以在短时间内沉淀专属自己的创作技法体系，散漫的组织策略和不明朗的影像结构需要克服。

第三，弱化的剪辑。

自埃德温·鲍特开始，影视工业积累了成体系的剪辑规则和技巧，可以高度概括为连贯性剪辑、非连贯性剪辑和剪辑节奏。尤其是连贯性剪辑和非连贯性剪辑，看似相互对立的两套规则，如今却都已成为经典，颇耐人寻味。美国的电影理论家罗伯特·考克尔用无意识和意识两个概念对这种对立的现象做了概括：连贯性剪辑是让观众意识不到影片的形式和结构，而只意识到它们的效果。因为绝大多数影片只想让观众即刻地、直接地、没有中介物地理解影片内容。而那些希望探究电影语言并使电影的形式与结构凭借它们自身产生表现力的电影制作者，就像那些通过他们的艺术语言吸引人们注意作品的画家和小说家一样，想让观众意识到影片的各个方面。他们想让观众知道他们什么时候剪辑了，为什么剪辑；想让观众感知摄影机的移动，并思考摄影机移动的目的；想让观众考虑镜头中安排人物与其他东西布局的方法，而不是把镜头当作镜子或一面开着的窗户一样去看那里的景色。

纪录片一直在提升自身的叙事功能，对剪辑规则和技术的运用也已经全面电影化。张以庆导演的纪录片《英与白》中倒置的画面，熊猫"英"的主观视角影像，"娟"坐在院子里等候父母归来，这些都成为了象征性符号，剪辑已经超越了简单的故事的叙述，深入表意层面刻画世纪末人性孤独的本质。迈克尔·摩尔的纪录片经常借用 MV 式的剪辑手法，调侃、讽刺、戏谑，恐怕其他的表现手段难以获得如此饱满的情绪传达。

区别于传统纪录片的视听实践，表现事件刻画真实，VR 纪录片不再依赖二维的框式美学，虽然还存在菲涅尔透镜后的显示屏，但本体论意义上的银幕已经消失。影像的幻觉性不是出于其喻义，而是真正意义上幻觉的产生。正在不断进化的全套 VR 设备，包括动作捕捉、眼动捕捉、全向跑步机等，让体验者成为自己看到的世界的一部分，快速剪辑在这种独特的媒介体验中无法保证中断以后的流畅连接，剪辑在 VR 美学体系建立之时要非常谨慎地加以使用。

四、边界融合和移情引擎

以 360 度全景立体影像和 CGI 生成的虚拟人物和场景，不断扩展虚拟现实视觉、听觉、触觉、嗅觉等多感官的探索，不断提高交互水平，VR 纪录片已经改变了传统概念中相对单纯的定义。

我们不能只把 VR 看作一种技术，也不能把 VR 这种媒介等同于一种或数种单纯的媒体，它只能是一个平台，面向未来的计算平台。苛求 VR 纪录片短时间内发明一套成熟的表达机制，可能会毁掉这种类型。借助其自身强大的移情引擎，增加纪录片现有的表现维度，用切身体验加强对纪录片故事的理解，在媒介融合的大背景下进一步放大纪录片的社会功能，从这个意义上说牺牲 VR 纪录片概念的精确性是可以接受的。

《越界》（*Across the Line*）的出现让业界看到，"360 度全景影像+现场同期+VR"这种多视角、多人物、多故事、多线索的纪录片叙事形态正在被发明创造。剖析《越界》案例，有助于我们理解移情发生的详细机制。

自 2011 年以来，美国各州通过了 401 项限制堕胎法案，仅在 2015 年，国会就 19 次投票限制妇女获得生殖保健服务。据统计，美国有超过半数的育龄妇女生活在限制堕胎的州。[1]《越界》只是用 360 度全景视频简单记录了决定结束妊娠的女性患者进入健康中心、患者和医生的谈话和健康中心门外反堕胎示威的人群三个场景，其余的部分结合 CGI 计算机生成影像，把观众置于患者的位置，开动移情引擎。

第一个场景从健康中心开始，观众戴上头显设备，发现自己在一个诊室里，看到一个年轻的女性患者和一位富有同情心的医生正在谈话（如图 7-4-1 所示）。

紧接着，第二个场景观众被带回到过去时空，看到女性患者和她的朋友开车前往健康中心，在抗议标牌林立的健康中心门外，被喊叫的抗议者包围（如图 7-4-2 所示）。

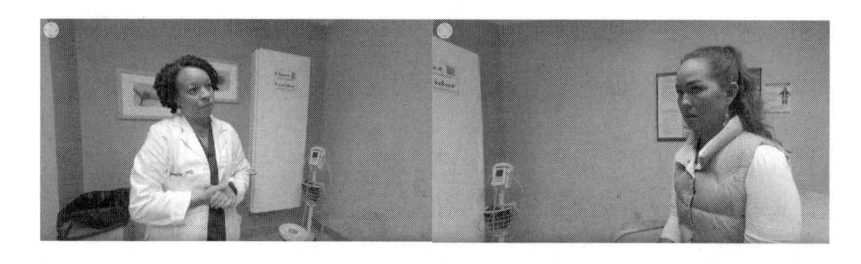

图 7-4-1 《越界》第一部分

---

1 关于美国人工流产的虚拟现实经验[EB/OL].

图 7-4-2 《越界》第二部分

第三个场景，也是最后的场景，是由 CGI 生成的虚拟场景，观众"成为"女性患者，挤过一群高喊攻击性言论的抗议者，抵达健康中心入口。这些羞辱患者的声音来自从全国各地抗议者那里采集到的真实音频，使观众身临其境体验抗议者在健康中心外反堕胎抗议活动的情景（如图 7-4-3 所示）。

图 7-4-3 《越界》第三部分

《越界》采用的是三段式的结构，前两个段落是叙事，最后一个段落是体验。文学、电影、传统纪录片通过精心挑选的故事和高超的叙事技巧让观众感同身受，发生移情。当然，优秀的移情作品需要付出非常高的"成本"，电影需要巨大的投入，组建精英团队。传统的纪录片需要长达一年甚至几年的跟踪拍摄，从海量的素材中筛选叙事的要件。而 VR 制造感同身受成本则要低很多，它只需把观众置入到场景中，多数的 VR 纪实作品都在强调这一点。BBC 的 VR 纪录片就善于盘活自己的新闻资源，例如《等待》（*We Wait*）就是根据真实的难民新闻故事改编，观众跟随一小队难民登上一艘简陋的划艇，从土耳其的一处海滩出发穿越地中海。观众置身于划艇中，随同难民一起流离失所，无奈逃亡。置身事件之中已经成为 VR 纪录片创作的标准工具，犹如一部移情引擎，正如 BBC 研发部执行官 Zillah Watson 所说："通过直接将观众置于故事中心的方式，我们提供的这个浸入式体验是传统媒介不可能做到的。《等待》让我们得以探索观众们如何在一种他们之前从未体验过的方式观看影片时的感受，而随着这部影片在 Oculus Store 上线，我们向更多的用户打开了大门，之后，我们会继续发展这个新晋媒介的潜力，让它更好地做好告知、教育和娱乐的角色。"[1]

当然，对移情引擎的滥用已经招致了技术冒险主义的批评。传统纪录片创作虽然存在逻辑不当或逻辑欺骗，但随着观众对媒介认知的不断深入，理论界对纪录片创作的持续批判，大众得出理性判断的可能性更高。而 VR 沉浸式见证的潜力，改变了观众和当事人之间的距离，对于这种新的传受关系，凯特·纳什称之为"VR 的称谓模式"[2]，距离不当是否会引发某种形式的道德风险？目前虽不能下结论，但确实需要引起足够的重视。

VR 纪录片跨界引发多领域边界模糊，谁来监督和保证 CGI 的客观性和真实性？纪录片边界被打破必定会再次引发关于"真实""客观"的激烈争论。虽然辨析的任务艰巨，但在 VR 纪录片的早期阶段，需要成功的作品来表明，这是一种值得关注的媒介形式。

VR 不仅适用于极客[3]和那些需要娱乐的人，它更有可能实现人与人、人与社会之间高效的沟通机制，VR 纪录片正是种种沟通机制中的一种！

---

1 'We Wait' Is The First BBC Production For The Oculus Store, And It Is Free.

2 Kate Nash. *Virtually Real: Exploring VR Documentary. Studies in Documentary Film*. Volume 12, 2018, NO.2,97-100.

3 极客是美国俚语 Geek 的音译。随着互联网文化的兴起，这个词含有智力超群和努力之意，又被用于形容对计算机和网络技术有狂热兴趣并投入大量时间钻研的人。

第八章
虚拟现实电影创作理念与方法

如果从新一代计算平台的角度看，就不难理解电影工业对 VR 的浓厚兴趣。长期以来，好莱坞大片都在使用计算机技术，从 DI（Digital Intermediate）数字中间片到 CG（Computer Graphics）、动作捕捉等，技术革新的力量始终是电影工业进步的原动力之一。"由于电影本身的沉浸感和排他性，虚拟现实的体验更近似于电影。所以从这个层面讲，电影工业对虚拟现实感兴趣也是顺理成章的事情。"[1]

VR 是一种全新的媒介形态，如果把它作为讲故事的载体和故事创作的手段，按照艺术发展的规律，应该生成一种新的艺术形式。也就是说，秉持严谨的学术态度，VR 电影的概念是不能成立的。考虑到每一种艺术形式都不是一蹴而就的，而是在其他艺术形式上的衍生，如同摄影艺术，最初源于对绘画的模仿，随着创作的积累发现、总结本体的规律，逐渐成熟为一门公认的艺术。在虚拟现实中进行故事创作，可借鉴和参考的类型经验和视听语言大量来自电影的百年积累，在 VR 的媒介形态还没有大致定型之前，暂时牺牲概念的精确性，开放看待融合的边界，VR 电影名称的存在当下有其合理性。

以 VR 的第三次浪潮汹涌来袭为起点，在短短的几年间，VR 电影的创作迅速积累了一批作品，在计算机图形技术、影像语言、叙事方法等方面进行了大胆的尝试和创新，但是否可以宣称 VR 电影已经进入了工业时代？恐怕还要持谨慎的态度。目前的 VR 电影创作，大部分还处在实验阶段，以短片、微作品的形态为主，还没有成功的商业长片。

VR 超越以前所有影像技术手段的记录能力，纪录片的纪实特质契合虚拟

---

[1] 张以哲. 沉浸感：不可错过的虚拟现实革命[M]. 北京：电子工业出版社，2017.

现实的在场感，对叙事复杂性的要求也较低，使得 VR 纪录片形成了一些相对稳定的类型形态。和纪录片不同，VR 电影缺少了和传统电影的契合点，虽然都追求沉浸感，但方法上存在本体的差异，VR 电影形成稳定的类型可能还有很长一段路要走。

第一节 VR 电影的分类和技术实现路径

追根溯源，虚拟现实与电影的关系可以追溯到 1938 年，在一本名为《戏剧及其重影》（*Le Théâtre et son double*）描述戏剧中角色与对象虚幻的属性为"la réalité virtuelle"的论文集中，法国著名戏剧家安东尼·阿尔托（Antonin Artaud）第一次使用"虚拟现实"（la réalité virtuelle）这个组合词组，这是虚拟现实和虚构叙事艺术形态的最早联系。

2012 年美国圣丹斯电影节开始接收 VR 电影参赛作品，这种颠覆性的影片类型开始进入大众的视野，但直到 2016 年，以 20 世纪福克斯公司的《火星救援》（*The Martian* VR）电影 VR 预告片和 Oculus story studio 的 VR 微电影《追求伟大》（*Striving for Greatness*）为代表的 VR 电影才真正引起广泛关注（如图 8-1-1 所示）。前有 Facebook 以 20 亿美元收购 Oculus 壮举，后有以好莱坞大片为故事背景的火星生活"真实"体验，VR 电影的概念迅速引起了大众的关注。

图 8-1-1 VR 微电影《追求伟大》

VR 技术颠覆性的特性吸引了一批优秀的电影人。皮克斯（Pixar）公司资深人士萨施卡·昂塞尔德（Saschka Unseld）和马克斯·普朗克（Max Planck）以及制片人爱德华·赛特奇（Edward Saatchi）加入 Oculus，于 2014 年创立 Oculus Story Studio。2015 年 1 月美国圣丹斯电影节，该工作室发布了他们的第一部 VR 短片《迷失》（*Lost*），同年 7 月，又发布了第二部 VR 短片《亨利》（*Henry*）。两部短片全部采用计算机动画制作，《亨利》还加入了互动元素，极大地增强了观众的参与感。

Google 前沿技术与项目组（ATAP，Advanced Technology and Projects）在 2013 年成立实验性影视工作室"谷歌聚光灯故事"（Google Spotlight Stories），专门创作 VR 短片。2015 年 6 月，谷歌 81 人组成的创作团队耗时一年，使用真人与真实元素，结合绿幕合成 CG 特效，制作了极具真实场景体验的 VR 短片《救命》（*Help*），该片讲述一个外星生物意外地坠落地球，女主角捡拾了外星生物一个东西，外星生物开始追逐女主角，一名警察赶来救援，在追逐过程中，外星生物越变越大，成为一个破坏力极强的庞然大物。此时，女主角若有所悟，将捡拾到的东西归还给了外星生物，外星生物逐渐恢复原状并平静下来，最后安全地飞离了地球。这部 VR 电影是《速度与激情》的导演林诣彬（Justin Lin）和 Google ATAP 的合作成果，是 Google Spotlight Stories 第一部真人与特效相结合的电影，素材达到 200TB，耗资 500 万美元，片长 5 分多钟。

在《救命》（*Help*）前后，Google Spotlight Stories 还推出了《特快专递》（*Special Delivery*）、《冰上》（*On Ice*）、《珍珠》（*Pearl*）、《航海时代》（*Age of Sail*）、《小猪》（*Piggy*）、《回到月球》（*Back to The Moon*）、《犬之岛》（*Isle of Dogs*）、《豹之子》（*Son of Jaguar*）、《进化》（*Sonaria*）、《风雨无阻》（*Rain or Shine*）、《沙发星球》（*Planet of The Couches*）、《青蛙之夜》（*Buggy Night*）等作品，每一部作品都极具创意，为 VR 电影艺术贡献了新的语汇。

2016 年圣丹斯电影节三部与 VR 相关的作品入围，分别是互动电影《沉浸探索者》（*Immersive Explorers*），虚拟与增强现实融合的《利维坦项目》（*Leviathan Project*），还有全息《星球大战》（*Star Wars VR*），翠贝卡、戛纳、威尼斯等电影节的 VR 通道也纷纷开启，《亨利》（*Henry*）还抱回了一座艾美奖的奖杯，VR 电影的热度几近顶点。2017 威尼斯电影节，Penrose Studio 凭借短片《苏醒的阿登》（*Arden's Wake*）拿下了"最佳 VR 作品奖"。《沙中房间》（*La camera insabbiata*）收获最佳 VR 体验奖。

2017 年 5 月，Oculus Story Studio 关闭，其第三部也是最后一部 VR 作品《亲爱的安吉丽卡》（*Dear Angelica*）到达迄今 VR 叙事的巅峰。

至 2020 年，由于 VR 技术的进步，VR 电影的体验得到了比较大的改善，创作者可以用更长的叙事时间完成故事的讲述。第 77 届威尼斯电影节 VR 单元展映的 44 部作品中有 35 部超过了 10 分钟,《房间 VR：黑暗事件》《盲点》《小矮人与哥布林》《兔子洞之下》4 部作品时长超过 100 分钟, 最长的作品达到 6 个小时。而且创作者对 VR 技术的运用越来越成熟, 交互几乎成为 VR 电影的"标配"。

国内 VR 创作可以说是和国际同步的, 单就数量来说, 传达出一种超越国外同行的热情。兰亭数字的代表作《活到最后》, 追光动画的代表作《再见, 表情》《烈山氏》《地三仙》《鼓浪屿的三世情书》《卡罗大冒险：巨蛋》, Sandman Studio 的《自游》、Pinta Studio 的《拾梦老人》、VRtimes 上海魏唐影视的《窗》、中国台湾导演蔡明亮的《家在兰若寺》等作品表现出的探索精神不输国外团队。

在回顾虚拟现实电影作品创作历程的基础上, 本节对 VR 电影的分类亦持开放包容的态度, 梳理各方的创作成果, 依据技术层面的特性进行划分, 把 VR 电影大致分为 VR 真人电影、VR 实时渲染动画电影、VR 游戏电影、VR 角色扮演电影四大类。

一、真人 VR 电影

真人 VR 电影一直是 VR 电影的原动力, 但真人 VR 只能发挥虚拟现实技术一半的能量, 所以有人称真人 VR 电影为半虚拟现实。

最常见的真人 VR 电影多采用第一人称主观视点, 拍摄时一旦 VR 摄影机的位置确定, 后期制作时便无法更改, 当然观众在观看时也无法改变自己的位置。由于拍摄的是 360 度全景影像, 所以观众可以转动头显设备, 控制观看的视角。

悬疑、惊悚题材天然适合真人 VR 电影的拍摄, 许多创作者以这种题材试水 VR,《活到最后》《病院惊魂》(*Catatonic*)、*ABE VR*、《隐形人》(*The Invisible Man*) 就属于这一类型的电影。

《活到最后》是由兰亭数字制作的国产 VR 电影, 故事地点设定在一个白色的密闭房间, 几个被困在这里的年轻人正在讨论、争吵, 试图指认隐藏在他们之中的"背叛者", 如果失败, 他们将会逐一死去。观众的位置位于房间的中间, 随着剧情的展开, 陆续有人死在观众面前。2015 年, VR 视听内容的创作刚刚起步, 缺少可资参考的成功经验, 所以兰亭数字用比较简单的形式探索 VR 叙事。然而, 即使是独幕剧, 创作团队仍然遭遇了诸多的困难, 如更换更适合一镜到底无分镜拍摄方式的话剧演员，通过演员的走位和声音的引导让观众把注意力集中在剧情上。

《病院惊魂》是一次身临其境的精神病院之旅，在这部时长 5 分钟的 VR 影片中，"我"被绑在轮椅上，被带到 20 世纪 20 年代的一所精神病院，穿过心理病房，经历一系列感官震撼的恐怖体验，最后进入一所小教堂并"死"在那里（如图 8-1-2 所示）。

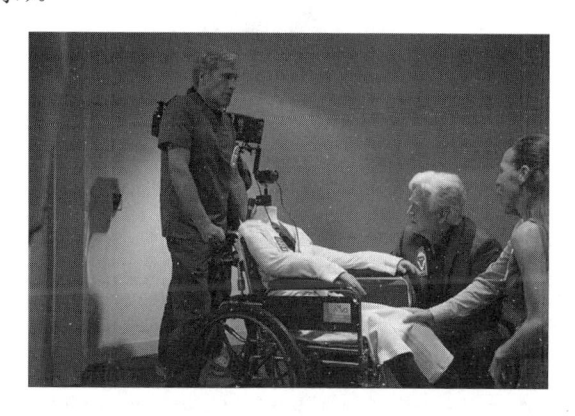

图 8-1-2　《病院惊魂》（*Catatonic*）拍摄花絮

导演盖伊·谢尔默丁（Guy Shelmerdine）为这部电影专门设计了一辆轮椅，并装配了一套定制的"ButtKicker"，这个装置的作用是配合特定的场景或特效，制造特定的震动和音响。在该片附带的大量花絮里，的确可以从观众现场反馈中看到影片沉浸式体验所强化的惊悚效果。"你必须非常小心摄影机的作用。我们确实进行了速度测试，最终不得不放慢轮椅推动速度的步伐。"[1]（如图 8-1-3 所示）。

恐怖和惊悚的银幕类型一直在探索身临其境的表现手段，从《活到最后》《病院惊魂》中可以看到这种类型在 VR 电影中的连续性。

从沉浸属性带来的身临其境感中还可以看到银幕电影空间美学在 VR 电影中的迭代。导演蔡明亮执导的 VR 电影《家在兰若寺》，"探索长镜头在新媒介下的美学表达，利用 VR 特有的沉浸式空间体验，表达视觉空间的整体造型，

---

[1] Angela Watercutter：*6 Things You Should Know About the VR Horror Film Catatonic*[EB/OL].

去除故事元素，转而以视觉感官表达观念。"[1]

图 8-1-3　为观看 VR 电影《病院惊魂》（*Catatonic*）的观众定制的轮椅

患病的男子小康是电影中的真实存在，而其他三个角色（小康亡母、女鬼邻居、鱼精）是不存在的魂灵精怪。母亲和邻居与小康阴阳相隔，走不进他的生活，自然而然，只剩下人鱼为伴。宣传方对这部影片"魔幻爱情片"的定位显然是为了照顾观众在银幕电影时代的观影经验，严格来说，影片表现的不是故事，而是平行空间的概念。10 分钟泡澡、10 分钟理疗、10 分钟痴笑、5 分钟锄地、5 分钟吃饭，固定的机位，凝固的空间，极少的场景。蔡明亮是借虚拟现实继续探索他擅长的静态长镜头和深度空间（美国电影理论家 David Bordwell 语）。剧作阶段的主要工作是画画，把大量宣纸贴在室内，然后用火烤焦，营造废墟场景，观众在作品中与空间的情感会牵动观众来关注故事，来代入故事，这与传统作品中建立观众和角色之间的情感是有所不同的。和蔡明亮关注当代美术的艺术倾向相关。[2]

有人认为真人 VR 不能实现真正的立体效果，因为没有办法同时使用两台全景摄像机拍摄，以模拟人双眼的视差。VR 技术的发展早已经解决了这个问

---

1 朱峰，袁萱. 反叛与突破:蔡明亮电影的艺术边界[J]. 当代电影，2019(07):43-47.
2 秦婉. 深度揭秘《家在兰若寺》：制作 10 个月，花费超千万[EB/OL].

题，像小蚁科技和 Google 合作开发的 Yi Halo 360 摄影机，水平方向上有 17 个摄像头，可以通过 Google 专业 VR 视频解决方案 Jump Assembler 自动拼接实现无缝的 3D-360 视频制作，分辨率最高能达到 8K*8K。

真人 VR 电影并不排斥 CG 合成，像 Google 的第一支真人真实场景 VR 短片《Help》的拍摄即融合了大量 CG 画面。

二、VR 实时渲染动画电影

真人参演的 VR 电影只能算作半虚拟现实电影，因为真人不是"矢量"和"全息"的，一旦拍摄完，角度和大小也就固定下来，不可以再变化。真人 VR 电影在观看上受到了严格的限制，摄影机所在的空间方位限定了视点，摄影机和角色的相对位置限定了角度。想要完全实现虚拟现实的特性，给观众绝对的"机位"控制权，唯一的解决方案是使用游戏的实时渲染引擎，用 CG 角色代替真人演员，场景也由 CG 手段制作。这种电影暂时称之为 VR 实时渲染动画电影。

和现在的 CG 电影相比，虽然都是使用 CG 动画技术，但是却存在离线渲染和在线渲染的巨大区别。影片《捉妖记》在结尾有一个全部由 CG 制作的镜头：小妖王站在山顶，俯瞰自己的王国（如图 8-1-4 所示）。这个镜头的渲染花了两周的时间，这就是离线渲染。

图 8-1-4　影片《捉妖记》截图

"这个画面里面，有非常多的树，当时导演的要求特别高，甚至精细到每一棵树，几乎每一棵颜色都要不一样，精细到每个树边缘的高光都要不一样。我们遇到一个大的问题是，在灯光渲染的时候，会有闪烁。我们用别的手段暂时缓解了这个问题。就是在三维空间里面，把它每一层的树都拆成片，拆成片以后，分片投射到这个模型上面。它的原理，就是 camera 把图像一层一层投射到幕布上去，然后叠加在一起，呈现出现在你看到的这个样子的图。随着 camera 的运动，把图像的位移表现出来。"[1]为了把动画角色和场景的材质、颜色、光线反射效果按照真实世界的物理法则生动逼真地模拟出来，一帧画面常常需要渲染一整天。但是由于不能确定观众观看的机位和视角，VR 动画电影无法进行预先的离线渲染。

在线渲染又叫做实时渲染，它高度依赖计算平台强大的实时图形处理能力。HTC 和 Oculus 的头显设计，只是集成了显示系统和传感器系统，图形图像的运算需要通过电缆或者无线传输模块连接到高性能的计算机设备。VR 一体机不需要连接计算机，轻便的代价是运算能力不足，目前还不能流畅地处理需要实时渲染的内容。在 5G 场景下，大量的运算工作转移到云端完成，将会大幅提升一体机的用户体验（如图 8-1-5 所示）。

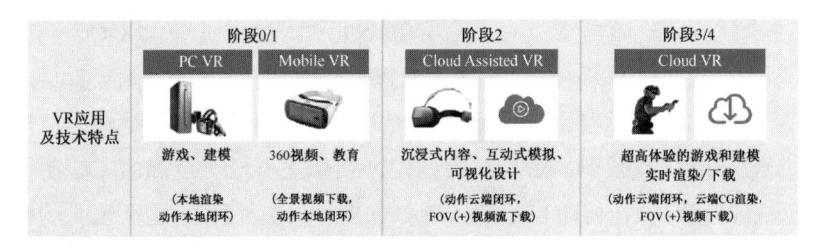

VR应用及技术特点	阶段0/1		阶段2	阶段3/4
	PC VR	Mobile VR	Cloud Assisted VR	Cloud VR
	游戏、建模	360视频、教育	沉浸式内容、互动式模拟、可视化设计	超高体验的游戏和建模实时渲染／下载
	（本地渲染动作本地闭环）	（全景视频下载，动作本地闭环）	（动作云端闭环，FOV(+)视频流下载）	（动作云端闭环，云端CG渲染，FOV(+)视频下载）

图 8-1-5　华为《5G 时代十大应用场景白皮书》中云 VR 演进的
5 个阶段（0 为初始阶段）

观看实时渲染 VR 动画电影时，观众可以游走在整个电影的场景里，360×360 空间中任何一点都可以成为观众观看的视点。当然，观看条件也是目前观影模式中最复杂苛刻的，为了避免意外伤害，观众被限定在一个固定的区域内，在这个区域内观众还要实现全方位运动，就像《头号玩家》中的装备（如图 8-1-6 所示）。

在大家都在谈论科幻的时候，许多技术已经变成了现实。Infinadeck VR 全向履带跑步机和《头号玩家》中的装备非常相似（如图 8-1-7 所示）！

1　《捉妖记》特效制作分享会——与 Base FX 一同探秘[EB/OL].

图 8-1-6　电影《头号玩家》中的　　图 8-1-7　Infinadeck VR 全向履带跑步机
　　　　　全方位运动装备

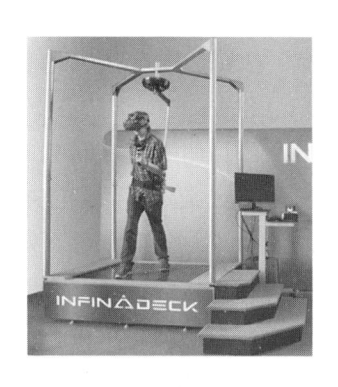

全向跑步机目前的价格还比较昂贵，虚拟现实定位系统可以满足观众小范围的移动，像 HTC Vive 等。Oculus 制作的动画短片《亨利》（*Henry*）是 VR 实时渲染电影的优秀范例，故事的主角亨利是一个小刺猬，当观众走近它的时候，它会看着观众并和观众打招呼，互动机制能很好地拉近角色和观众的距离。和现在的动画电影相比，《亨利》中的模型还不够精细，原因在于要满足实时渲染的流畅性，需要尽量减少运算量。

《亨利》获得了艾美奖，肯定了 VR 动画电影的创作方向。2015 年年底，Oculus Story Studio 开始构思《亲爱的安吉丽卡》（*Dear Angelica*），当时并没有能在虚拟现实空间中直接绘制的工具，为了配合故事和视觉创意，技术工具 Quill 的开发也在同时进行（如图 8-1-8 所示）。这也正说明了 VR 创作的特点，即艺术和技术紧密互动的关系。

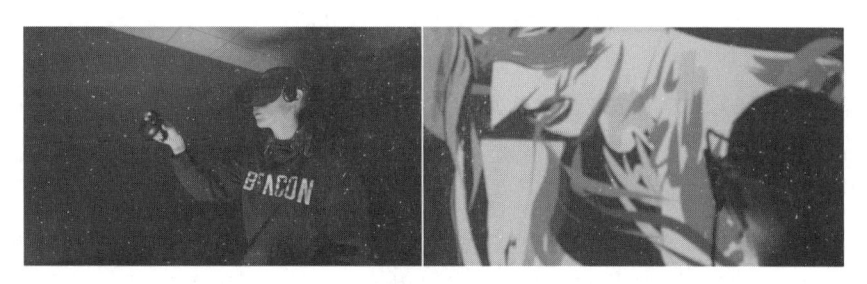

图 8-1-8　艺术家在"影片里"创作

《亲爱的安吉丽卡》从某种程度上也显露出下一代计算平台的特质，至少是在人机界面上的物质。在影片里，是真正意义上的"片子里面"，电影、电视、文字、信件都不再呈现在"Windows"（像微软的视窗）里面，信件被写在每个角落，文字散落在茫茫宇宙星空，所有人类的媒介载体都融汇在 VR 的世界里。

《亲爱的安吉丽卡》描绘了少女杰西卡（Jessica）的几段回忆、幻想、梦境和观影经历。明星安吉丽卡（Angelica）是杰西卡（Jessica）的母亲，孤独的女儿想象着自己走进了母亲的电影中，同母亲一起在不同的"时刻"经历着形形色色的人生。这些时刻并不等同于大卫·波德维尔关于叙事理论中的"情节"，因为仅仅组合这些情节并不能构建一个完整的故事，四个时刻更像奇幻、公路、超级英雄、科幻四种电影类型中典型场景的升格（如图 8-1-9 所示）。

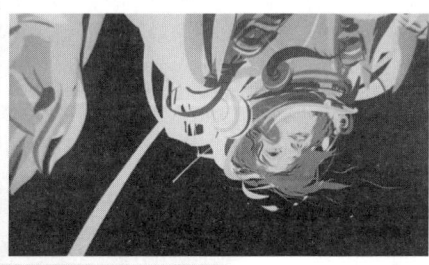

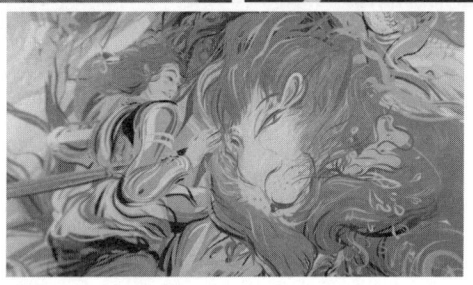

图 8-1-9 《亲爱的安吉丽卡》（*Dear Angelica*）截图

"第一个场景里，Angelica 腰佩宝剑依偎着雄狮，让人直接想到《美女与野兽》或《纳尼亚传奇》，第二个场景里，帅气的 Angelica 开着车一路狂飙，让人很容易进入到《末路狂花》或《邦尼与克莱德》的世界，第三个场景更不用说，Angelica 一拳打倒的正是"绿巨人"，而第四个太空场景，戴着头盔的 Angelica 让你无法不想到《地心引力》。"[1]

通过向这些经典电影 IP 致敬，迅速唤起观众心中的故事母题，所以故事在 VR 中不是讲述的，而是直接从传统电影媒介中抓取，通过耳熟能详的情景迅速建立起相应的情境，只为获得沉浸式的情感体验。

把观众带入画中，艺术家团队使用 VR 工具 Quill 手绘每一个场景，艺术家

---

1 黄阳. 如果这是我的作品，我会死而无憾[EB/OL].

的视点就是观众的视点，观者能亲历整个绘制过程。资深的影迷可能会立刻想到影片是《梦》，如果说黑泽明用电影银幕把观众带入经典的画作是一种比喻，那么《亲爱的安吉利卡》可以说是把比喻推向了现实，观众能进入VR影片中的任何一个笔触，已经进入到电影空间的观众还能"进入"画面背后的画面，超越三维的常识。

不过，《亲爱的安吉利卡》超前的表现形式也约束了题材的选择性，银幕电影常规的叙事类型很难移植到这种形式中。

三、VR游戏电影

"'第七艺术'电影和'第九艺术'游戏在虚拟现实这一新计算平台上，呈现出了融合的趋势。"[1]国内VR发行商奥英VR的联合创始人张以哲认为，游戏和电影共同的娱乐属性是两者融合的基础，当下，银幕故事早已不能满足观众的需求，人们期待能够参与到故事中，就好像在游戏里扮演角色，同时也期待游戏的视听体验能媲美好莱坞电影视听奇观的震撼。

在游戏领域，电影的叙事早已经侵入了游戏设计，像《质量效应》(*Mass Effect*)、《最后生还者》(*The Last of Us*)、《生化奇兵》(*BioShock*)、《暴雨》《超凡双生》、*Insight*等游戏，其中大量剧情类的体验已经模糊了游戏和电影两者的界限。通过加入观众的互动，游戏更具备了电影的"梦境"属性。在电影领域，游戏的探索模式已被许多导演借鉴。像《罗拉快跑》的从头再来，《七月与安生》的不同结局，还有互动式DVD影片中的观众决策选项，设计剧情分支，根据观众的判断走向不同的结果。不过，这两种媒介始终缺少一个共享的技术通道，使之真正得到融合融通，虚拟现实技术的进化终于创造了这样一个平台，打破了两大艺术门类的技术壁垒。Oculus的《迷失》(*Lost*)中由于互动的存在，导致影片长度可以短至3分30秒，也可以长达10分钟。

观众可以在VR影片中做不同的设定从而导向不同的路径，借助人工智能技术，观众还能够决定故事的进程和结局。这样的作品究竟应该界定为电影还是游戏呢？在VR计算平台上，电影和游戏极有可能结合生成一种新的艺术形式：VR游戏电影。人们时而作为观众，被动地观赏剧情，时而作为角色，在关

---

[1] 张以哲. 沉浸感：不可错过的虚拟现实革命[M]. 北京：电子工业出版社，2017.

键的节点参与到故事当中,在虚拟的世界里探索,体验爱情的浪漫和战争的壮阔,打开分支剧情的入口,推动故事走向不同的结局。

纵观电子游戏的发展,"起初,电子游戏制作的重心是游戏玩法以及提高可玩性所必需的技术。随着游戏变得越来越复杂和成熟,专业的游戏剧本作家开始加入(创作团队),但故事情节也只是为游戏可玩性锦上添花。但是,随着同类游戏玩法之间的竞争越发激烈,叙事手法成为区分高下的重要因素。有些游戏甚至从以玩法为中心转移到了以叙事方式为中心来打造游戏体验。"[1]

两种媒介的交汇,其决定性的技术是人体全身运动的无缝转化,而不是观众假装作为角色用键盘和鼠标参与游戏扮演游戏(Role Play Games,简称 RPG),VR 技术最近几年的成长开始绽放出耀眼的光芒。

在游戏一端,VR 技术让游戏的角色扮演具有强烈的临场感,因而游戏的设计者更加注重剧情;用户抛弃键盘鼠标后,在角色扮演时全靠身体的"动作",更注重"演"的性质。游戏开发商漫威 VR 与 Oculus 合作的作品《阿斯加德的愤怒》(*Asgard's Wrath*),非常注重 VR 技术和超级英雄电影 IP 的关联。故事以雷神系列北欧神话为背景,诸神黄昏[2]的阿斯加德正经历死亡与重生的周期性循环,"你"(游戏玩家)扮演一个北欧神祇,在大爆炸耀眼的光芒中诞生,故事始于"你"和洛基的一次戏剧性相遇,洛基看出了"你"的潜能,愿意帮助"你"成为一个真正的神。但是在此之前,"你"还要帮助故事中的英雄实现他们的命运,证明自己的价值(如图 8-1-10、图 8-1-11 所示)。

图 8-1-10 《阿斯加德的愤怒》(*Asgard's Wrath*)中的青蛙雷神

---

1 [美]斯凯·奈特(Sky Nite)著,仙颜信息技术译. 虚拟现实:下一个产业浪潮之巅[M]. 北京:中国人民大学出版社,2016.

2 在挪威神话中,"诸神黄昏"是一系列巨大劫难的预言,包括一场伟大的战斗,导致许多伟大神祇(奥丁、雷神、提尔、弗雷尔、海姆达尔和洛基)的死亡,引起无数自然浩劫,之后世界沉入水底。

第八章 | 虚拟现实电影创作理念与方法

图 8-1-11　《阿斯加德的愤怒》(*Asgard's Wrath*)中媲美好莱坞电影的视觉奇观

虽然国产 VR 游戏《三国虎将传》早在 2018 年 4 月就推出了类似的作品，但是它更接近一款"物理模拟器"，缺少物理和反向运动学方面的突破。《阿斯加德的愤怒》意味着真正意义的"游戏扮演"时代的到来。在游戏预告片中，我们看到了此类游戏典型的属性，玩家从环境中收集物品，打怪升级获得战利品。但超越经典类型游戏的地方是，Oculus 在这个作品中提供了一种身临其境的体验，玩家可以和角色进行"真实"的互动。比如玩家将能够利用自己的神力将一些动物变成人形同伴，每个人都有独特的能力来协助玩家完成任务，青蛙雷神[1]就是这样的角色。

其中有一个情节是青蛙帮玩家取出了钥匙，玩家最终将钥匙放入门锁中，转动门锁，然后松开手，将门关上。还有一个情节是地面上的老鼠，玩家可以抓起它并给它挠痒痒。丰富的互动能帮助玩家沉浸在北欧神话的世界中。[2]

游戏视角的设计也充分考虑到了观众观赏的功能。在最初进行原型设计的时候，只有一个神祇的视角，凡人英雄的视角是在后来的设计中加入的，用户可以在神祇和英雄两个视角间切换。

在电影的一端，美国最大的连锁电影院 AMC，2018 年 6 月在纽约市开设了一家 IMAX VR 中心（如图 8-1-12 所示）。由于近几年收入下滑，AMC 被迫寻找潜在的收入来源，它向 Dreamscape Immersive[3]和 VR 内容基金投资了总计 2000 万美元，鼓励观众参与各种 VR 体验。

1　青蛙雷神早先是漫威漫画里的角色，名字叫做 Throg，即 Thor+Frog。它的真身 Simon Walterson 是一名橄榄球明星，Simon 在妻儿意外离世后找到女巫为他通灵，由于付不起钱，女巫把他变成了青蛙。后来 Simon 遇到了雷神 Thor 并帮助 Thor 恢复人形，青蛙 Simon 从此拥有了雷神之力。

2　'Asgard's Wrath' Gameplay Footage Shows It's About More Than Just Combat[EB/OL].

3　*Dreamscape Immersive Opening in Century City*[EB/OL].

207

图 8-1-12　AMC VR 电影院

Dreamscape Immersive 最多允许六个人在虚拟现实世界中漫步，六位观众选择自己喜欢的化身（Avatar），然后根据需要，参与解救鲸鱼等任务，以推动剧情的发展（如图 8-1-13 所示）。

图 8-1-13　AMC VR 电影海报

非常值得一提的是，2019 年初，非传统国产电视剧《隐形守护者》（如图 8-1-14 所示），以沉浸体验式互动影像游戏，赢得了豆瓣 9.7 分的高分。在这部剧中，观众可以左右剧情走向，参与角色的生死抉择。十章内容和一个终章，发散出上百种分支剧情，引向四个不同的结局。第一章的不同选择会影响到后面十章的故事推进，为了满足上百种剧情分支，饰演肖涂的男演员拍摄了 80 多种"死亡"。影视剧的拍摄手法，游戏式的互动体验，《隐形守护者》面对的是分类的困境。从用户接受的角度，该剧也融合电视剧和游戏的两种效果，为了接近真实的历史，游戏中还引入了大量纪实影像资料。"没想到，玩一个游戏，会玩哭了。""我无法想象，那些真正置身于其中的人，是需要何等的坚定与信仰，才能在如此绝望的情景下依然坚定自己的信念。"[1]

1《隐形守护者》豆瓣评分 9.7[EB/OL].

图 8-1-14 《隐形守护者》海报

《隐形守护者》既是在 STEAM 上发售的游戏,也是创新性互动体验影视剧,它是影视和游戏的跨界融合。作为玩家,用户在玩游戏的时候是在扮演游戏中的角色,通过控制角色的行动和抉择来讲故事;作为观众,用户被自己参与建构的故事所打动,沉浸在丰富的故事情节中。在叙事学的视野里,《隐形守护者》属于融入式叙事(Embodied Narrative)的典型作品,这种叙事方式和虚拟现实技术相结合,称为虚拟现实体验(Virtual Reality Experience,简写 VRX)。当前虚拟现实的技术研发,已经能骗过负责身体平衡感和空间定位功能的前庭系统,基本解决了 VR 内部虚拟运动和身体实际运动之间的冲突。电影和游戏已经在跨界融合的路上,不管名称上叫做电影游戏还是游戏电影,都不能简单地把这种新的形态纳入现有的概念体系。将丰富的电影情节、引人入胜的电子游戏交互性和 VR 沉浸感相结合,将打造出独一无二的跨界体验。

四、VR 角色扮演电影

用户生产内容(User Generated Content,UGC)方式对内容的巨大贡献使互联网视频平台迅速崛起,现在人们经常在讨论虚拟现实缺乏内容,而用户要想利用虚拟现实技术制作内容其实并不容易,毕竟缺少简单易用的制作工具。

Visionary VR 开发了 Mindshow（如图 8-1-15 所示），尝试把基于用户的内容创作带进虚拟现实。用户可以通过这个工具定义自己的创作环境和交互场景，选择自己的化身，然后在虚拟现实中开始自己的表演，并把这种体验录制成影片（如图 8-1-16 所示）。

图 8-1-15　Mindshow

图 8-1-16　Mindshow 的 Avatar 角色

和《第二人生》中用键盘和鼠标指导化身的动作不同，创作者使用 HTC Vive 或 PSVR、Oculus Rift 直接"进入"化身，并以化身的角色进行表演。"赋予非生物生命以意识，而且是用户本人创造的，就像我们儿时的梦一样。"[1]。当多人合作时，Mindshow 电影创作还混合了社交属性，不同的角色的互动表演，组合成一个连贯的故事，还可以在虚拟现实平台上分享。

受目前技术的限制，化身的逼真程度还远远达不到"阿丽塔"的精细状态。Mindshow 中的演出能够制造足够的代入感吗？"想想电话。当我们问是谁在电话'上'的时候，人们不会说'这是乔的数字化声音'，而会说'我是乔'。数字化声音的保真度不错，足以让我们的意识保持安静，从来不会怀疑电话那端

---

1 *Mindshow turns you into a VR actor in your own production*[EB/OL].

的人是否真实存在。""技术将会很快提供高保真的视频,真实程度将会媲美电话的音频保真度。换句话说,虚拟世界会围绕我们所有的感觉,会让我们在某些时候'感觉'到像是'真实'的,就像今天电话交谈所能达到的那样——想象一下《阿凡达》。"[1]

在 VR 内容的初创阶段,以尽可能丰富的内容构建具有用户黏性的平台,是行业生存和发展的需要。时至今日,几乎所有的 3D 电影(也包括其他类型的 3D 视频)都被纳入到 VR 消费的内容库中。说起来很矛盾,VR 内容应该用 3D 效果呈现,但仅有 3D 效果却不能成为 VR 内容。"虚拟现实(VR)是在模拟环境中发生的交互式计算机生成体验。它主要包含听觉和视觉反馈,但也可能允许其他类型的感官反馈,如触觉。这种沉浸式环境可以与现实世界类似,也可以是奇幻般的。"[2] 维基百科定义的虚拟现实的要素必须同时包括交互和感官反馈,而 VR 立体电影是被动式观看,不能够进行主动式体验,也就是说观众无法看到自己的反馈对内容产生的影响。有些 VR 立体电影为了制造影院的效果,内置了虚拟的放映厅,观众能感受到银幕、座椅等观看环境,头部运动也可以产生场景的相应的变化,观众似乎"身处"场景之中,但本质上还是"心在"故事之外,对自己看到的内容毫无控制权。

VR 立体电影可以视作传统 3D 电影院的个人版本,随着硬件技术的进步、分辨率的提高,在影像质量上 VR 立体电影有可能达到 3D 影院的观影效果。不过值得注意的是,在声音方面,VR 头显设备的音响系统很难做到影院的全景声音效,听音环境会大打折扣。在 IMAX 影院沉浸感基础上,借助 3D 虚拟现实技术进一步提升家庭影院的观影体验,作为整个 VR 行业内容建设的启动源力,让不了解的消费者有机会接触到 VR 媒介,是 VR 立体电影引发关注的主要原因。

用沉浸式和巨幕观影能否撬开这个市场,改变用户的电影消费习惯,业界还存在一些争论。从技术层面,双眼 4K 正在普及,但目前还没有成为 VR 头显和一体机的消费主流。即使是双眼 4K,800ppi 仍然达不到电影银幕的解析能力。未来的单眼 4K 将会极大地提高观影效果,产生足够的吸引力,还可能会因为 VR 一体机用户的存量过小,在内容分发上被忽略。相比而言,在消费习

---

[1] [美]吉姆·布拉斯科维奇、[美]杰里米·拜伦森著,辛江译. 虚拟现实:从阿凡达到永生[M]. 北京:科学出版社,2015.

[2] 维基百科 Virtual reality 词条[EB/OL].

惯上，移动端的视频消费主要考虑的是舒适方便，出于时间或者成本的考虑，观众如果不去电影院看电影，大部分会选择手机观影。目前 VR 观影的效果还不足以让观众放弃手机观影的方式。

ManaVR 神秘谷创始人赵阳认为，视频消费用户选择 VR 观影涉及到 VR 视频内容的创意性和独占性。"如果一部 VR 视频内容确实非常好，同时又只能在 VR 下观看，一定会有很多消费用户愿意选择在 VR 下观看。如果该 VR 视频内容采用剧集连播形式，一定能大大提高重复观影消费频次，即消费者开始在 VR 中追剧了。"[1]

第二节　虚构故事与虚拟现实

需要提前讨论几个关于 VR 影像的"事实"，以建立一个在通识基础上的对话平台。新技术的优点同时也可能是其缺点，带来新突破的同时，也意味着失去了既定的规则和章法，需要重新探索新的艺术规律。

第一，"突破固定镜头限制的 360 度展示"也可以表述为"去掉画框，就等于扔掉了 100 多年来电影创作的艺术积累，近 200 年摄影创作的艺术积累，甚至几千年来绘画艺术的积累"。没有限制恰恰是最大的限制，就如同没有格律就没有诗词，没有乐律就没有歌舞。当下最重要的任务是找到 360*360 度的"限制"，找到限制才能总结创作规律。

第二，"沉浸式戏剧的环境笼罩"也可以表述为"沉浸排斥间离、时空延宕和省略等结构性的处理，空间叙事密度的把握成为了崭新的课题"。

第三，"借鉴、转化传统的创作手段"也可以表述为"电影媒介是 VR 电影的内容，传统电影的影像记忆是 VR 电影取之不尽的素材源泉"。

一、从有"框"艺术到无"框"艺术

在观看一部影片时，有时候人物离观众很近，面部表情充满整个银幕。有时候又离观众很远，几乎融入无尽的自然场景中无法辨别。根据拍摄距离的远

---

[1] 颜昳华. 为什么 5G+VR 在未来 3 年内都不会有大起色[EB/OL].

近,摄影机实际上在"强迫"观众看导演想要他们看到的东西。"近取其神,远取其势",电影摄影的本质是表现画面的空间以及事物与空间环境之间的关系。

电影诞生之初,大量创作上的"语法"有待发明,摄影师还不可能想到转换机位、停机再拍等技巧,当然也就没有镜头的概念。随着技术的发展,魔术师梅里埃发明了停机再拍,摄影师埃德温·鲍特丰富了镜头组接的手法,影片才开始产生了真正意义的多镜头剪辑。要保证镜头之间的流畅衔接,必须考虑景别和角度的对应与连贯,电影摄影逐渐摆脱了"乐队指挥"式的定点拍摄,结合角色和摄影机的调度、焦距的变化,进而实现了景别的多样化。

从摄影的角度理解,传统电影是一门有"框"艺术,"框"不仅仅是单纯的排除和选取,它还是一种深刻的"有意味的形式"。在影片《阿飞正传》中,观众透过体育场售票间对面的窗口看到的阿娥,被画框、两层窗框所束缚,强制的视角恰恰是摄影指导带给观众的艺术感悟。五种景别不断地此消彼长,通过不同类型的景别变换,电影超越了对日常生活场景的简单再现,升华了观众对生命情感的体验。远景镜头的深度距离空间,导致观众对画面的介入程度不如其他景别那么高,注意力也相对分散和弱化。但正是这种分散和弱化,恰恰有助于制造理解影片的环境氛围,在叙事的逻辑之外为观众提供想象的空间。观众的想象正是借助于远景意象而激发,同时借用观众在日常生活中储备的丰富材料,实现对故事本质和人物情感的深度解读。影片《巴顿将军》片尾,巴顿一个人在空旷的原野上散步,人物越来越小,风车在画面前景中占据了较大的面积,与人物恰成对比,对巴顿将军悲剧的一生是一个很好的总结(如图 8-2-1 所示)。

图 8-2-1　影片《巴顿将军》截图

VR 电影去掉了这个"框",同时也去掉了高频率改变机位和景别的自由度。如何在无"框"的世界里讲故事?什么类型的故事适合无"框"的世界?

作为勇立第三次浪潮潮头的魁首，Oculus 在被 Facebook 收购后不久即成立了 Story Studio 部门，积极探索挖掘 VR 讲故事的潜质，《迷失》（Lost）就是在这种背景下创作出来的。

戴上 VR 头显，"我"进入了一个黑暗的环境，一只萤火虫"嗡嗡"着飞过来，微弱的光线逐渐照亮了周围的世界，"我"意识到自己正身处夜晚的森林中。这时"我"的右边传来了声音，"我"扭过头，一个大家伙正在爬来爬去，等它爬到"我"的正前方，我意识到它是一只断了的机械手，好像正在寻找什么。机械手尾部安装有指示灯，不断闪烁的指示灯显然是一个定位传感器，随着闪烁频率的不断加快，"我"预感到有什么事情即将发生。果然，一道光束穿透了森林的迷雾，沉重的轰隆声出现在"我"的耳中，机械手尾部的灯光快速闪烁并摇晃，就像……狗尾巴一样。正如预料的那样，一个巨大的机器人肩膀穿过高大的树冠，俯身出现在"我"的面前，"我"不由自主地仰望着这个大家伙，有一点想要逃走的冲动。机器人探照灯一样的双眼发现了"我"，它弯下腰，非常逼近地，带着友好的微笑注视着（如图 8-2-2 所示）……

图 8-2-2　《迷失》主创 Saschka Unseld 在 2015 年翠贝卡电影节上谈制作经验和教训

《迷失》在无"框"的故事讲述中，摸索适合 VR 的手段，尝试运用光亮和声音有效引导观众的视线。萤火虫的设计在传统电影开篇并非绝对必要，但对于 VR 来说却是必不可少。一方面，在电影院看电影有一个明确的仪式："坐在座位上，灯光变暗，银幕点亮，然后我们暂时放下当下的世界，准备进入故事的时空。"[1]VR 的沉浸感一直被当作新媒介的特质、优势来提及，"但是在 VR 电影的开篇，沉浸感恰恰带来了问题，没有这样的仪式存在。我们需要找到一个安顿下来并设置场景的仪式，避免从真实世界突然转换到虚拟的新的时空，让观众感到困惑，甚至惊恐。找到一些能够一步一步吸引观众的东西，引导他们

---

[1] 5 Lessons Learned While Making Lost [EB/OL].

进入，而不是直接将他们置入，避免让观众不知所措"[8]。这部 VR 影片开篇，由一个小的运动物体引起观众注意，带领观众环顾四周，熟悉环境，做好铺垫，这种新方法取代了传统电影开篇"依靠景别依次递进介绍背景环境"的常规方法。

在传统电影叙事中，像"机器人寻找机械手"这样的单一情节，是不可以结构成一个独立故事的。沉浸感作为一种新鲜的体验，使《迷失》自带超强感染力的光环。传统电影银幕尺寸固定，一座高山和一只眼睛同样可以充满银幕，事物大小并无绝对比例，100 多年的电影基因已经成为观众的观影习惯。所以当在《迷失》中和我们大小比例接近的机械手最终找到主人时，巨大的机器人出现在我们面前所带来的震撼超出了日常的观影经验。这样的 VR 奇观使观众对故事精巧度放宽了要求，就像《阿凡达》的好口碑更多源自于视觉奇观，而不在于它那简单的外太空殖民混合爱情故事的亚类型。

当人们对 VR 的"惊奇"不再感到惊奇的时候，没有限制的 360 度空间一定会成为创作的最大限制。在目前的阶段，仅仅靠有限的视觉和听觉引导，还不足以为 VR 电影构建系统的结构性创作语法，更多的艺术技巧正等待着被发现和创造。

二、VR 电影的视点控制

电影初诞，只是单一场景单一镜头的记录，电影之父卢米埃尔兄弟认为电影只是一种类似杂耍的玩意儿，等观众厌烦了，电影也就消亡了。对于今天的观众来说，没有人会认同卢米埃尔兄弟的观点，电影以第七艺术的成就，成为商品经济社会最受大众欢迎的娱乐方式，同时也是最重要的文化传播方式之一。《火车进站》《工厂大门》只能模拟人眼单眼有限视角捕获的影像，距离真实地再现现实世界相去甚远，但回过头来看，应该感谢这种"有限视角"，恰恰是这些限制成就了电影这门艺术。

传统电影的强制性叙事的重要特征之一是对视点（POV）的绝对控制。全知视点和限知视点、客观视点和主观视点、第一人称视点和第三人称视点，视点的变化引导着观众对空间的切分，或者说空间的切分调节着视点的趣味，让整段故事的叙事融入微妙的情感流动。

---

1 同上。

这可能就是艺术创作规律中的平衡机制，VR 因为无"框"的限制，视点反而受到了严格约束。VR 电影摄影的天然视点是第一人称视点，传统电影创作中会在某些场景插入这种视点以丰富机位的调度和剪辑的手法，当然由于实验探索的需要，极少数影片会大量使用第一人称视点，甚至是第一人称射击视点（First-Personal Shooting，FPS），比如华谊兄弟参与投资的电影《硬核亨利》（*Hardcore Henry*）。

《硬核亨利》是一部地地道道的新技术催生的电影，由轻量化的 GoPro 摄影机制作的拍摄头盔"Henry Helmet"拍摄，这使得第一视角拍摄整部影片成为可能。影片时长 96 分钟，这部酷似第一人称射击游戏的电影，大部分观众在观看 20 分钟以后就出现了眩晕（如图 8-2-3 所示）。运动医学理论认为，前庭系统作用于身体的平衡感和空间感，它发送神经信号给控制眼球运动的神经系统，保证在移动时也能拥有清晰的视觉。当人眼所见到的运动与前庭系统感觉到的运动不相符时，就会有眩晕的症状出现。如果是真实的身体运动产生的晃动，像跑步、跳跃、翻滚等，准确度非常高的运动知觉补偿会抵消眩晕。对于游戏参与者来说，主动控制产生的晃动大脑同样进行运动知觉补偿，会减轻眩晕的症状。VR 电影目前的观看环境，还不能像游戏那样对运动进行主动控制，这成为其长片叙事的一个难点，也从另一个侧面说明，为什么直到现在都少有超过 30 分钟的 VR 影片。

图 8-2-3　影片《硬核亨利》海报及拍摄花絮

《硬核亨利》毕竟属于小众电影，大多数传统电影强制性叙事的重要特征之一仍然是对视点的绝对控制。VR 电影的创作受到强大的惯性驱动，一味地强调在虚拟现实里重新获得控制权，比如通过声音的线索和移动物体的引导捕捉观众的注意力，这使得现阶段面世的作品常常带有非常明显的人工痕迹。是把故事推向观众，还是退一步让观众通过参与自己发现故事？把 VR 看作独特的媒介，暂时放弃银幕电影对视点的绝对控制，模拟真实场景特质以使观看者获得沉浸的感受。在此基础上再进一步，超越真实场景使 VR 环境变得有趣味甚至有意味，点燃观众主动探索虚拟世界的好奇心，让故事在观众的探索发现中生成，也许是符合创作规律的答案。可以类比经典好莱坞影片开篇所建立的初始情境，当观众适应了初始的环境，感到安定和放松的时候，也正是创作者开始再次获得讲故事的控制权的开始。

电影创作方法的进化一直是和观众互动的结果，究竟哪些手段能够为 VR 电影所用，实践能够带来最信服的答案。延续大部分传统影片的拍摄方法，Google 花费了 500 万美元拍摄了第一支 VR 真实场景故事短片《救命》(Help)。故事发生在洛杉矶，一场流星雨给城市带来了巨大的破坏，紧接着外星人出现在街头，人们奔走逃亡。影片采用 4 台工业级的 RED 数字摄影机和其他辅助拍摄设备，技术上使用的是全新研发的适合 VR 的软硬件系统（如图 8-2-4 所示）。为了达到沉浸感十足的 VR 效果，5 分钟的影片，81 人的后期特效团队，历时

图 8-2-4　《救命》(Help) 的拍摄设备和花絮

13 个月，处理 200 个 TB 的视频素材，渲染 1500 多万帧 CG 画面。虽然《救命》是 2015 年的作品，但是其视觉效果代表了目前 VR 电影工业的最高水平，该片于 2016 年获得了第 69 届戛纳虚拟现实与技术成就金狮奖。

《救命》中大多数镜头采用了传统电影的运动拍摄方式，在 360 度全景视野的环境里，这种视角既熟悉又陌生。熟悉是因为它延续了观众日常的观影经验，陌生是因为在沉浸的环境里，观看者不知道"我是谁？"如果观众的注意力集中在角色的动作上，就好像在电影院里看 3D 立体电影一样，但是当观众转动头部，环顾周围，却看不到影院的环境和自己的身体，这种感知上的矛盾会引发强烈疑问："我沉浸，故我在。但是我是谁？"

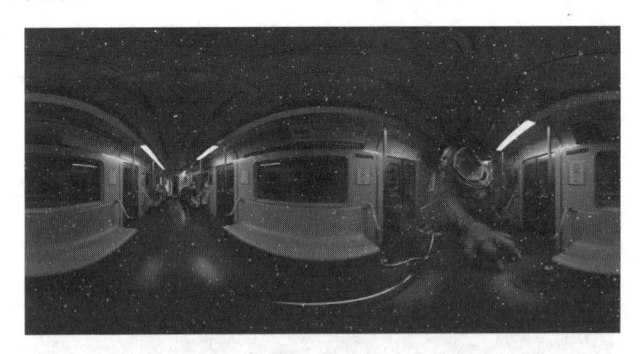

当然不可回避另外一个重要问题，VR 能否讲述复杂的故事？毕竟《救命》在剧情上十分简单，即一个外星巨兽降临地球（如图 8-2-5 所示）。回顾导演林诣彬（Justin Lin）之前执导的好莱坞大片《速度与激情》《星际迷航》，它们的剧情其实也不复杂。

图 8-2-5　《救命》(*Help*) 的 VR 全景效果

萨诸塞州莎士比亚公司选取了莎士比亚最具代表性的戏剧《哈姆雷特》，用以测试 VR 沉浸式讲故事的潜力。《哈姆雷特 360：汝父之灵——虚拟现实中的莎士比亚》(*Hamlet 360: Thy Father's Spirit – Shakespeare in VR*，以下简称《哈姆雷特 360》)，巧妙假定了 VR 电影的改编视角，将观众视点设定为哈姆雷特已死去父亲的幽灵。不得不承认，这的确开创了虚拟现实媒体的新维度。《硬核亨利》的 FPS 视点虽然是天然的 VR 视点，但是和观众静态的观看模式不可避免地发生冲突。《救命》的客观视点让观众觉得自己一直漂浮在场景里，是一种很奇怪的存在，虽然被安置在故事中，但却没有剧情上的依据。《隐形人》(*The Invisible Man*) 表面上看视点设计合理，其实质却是惊悚悬疑类型下的牵强假定。

《哈姆雷特 360》在剧作层面第一次找到了匹配 VR 技术本质的契合点，而且第一次完成了超过 61 分钟的长片叙事，可以视作 VR 电影虚构叙事的里程碑。

哈姆雷特浸泡在一个浴缸里，作为观众的"我"向右看，会看到他的母亲格特鲁德在卧室里化妆。从远处望去，"我"会看到莱尔提斯，正在用剑练习。如果"我"向左看，会在镀金的镜子里看到自己的倒影。"我"显得憔悴、凶狠，事实上"我"已经死了。这时候观众才明白，"我"是哈姆雷特被谋杀的父亲的鬼魂（如图 8-2-6 所示）。

以戏剧《哈姆雷特》的标准，61 分钟的长度非常短，以虚拟现实的标准，这个长度非常长。既要把故事讲得丰富精彩，又要控制好长度，导演史蒂文·马勒分解了原来完整的故事，只专注于哈姆雷特和父亲的关系。Google 为影片的拍摄提供了一台 Yi Halo 360 VR 摄影机，演员的表演都围绕这部摄影机展开，距离摄影机最理想的距离是 3 到 8 英尺。机位下方的拍摄盲点在后期制作阶段用一团烟雾遮挡，表示鬼魂的存在。每次摄影机移动机位，观众都需要花一段时间重新定位，所以大部分镜头都非常长，"女修道院"场景接近 10 分钟，由两个镜头组成。

图 8-2-6 《哈姆雷特 360》剧照

三、用"时刻"构建"场景"

传统电影创作中，当推敲讨论一个故事时，常规的做法会编辑一个故事板，以绘制出行动和节奏。但使用同样的技术描绘虚拟现实作品中的节奏时，故事显得仓促，所有的动作都发生得太快，以致观众无法跟上节奏。

传统电影用角色的一系列"动作"(action)组成"场景"(scene),再由众多场景来结构整个故事。一些场景非常典型,经常出现在影片中,久而久之便具备了类型特征,像爱情场景、车辆追逐场景、战斗场景等。VR电影和传统电影对信息密度的要求截然不同,VR更适合用"时刻"而不是"动作"来构建"场景",调整"时刻"的推进速度以便观众能够有足够的时间来理解故事里的每一场戏,这样产生正确的节奏,不至于毁坏整个故事。

对比分析《乌鸦》(Crow)平面版本和VR版本,可以鉴别由若干"动作"组成的场景和由"时刻"构建的场景的差异。以第二个"时刻"山洞为例:冬天第一次来到森林,动物们难以抵御寒冷,臭鼬、猫头鹰、乌龟、彩虹鸟召开森林大会,讨论由谁去遥远宇宙的另一端,寻找住在星星王国的智者。整个宇宙都是智者思考的产物,只有让智者停止思考寒冷,春天才会重新回到森林。

通常,每一个"时刻",VR视角只有一个,整个场景的呈现完全遵循舞台的场面调度,观众的体验更接近于话剧(如图8-2-7所示)。

图8-2-7 《乌鸦》(Crow)VR版正面视角截图

传统动画版本的故事板遵循的则是电影的场面调度,这个场景在角色的表演、走位的基础上增加了摄影机机位的设置。其中最能够增强感染力的是特写镜头和主观视角镜头的安排,比如猫头鹰的特写,彩虹鸟和臭鼬的正反拍三镜法(如图8-2-8所示)。

由于媒介属性本质上的差异,"时刻"和"动作"必然归属于两种不同的语言系统。VR中"时刻"的处理,观众被放置在空间的某一位置,就如同话剧表演中观众的固定座位,身临其境需要调动自身累积的视听经验,主动地捕捉、选择、过滤次要信息以突出主要信息,然后梳理出故事内在的逻辑,在各个信息之间建立关联。二维影片中场景处理的原则可以简化为"所做的一切,是让观众看得舒服"（格里菲斯语），创作者先于观众决定场面的重点，通过景别、角度等造型手段把重要信息和信息之间的关系推送给观众，对于大部分叙事段落，观众并不需要调动太多的大脑运算能力。

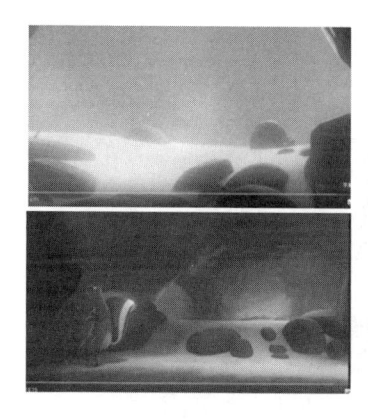

图 8-2-8　《乌鸦》（*Crow*）二维版影片截图

两种场景的比较并不适用高低优劣的判断，正如同话剧和电影。值得关注的是"时刻"在视觉方面比话剧舞台更具逼真性，观众被置入更加沉浸式的场面时，心理的变化还有待深入讨论。

《乌鸦》VR 版本的第五个"时刻"场面宏大，蚂蚁角色微小，不得不使用传统电影镜头推进的技巧，同一时刻焦距的改变本质上是违背 VR 的技术理念的。如何处理此类"时刻"还需要假以时日，等待观众适应或发明新的 VR 语言。

《乌鸦》VR 版本的视觉奇观在于彩虹鸟跨越茫茫宇宙，飞跃璀璨的星星王国，这样的效果在二维的传统动画中是无法体验到的。但是这种手段并不具备不可替代性，3D 动画是可以达到类似效果的。

"时刻"根据类型风格的不同可以分成两大类。一类要求叙事的完整性，每一个"时刻"在叙事中都承担着阶段性的任务，《乌鸦》就是这一类。另一类侧重于情感渲染、情绪传达，获得奥斯卡最佳动画短片提名的谷歌 VR 电影《珍珠》（*Pearl*）可以归为这一类（如图 8-2-9 所示）。

一辆 20 年的掀背式老汽车，一段父女间温馨的旅程，14 个角色、38 个画面、5 分 38 秒的长度被划分成 26 个时刻。《珍珠》*Pearl* 作为 Google Spotlight Stories 系列的一部分，为 VR 影片家族增添了一个新的类型：VR 公路音乐剧。影片导演帕特里克·奥斯本（Patrick Osborne）认为："《珍珠》（*Pearl*）是一部 VR 公路音乐剧。在 360 度全景和 VR 中，你创作的是一部没有边框或时间控制约束的影片。这意味着故事就发生在你身边，观众可随时随地看向任何地方。对导演来说，在以往很难接受把控制权赋予观众。我需要想清楚，在不使用传统电影的剪辑技巧的前提下，如何讲述一个跨度达数十年的故事，并让观众轻易理解时间已然逝去。为了做到这一点，我不得不截断时间，并把观众从一个场景传送至另一个场景。我把汽车作为故事的焦点，利用车窗进行取景和构图，且把观众放在乘客座位上。"

图 8-2-9　VR 电影《珍珠》（*Pearl*）海报

导演的自述沿用了电影创作中传统的"场景"概念，但这里是指的典型的"时刻"而不是一系列的动作。26 个场景中比较典型的包括：小女孩和父亲外出旅行的暖心时刻、青春期少女和父亲的摩擦时刻、长大成人的女儿继续追逐父亲音乐梦想的时刻等（如图 8-2-10 所示）。

图 8-2-10　VR 电影《珍珠》里的众多"时刻"

第八章 | 虚拟现实电影创作理念与方法

两种场景的差异还在于，对于故事中同样的情节，由于观众在 VR 空间中的再创作，通过转动头显设备可以"生产出"截然不同的一系列"动作"（如图 8-2-11、图 8-2-12 所示）。导演选择副驾驶座位作为全片统一的视点，依靠车窗结构形成的"多边形印象派"[1]景框，随着音乐的流动，观众或选择欣赏路边的季节风景，或关心车内空间乘客的情感互动，建立自己独特的影像视觉风格。[2]

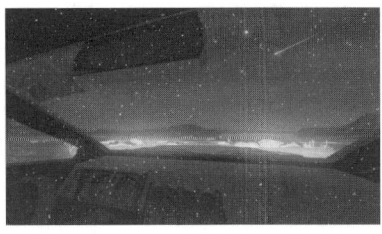

图 8-2-11　观众看到的可以全部是公路片影像

图 8-2-12　观众看到的也可以全部是车内情景剧影像

以上并非主观的想象，帕特里克在制作本片的二维版本时，在用手机观看 360 度全景影像时用录屏的方式"录制"了二维样片，根据这个样片的观看视角和节奏，剪辑师调用原素材渲染剪接出了二维的影片。二维剧场版和完全身临其境的 VR，都基于同一故事，动画、声音和音乐素材也完全一致。剧场版加入了为数不多的几个全景和车前机位的镜头，剪辑节奏几乎是 VR 版本的两倍。"这样的结果为我们提供了一个难得机会，让我们可以一睹导演是如何在所有不同的媒介中讲述相同的故事。VR 版本感觉更像是你真的坐在乘客座位，与剧中主角共处一室。而二维版本更像是在欣赏家庭电影。各个版本有着不同形式

---

[1] 美术指导图娜·博拉（Tuna Bora）语。
[2] 奥斯卡提名 VR 电影《Pearl》团队采访分享[EB/OL].

223

的亲密度，但它们都能让你更接近这些人物的生活。"[1]

四、VR 电影中的时空处理

电影由一种"杂耍"成为一门讲故事的艺术，必须要解决三个方面的问题：停机再拍、自由的时空、最后一分钟营救。

停机再拍的意外卡片事件，有了镜头的概念。梅里埃试图突破这种单一镜头的局限，他在 1899 年拍摄的《灰姑娘》（Cendrillon）记录了 20 多个场面，但是，每一个场面仍旧是用一个镜头视点拍摄，场面与场面之间的变化有如舞台剧的转场。真正标志着剪辑技术形成的，是爱迪生的摄影师美国人埃德温·鲍特，他在 1903 年拍摄的《火车大劫案》（The Great Train Robbery）里，充分运用平行剪辑的技巧，将一个新闻故事变成了一部艺术影片，运用多个时空、多个场景完成叙事，从而形成了用主题组合镜头动作、编织故事的创作方法。12 年后，格里菲斯将这种依照主题剪辑镜头的方法推向了成熟，他在《一个国家的诞生》（The Birth of A Nation）里，运用了大量新颖的剪辑技巧，不仅仅是按照时空连续性的原则，而且加入了动作连续性的原则，将大量不同空间、不同时间的镜头组合在一起，从而创造了一部对电影剪辑技术发展产生深远影响的影片。格利菲斯更进一步丰富了剪辑的运用，他在影片《贪财》（Money Mad）中将戏剧化的特写镜头和反拍镜头交替使用，在《埃诺克·艾登》（Enoch Arden）中将主人公在荒岛上的镜头与未婚妻的面部特写镜头快速剪切；在《道利冒险记》（The Adventures of Dollie）中，他创造了"闪回"手法；在《凄凉的别墅》（The Lonely Villa）中，它应用平行蒙太奇，创造了著名的"最后一分钟营救"。

梅里埃的停机再拍、埃德温·鲍特的自由时空的实验、格里菲斯的"最后一分钟营救"，以及在此基础上的闪回、加速剪辑，标志着商业电影规范的形成。自格里菲斯开始，电影有了比较完备的视听语言，它在鲍特等人之后丰富完善的剪辑方法成为了后世经典电影的规范。这种剪辑的方法就是连贯性剪辑，又被称作无缝剪辑、无形剪辑。剪辑的目的在于掩饰剪切的痕迹，这样观众不会出戏，也就是说在看电影时不会想到自己是在看电影。电影正是用它本身独有的形式完成了对现实的艺术加工，成就了它第七艺术的地位。

---

[1] 奥斯卡提名 VR 电影《Pearl》团队采访分享[EB/OL].

VR 电影全面超越了传统电影的视点限制，没有了限制对于一种艺术形式来说也就失去了控制。VR 会不会像电影诞生时卢米埃尔兄弟判断的那样，经过了最初的猎奇体验后，很难再引起人们的兴趣？虚拟现实出现的原动力是对真实世界的仿真，但虚拟现实发展的目标绝不会简单化为对现实的机械复制，VR 电影中的时空和生活现实中的时空之间的关系也不会是简单的对等。每个人都做过"白日梦"，大脑在"心骛八极，神游万仞"的时候从来也没有觉察到有什么不连贯。如果把 VR 电影的时空看作一个人出神、发呆，探索出一套机制，通过各种引导手段，触发导演在叙事过程中设置的兴趣点，那么就可以像电影早期阶段那样获得创造时空的自由。

在协作型媒体平台 Medium 上面，沉浸式作品导演杰西卡·布里哈特早在 2016 年就对这个问题进行了深入研究。在传统电影中，我们通常说镜头和镜头的过渡衔接，而在 VR 中她用"World to World"相对应。World A 和 B 的衔接要考虑匹配观众的注意力，而注意力的获取就要依赖剧作和拍摄时设置的兴趣中心。在图 8-2-13 中 X 代表观众的视点，黑点代表 World A 中兴趣中心的起始位置，白点代表兴趣中心的结束位置。在 World B 中兴趣中心的起始位置匹配上一个 World A 兴趣中心的结束位置，从而完成 World A 到 B 的流畅衔接。[1]

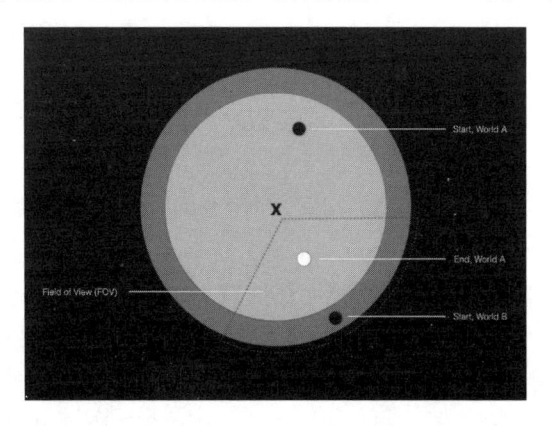

图 8-2-13 在世界 A 中转换过渡到世界 B

"World to World"的衔接还可以扩展为图形匹配和透视匹配，这两个概念是传统电影视听语言中关于剪辑的规则。图形匹配适用于同一被摄主体的景别变化，像《乌鸦》（*Crow*）中彩虹鸟在星星王国和智者的对话场景，辽阔的星星

---

[1] Jessica Brillhart: *In the Blink of a Mind — Attention*[EB/OL].

王国和蟋蟀智者的小小玻璃房，这两个 World 需要借助图形匹配才能够顺畅衔接。透视匹配则适合于衔接不同的场景，以尽可能地减少空间的剧烈变化对观众的干扰，彩虹鸟穿越宇宙星空的漫长旅程即是通过透视匹配衔接来压缩的。

和传统电影相比，VR 电影的镜头数量和剪接的频率一定会下降，但绝对不是说 VR 电影排斥剪接。电影史早期的短片《裙子钉在栅栏上》（*Ladies' Skirts Nailed to a Fence*）在摄制时不知道轴线规则，扰乱了观众试图在影片中建立的空间关系，有了这个失误，摄影师懂得了要还原正确的空间关系需要"分切拍摄时把摄影机放置在一侧"，也就是不能越轴。现阶段 VR 电影的创作正在"改造"传统的创作规则，新的语言语法系统正在形成。

五、VR 故事的非线性呈现和空间情节密度

2015 年 Visionary VR 雄心勃勃地试图重塑电影制作中最基本的概念，以讲述虚拟现实中的故事。它的最大特点是技术和内容结合在一起进行开发，也就是说根据对 VR 讲故事这个内容层面的创新理解，开发相应的技术工具予以支持；同时也用 VR 周边的相关技术激发 VR 讲故事的潜力。

本节的开头论述了 VR 无"框"的艺术本质，但是 Visionary VR 以他们对技术的深刻理解，重新构想了在虚拟现实中讲故事的"框"，并且还开发出了叫做 Visionary Focus 的 VR 电影制作应用程序，他们将这个应用与在 VR 环境中拍摄电影的方法结合使用。

Visionary VR 的虚拟现实的"框"产生于对 360 度场景的分割，最重要的动作区域被定义为主区域（Primary），次要的动作区域被定义为第二级区域（Secondary），再次的区域定义为第三级区域（Tertiary），以此类推（ETC）（如图 8-2-14 所示）。主区域是观众进入故事的默认视域，大部分剧情都在这个区域展开。为了解决不能在同一时刻看到所有区域情节的问题，当观众主动寻找二级、三级影像的时候，主区域灯光渐隐、动作减缓、边界出现给出视觉提示。这样，当观众从一个区转到另一个区时，VR 电影的导演可以控制这些"边界和感官线索"，确保每个观众都不会错过重要的内容。当观众视线回到主区时，主要动作恢复到活跃状态，故事线向前推进[1]（如图 8-2-15 所示）。

---

1 *Visionary VR is Reinventing Filmmaking's Most Fundamental Concept to Tell Stories in Virtual Reality*[EB/OL].

很遗憾，这个项目（程序）因为种种原因并没有正式公开发布。一方面是因为的确存在技术上的难度，另一个更有可能的原因是，观众已经习惯了被动式的线性观看方式，还没有对这种互动式非线性的模式做好准备。在 2016 年，Visionary VR 吸引了 600 万美元的投资后，迅速转入了 Mindshow 的研发，观众可以自由选择自己的 Avatar（阿凡达），自编自演属于自己的独一无二的 VR 电影。

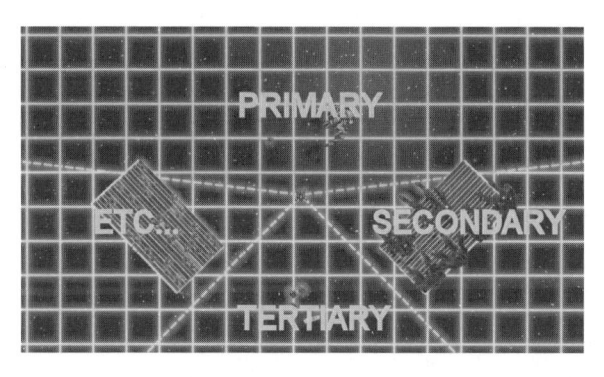

图 8-2-14　Visionary VR 对 360 度场景的分割

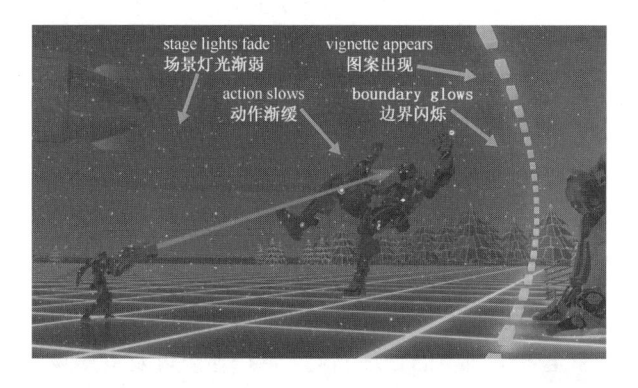

图 8-2-15　Visionary VR 制作工具中的"边界与感官线索"

当我们在讨论多线性叙事的时候，实际上并不是在影片呈现的层面，而是已经经过了思维的整理，重新在头脑里组织排序建立逻辑链路以后的结果。除去分屏叙事的特殊片例，传统电影在任何特定的时间点，只会讲述一件事情，这个事情就是情节。同步演进的多个事件也只能借助交叉和平行剪辑来处理，银幕电影本质上是线性呈现的，一百多年观众观影经验积累才使对复杂的结构的认知成为可能。比如在《七月与安生》中，导演曾庆祥坚持 50% 的重叙，而监制陈可辛在对观众的结构处理能力进行准确评估后，建议削减为 20%。VR 再现的"真实情境"中，传统电影中无法穷尽的事件多维展开，需要用足够的空间情节密度来填充故事。从这个角度，我们看到了 Visionary Focus 的重要性。这个项目让创作人员不只是进行抽象的叙事思考，工具的技术性开阔了艺术构思的视野，让我们得以找到和传统叙事模式的对应参照，非常具有启发价值。

第三节　银幕电影的传承和 VR 电影的革新

在笔者详细分析了"框"式艺术、视点控制、时空处理、叙事时序等关键问题后，是时候尝试总结哪怕是不甚成熟的经验，甚或是教训，供制作者参考。名称上，为了和 VR 电影作比较时行文清晰，我们把传统的二维和三维院线电影统称为银幕电影。方法上，为了有更好的对比性，我们尝试在电影编剧、导演、表演和摄影等银幕电影创作理论框架下来阐述，毕竟 VR 电影的制作者都是从银幕电影时代"跨界"到虚拟现实领域的。换句话说，当下并不存在原生的虚拟现实内容制作者。

一、VR 剧作扩大了编剧的"权力"

对于 VR 剧作，传统的剧本内核没有变，依然是由场景、角色、对话和动作四大要素构成。然而，基于 VR 的全景模式，编剧在每个要素方面的工作量都大为增加了。在场景的描写上，VR 剧作扩大了编剧的"权力"，编剧需要统筹考虑故事内容在全景空间中的合理布局，要和导演以及程序设计人员持续沟通。

"第四面墙"不复存在，多个事件多维展开，为了达到足够的空间情节密度，《以眼还眼》（Eye For An Eye）的编剧发明了"象限"工具。以假定的 VR 摄影机为中心，整个场景空间被分为水平和垂直两个维度，共有六个象限：正面、后面、左面、右面、上面、下面。剧本文字也被定义成不同的颜色，以对应不同的象限（如图 8-3-1 所示）。

按照象限分区域创作的剧本给导演和演员以明确的提示和指导，在影片的前制阶段即能直观地感受故事的情境。比如在《以眼还眼》的开篇，几个人物在正面象限交谈，突然一只鸟撞到了后面象限的窗户上，剧作中的空间方位清晰可见。

编剧除了具备象限思维外，还要具备角色思维，给 VR 摄影机设定一个符合视点逻辑的角色定位，包括在场景中的位置、高度、初始角度等；对话方面和动作方面，因为无法继续采用传统电影经典的三镜头法（正拍、反拍和关系镜头），编剧需要同时交代所有人物的状态，因为在拍摄时没有演员会在镜头之外。银幕电影中导演的一部分工作前移，需要在剧本创作阶段由编剧来完成。编剧的平面思维升级为空间思维，场景空间可视化、沉浸化，情节的非线性，声音的全景化都需要编剧统筹考虑，协调各工种协同工作。银幕电影的剧作是推送式的，VR 剧作则要通过充分的引导，以约束观众在全景空间里的选择。"导航"成为编剧的另一种身份，编剧需要在剧本中设置情境引导，安排触发节点。

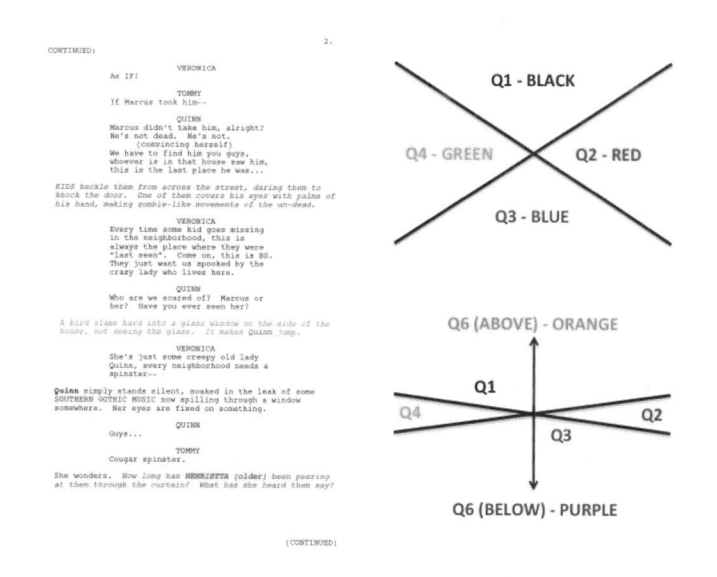

图 8-3-1　分"象限"写作的剧本

银幕电影的线性叙事系统也受到了挑战，由故事、情节、因果关系、初始情境等组成的经典叙事结构，在 VR 叙事中不再广泛适用。在经典的结构下，一个叙事是由一个状态开始，然后根据因果关系的模式引起一系列的变化，最后，一个新的状态产生，使叙事结束。互动式 VR 电影中，编剧不再只编写一个故事，而是编写多个故事，线性叙事系统被非线性叙事系统替代。

叙事时间也发生了改变。在银幕电影里，叙述者可以对文本中的时间进行改造。叙事的一个重要功能就是把一种时间转换成另一种时间，叙述者有办法把现实中单向的不可逆时间变为叙事中多维的和可逆的时间。可惜的是，一些烧脑、悬疑、挑战观众拼接推理能力的时间结构在 VR 的初期阶段不得不舍弃，VR 空间的沉浸感大大降低了叙事的节奏，编剧的能量不再体现在多线索的交叉，而是借助游戏式的参与互动，营造富有个性的立体式结构。

二、导演、表演更靠近戏剧

在 VR 电影的拍摄中，导演不能在现场指导场面调度。实际上，剧组除演员外的所有工作人员都不能出现在拍摄现场。演员不能再参考分镜头的故事板分段表演，同一场景中，演员需要不间断地表演，表演的节奏也几乎没有后期剪辑的余地。

通过对 VR 电影《隐形人》(*The Invisible Man*) 的分析，可以非常清晰地看到 VR 电影的这种变化。《隐形人》的剧情并不复杂：小毒贩尼克和基德私藏了价值 50 万欧元的海洛因，得知此消息的债务人弗兰克上门讨债，尼克和基德不想交出毒品，被迫和弗兰克进行俄罗斯轮盘赌来解决争端。轮盘赌的每一轮都会引出一个秘密，《隐形人》利用 VR 的特点，创造了一个叙事的谜盒。10 分钟的短片一共拍摄了 9 次，但是全片只有一场戏、一个镜头，当然也只有一个机位，四位演员的表演从开始一直持续到结束，一气呵成，这样的场面调度和表演更接近于舞台戏剧。《隐形人》剧作中设计了一个看不见的角色，观众的视角正是这个角色的视角，演员的表演还要按照剧本的设计考虑到和"摄影机"的交流（如图 8-3-2 所示）。

图 8-3-2 《隐形人》的导演只能通过 4 个监视器监看演员的表演

舞台戏剧与银幕电影场面调度的区别是：舞台场面调度是针对坐在固定位置上的观众设计的，它所表现的形象与观众的统一视点相适应。场面调度只局限在舞台这一有限的空间内，即使现代化的转台和多变的灯光也无法完全突破舞台空间的制约。银幕电影场面调度则是导演引导观众从不同视点、距离和角度去观察眼前展开的场景，它几乎不给观众留有选择的余地，它把演员调度和镜头调度作为不可分割的创作手段统一起来加以运用，使观众通过电影画面，从各种不同的视点、距离和角度观看演员的表演和情节的进展，以及周围的环境气氛。尽管视点变换、空间跳动，时间流程经常被分割、打断，但观众借助联想补充和对电影语言的适应，仍然能够理解并获得完整统一的印象。

VR 电影的场面调度消解了对观众的完全控制，真人实景模式下，VR 电影的场面调度回归舞台戏剧，摄影机只在非常有限的范围进行调度（在《隐形人》中没有摄影机的调度），而演员和道具的调度进一步得到加强。

演员的表演面临更大的挑战，VR 电影不能像银幕电影一样采用分镜头拍摄，表演需要"一次性"完成，这和戏剧的表演有些相似。但回归戏剧模式并不等同于戏剧模式，演员面对的不再是观众群体，而是一个观众。观众可以调整调度的视点，也可以成为参与场面调度的角色。

三、VR 电影摄影造型功能改变

银幕电影的拍摄非常强调摄影造型的贡献，摄影镜头在记录影像时一方面是对人眼的模拟，同时又在许多方面和人眼的视觉感受有很大的差异。正是这种差异，为摄影师提供了选择和表达的空间，使电影摄影摆脱了对客观世界的机械复制而成为一门造型艺术。这些差异在传统的电影摄影造型理论中常被分解为：焦距、构图、景别、角度、运动等多种造型元素。

焦距是摄影镜头的主要性能指标，奥逊·威尔斯偏爱 18mm 和 25mm 的焦距，黑泽明的主要工作焦距在 35mm 到 50mm 之间。对于 35mm 电影来说，35mm 镜头等效于人眼看到的透视效果，所以希区柯克使用 35mm 的主要原因是让观众认为电影银幕上的一切都是真实发生的。在同一场景中，导演和摄影师会比较规范的选用一致的焦距，确保透视效果的一致性，但并不是说整部电影焦距不变。焦距造型有很多的方面需要考虑，比如通过小景深来突出主要对象，大景深来强调纵深场面调度（如《公民凯恩》），使用广角镜头并不是为了扩展空间感受,而是制造人物和城市的疏离感(如《堕落天使》)。电影摄影中运用不同焦距对镜头的运动具有放大或抑制的作用,长焦夸张横向运动速度而压缩纵向运动速度,短焦距则正好相反。焦距选择的决定性要素是造型的需要,而不是为了拍摄工作的便利,银幕奇观并不全是数字特技的功劳。

　　VR 怎么办?VR 摄影的焦距仅仅是一个技术的概念,摄影机上每支镜头的焦距取决于镜头数量和场景的拼接。从造型艺术的角度看,VR 摄影没有焦距,在现在的技术条件下,VR 也不能灵活地控制焦点。银幕电影摄影中广角镜头的视场角宽广,适合表现恢弘的自然环境、壮观的城市建筑,并能弥补布景实际宽阔度和纵深感的不足。VR 摄影的全景视野,天然带有强烈的视觉冲击,这种冲击更依赖于场景自身的特质,强调还原真实而不是艺术性的夸张。银幕电影广角镜头表达疏离感和荒诞感等情绪氛围的功能也无法在 VR 摄影中找回(如《疯狂的石头》)。

　　VR 摄影当下的境况可以类比银幕电影初创时期,固定机位固定焦距对现实的逼真再现,引起观众巨大好奇,从未有过观影经验的人们甚至会下意识地躲避银幕上开过来的火车。VR 摄影目前还应巧妙结合角色的视角和观众的视角,尽量发挥全景视野真实感、沉浸感的优势。

　　构图方面,一部银幕动作类型片的画幅是 2.39∶1,因其通常使用变形镜头拍摄,所以称作变形宽银幕。1.85∶1 的遮幅宽银幕专为文艺片"定制",1.37∶1 的学院比例作为老电影的专属已经不再流行。当然也有少数导演热衷于画幅比例的实验,贾樟柯导演的《山河故人》把三种比例都用了一遍。冯小刚导演的《我不是潘金莲》直接使用中国风式圆形的画框。画框是一种限制,然而正是这种限制成就了摄影以取舍为精髓的构图艺术。画框限制住了画面,却没有限制住声音,声音成为构图的引导性要素。电影史的早期阶段是无法想象声音会成为构图的参与性角色,随着创作者对声画关系的深入理解,发现在画框之外,可以通过声音的暗示,提醒观众画外空间的存在。画外空间是留给观众想象的空间,想象恰是摄影构图艺术的灵魂。

　　VR 摄影彻底打破了画框,构图转向 360 度全景构图,但现在常规的操作是通过初始视角强调元素的次序安排。CGI 手段的加入,使构图从二维的空间艺术创作升级为三维景观设计。用 CGI 创作的 VR 影片,不是交给观众一个确定的全景构成,而是需要观众走入三维空间,通过自身的运动,产生个性化的构图体验。于是银幕电影形式中确定的构图被千人千面的参与性动态构成取代,从这个意义上讲，构图这扇门被封禁的同时，新技术却为 VR 打开了一个更为广阔的窗。艺术形式的形成和创造，必须以限制为前提，没有镣铐，就没有诗的舞蹈。VR 摄影空间构成的限制是什么？恐怕要从它的功能逆向思考。空间构成如何来表现主题，怎样参与剧情，如何体现导演的创作思路和风格化特征？回答了这些问题，就能把限制升级为空间造型手段。

以画面空间关系以及人与环境之间的关系为判定标准，VR 摄影仍然存在类似景别的概念，传统银幕电影的景别变化依赖于摄影机和被拍摄对象的距离（有时候使用不同的焦距），而 VR 摄影给观众的感受是自己和被拍摄对象的距离变化。距离变化依然是 VR 摄影重要的创作手段。VR 真人电影中，如果观众是和故事内容完全无关的第三者，距离的灵活度得以保留，调节摄影机和被拍摄对象的距离可以生成丰富的视域变化，但技术本身置入场景的特性极易造成观众身份认知错位，这种丰富的视域变化牺牲了虚拟现实的沉浸特性。以第一人称视角拍摄的 VR 真人电影，限定了摄影机的机位，单一的视角必然生成单一的视域。视角的变化可以通过摄影机的运动产生，这时新的矛盾出现了，即观众在自身静止的状态下运动感官失调，《病院惊魂》（*Catatonic*）为观众观影设计的特制座椅，通过振动模拟轮椅的运动，实际上是通过欺骗感官的方式抑制运动感官失调，挽回沉浸感的流失。

在同一场景的同一场戏中，多视域的此消彼长成为 VR 摄影新的约束，创造性地结合叙事视点，在传统表达技巧之外寻找新的表达规律是 VR 摄影成为一种新的视觉艺术的必然选择。《哈姆雷特 360》中摄影机代表的是哈姆雷特父亲幽灵的视角，这个视角非常灵活，即使在同一场戏中，360 全景摄影机的位置亦不受假定性的限制。唯一的问题在于，不是所有的 VR 电影剧作都适合安排一个这样的幽灵视点。

景别在传统影视摄影造型中有风格表达的重要功能。不同的景别可以产生不同的艺术效果，景别元素的运用，直接决定了一部影片的风格特征。如戏剧性因素较强的影片（不论是商业片还是艺术片），它们必然要运用或者说是依赖近景、特写等较小的景别，来突出其戏剧化特征，把观众带入其波澜曲折、催人泪下的戏剧化情境中；与它相反，戏剧性因素较弱追求生活化的电影，它们则必然更多地使用全景、远景等较大的景别，来减弱人为的戏剧化倾向，把观众带入朴实自然、具有浓郁生活气息的非戏剧化情境。VR 电影中，戏剧化特征要更多地依靠视点的巧妙安排，这取决于故事本身的类型。而非戏剧化的、纪实的情境应该得到更多的权重，因为这种情境下，VR 摄影中，类似传统摄影景别的风格表达功能得以继承，而且有沉浸感的加持，气氛造势更为容易。

新的媒介技术改变了 VR 电影的形态，封禁了银幕电影中的一些门，同时也必然会打开许多扇窗。也许当 VR 电影不再被认为是电影的时候，VR 电影才真的能成为 VR 电影！这不是一个悖论，只是在新的概念被认可之前，借用之前通用的概念表述的局限。电影诞生之初，也曾有相当多的人认为，它只不过是戏剧的延续，比如《定军山》即是直接拍摄京剧表演的场景。然而经过一代代电影大师的探索和创造，电影创作有了自己的艺术规律体系和工业标准，成为区别于戏剧的独立艺术。

当下，大多数的 VR 电影实际上还是试图转化传统电影的摄制方式，试图消化电影已经成熟的故事类型，而在整个框架内还没有找到适合 VR 的题材和创作手段。VR 电影语言的创造绝对不能贪一夕一朝之功，它是艺术和技术深层互动漫长而艰辛的过程。

Oculus Story Studio 部门已经关闭，对于从事 VR 电影的专业创作者来说这反而是个好消息。自《亲爱的安吉丽卡》(*Dear Angelica*) 让 Oculus Story Studio 触摸到了 VR 电影的真意已过去很久，VR 电影是时候重新定义自己了。关闭部门的同时，Facebook 提供了 5000 万美元支持民间 VR 创作，希望集合更广大 VR 社群的力量，丰富 VR 电影的语汇，使 VR 电影早日发展为一门独立的艺术。

第九章
VR 影音作品中的音频技术与听觉空间营造

在传统视听媒体作品创作过程中，声音的采集和还原技术可以真实地再现客观场景的声音场，其在立体感、空间感、距离感、层次感等方面产生的效果，甚至超越了视频本身。而在视听媒体虚拟现实作品的创作过程中，声音的创作和还原成为了新的难题，理想的状态是，虚拟现实头显设备的耳机能跟随用户的随机观看方向和视域范围，实时提供与之精准契合的声场效果。

第一节　基于虚拟现实的空间音频技术基础

一、影视作品的听觉空间问题

构建视听同步空间是影视作品创作的起点，尽管视觉是最主要的感知方式，但声音在许多情况下具有等同于画面的叙事作用，对于观众看不到的画面外（被墙或者物体遮挡视线的区域），观众都会借助听觉来检索信息。相对于 VR 的虚拟画面而言，虚拟听觉空间（Virtual Acoustic Space）是一种以双耳听觉技术（Binaural Technology）为基础，对声音进行拾取、空间模拟计算和播放的音频技术，目的是使观赏者在主观感觉上借由声音营造的听觉体验产生一个虚拟的空间想象。这个技术需要时刻探测听者的头部位置，从而即时计算出虚拟声源位置，再由耳机重放出声源的声像定位。这种虚拟听觉空间研究的主要目的是尽可能地呈现虚拟空间中的声音——创造接近自然听觉体验的主观感受，从而替代在观赏过程中真实存在的空间。

近年来，随着多媒体计算机和数字信号处理技术的发展，虚拟声信号处理效果已经可以达到较高的真实感；听觉作为虚拟现实感官系统中重要的部分，虚拟听觉空间的研究也成为近几年国际研究的热门课题，越来越多的 VR 影音作品重视在声音方面的创作，国外学者已经认识到虚拟现实中沉浸感的营造和听觉空间审美设计的复杂性，并提出需要对观赏者进行定量的实验和定性的深度访谈以优化观赏者的沉浸式体验。[1]电影诞生以来的一百多年间，从默片时代的影戏到数字时代的虚拟现实影音作品，昭示了观赏一个影视作品的同时也存在着对听觉内容的渴求，时至今日声画结合的影视作品已经是人们习以为常的表现形式，可以概括为由人的肉体眼耳与媒介共同形成的感知，即麦克卢汉所说的"媒介即人的延伸"。

现在的影视作品中，视听结合的体验是不可或缺的，而声音的空间性也随着技术的迭代发生着新的变化。VR 技术的出现为声音的空间性提供了可能。2014 年，Oculus 授权 VisiSonics 的 RealSpace 3D 音频技术，实现了使用电子陀螺仪对人头位置朝向的实时探测，并根据探测到的数据对音频进行实时处理，最终将这项技术融入 Oculus 音频软件开发工具包中。RealSpace 的 3D 音频算法可以模拟出声音在三维空间的任何位置发出后的状态，从而给观赏者虚拟出声源方向、距离、深度和运动的感知。NVIDIA 在 2016 年推出首个路径追踪式的 VRWorks Audio，利用 OptiX 光线追踪技术实时追踪声音的路径，提供逼真的音频，描述观赏者所处虚拟环境的大小、形状和材料特性。同年，谷歌公司公布了一个跨浏览器支持的开源空间音频渲染器——Omnitone，其中设置了 8 个虚拟扬声器渲染双耳音频流，将 VR 头显中的方向传感数据与解码器无缝衔接，完成声场转换，从而让观赏者通过耳机就能体验到空间感。直到现在，各大厂商都在继续尝试通过技术手段使声音设计师更舒适便捷地工作，力求营造出与画面有机融合的听觉空间。

对于影院观影来说，无论是哪一种形式，它们营造的声音体验都还是一种基于观众眼前有限屏幕的视听感受，给人一种三维立体声的错觉。因为影院中

---

1 Summers, C., & Jesse, M.. *Creating immersive and aesthetic auditory spaces in virtual reality*[J]. In 2017 IEEE 3rd VR workshop on sonic interactions for virtual environments (SIVE) .2017:1-6

扬声器的位置是固定的，影院观影并不能使观众"置身电影时空之中"，其给观众带来的沉浸感无法与 VR 电影相提并论。在 VR 影音作品中，观赏者处于场景的中心，可以自主选择将视线的焦点集中在虚拟现实世界的任何地方。声音需要根据头部位置的变化即时演算出所对应的声像定位，如当头部转动向左边时，原本来自正前方的声音就要相应的改变方向，变成相对于头部右侧。这样无论观赏者去往虚拟空间的何处，听觉空间位置仍然会保持不变，从而营造出虚拟空间的感受，这就需要对听觉空间和音频技术的关系进行深入探究。

二、VR 影音作品中空间音频定位的基本原理

空间音频技术涉及多门学科，如心理听觉（Psyco-acoustique）、声学（Acoulogie）、计算机科学（Computer Science）等。由大脑结合两只耳朵接收到的声音信息，根据日常经验对来自不同位置的声源做出空间位置判断，这一过程称为双耳听觉（Binaural Audio）。在生理结构上人的双耳所处的位置和朝向都不同，当声音传播到双耳时，就会出现接收的信息差；人在日常生活中不断地积累声音与空间相连接的经验，并在经验的主导下进行判断。[1] 由此，音源模拟技术只需要计算出声音在传播过程中分别传入两个耳朵可能会发生的差异，并对双声道的声音差异进行相应的处理，就可以让人感受到模拟出的声音位置。要达到这个目的，就需要至少两条通道的双声道立体声，先将声音在发生和传播过程中的大部分空间信息记录下来，再通过左右扬声器或者耳机进行重放，还原人耳听音时的状态。这项拾音技术在 20 世纪 30 年代由英国人阿兰·布鲁姆雷恩（Alan Blumlein）实现了。[2] 当时这项技术只与普通的屏幕影音结合，当声音技术需要应用到 VR 影音作品时，就出现了一个难以解决的技术问题，即 VR 观赏者的视角是随主观意识而自由随机转动的，在这个过程中影音内容不能像传统作品那样由导演规定观赏者的视角，当观赏者听到左边的声音而转过头后，那么声音的位置就应该发生变化，变成来自观赏者的正前方。为了解决这个问题，需要一种能够根据使用者视线方向变化实时地对声音位置重新进行模拟演算的技

---

1 [法]Pierre Schaeffer. *Traité des objets musicaux*[M].Paris:Seuil,1977:713.
2 1931 年，阿兰·布鲁姆雷恩（Alan Blumlein）发明了他所谓的"双耳声"，也就是现在的立体声。这种制式使用两支型号相同的指向性为 8 字形，轴线互成直角的传声器进行录制，这种拾音制式至今仍被称为"Blumlein"。

术。这就需要用到头相关传输函数（Head-related Transfer Function，简称 HRTF），即表达声音传播至人的双耳时，依据其位置关系而产生的音量和时间差变化的函数，从而设定一个包含各个参数的数学模型，将人头的中心位置定义为原点建立极坐标系。

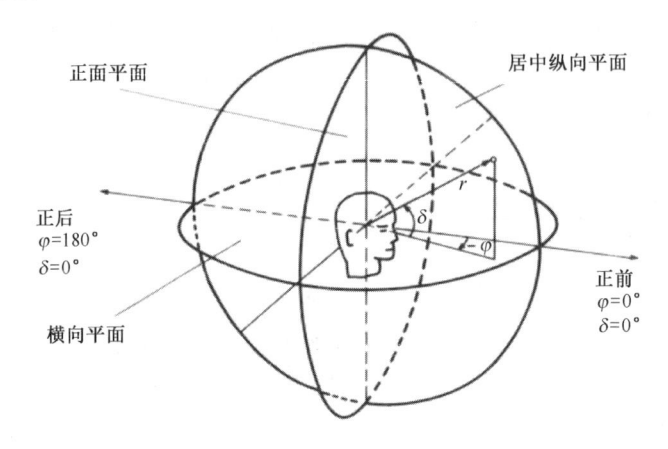

图 9-1-1　声源传播至人头位置示意图

图 9-1-1 中，δ 表示水平平面上的角度 $0° \leqslant \delta \leqslant 360°$，$\theta$ 代表垂直水平平面的角度 $-90° \leqslant \theta \leqslant 90°$，$r$ 代表人头中心与声源距离，通过确定声源方位，从而计算出声源到人的两耳位置的距离和角度关系。我们发现，从数学上模拟声音传播至人耳的物理现象，在空间上存在一个距离差，并且两耳的朝向也存在一定的差异，导致了声音传输到两耳的时间和音量会有一定的差异，因此大致可分为以下两种参数形式：

*ITD（Interaural Time Difference），用于计算声音从声源出发分别到达两个耳朵处的时间差。

*ILD（Interaural Level Difference），用于计算两耳捕捉到的声音音量差。

另外，还有头部相关的脉冲响应（Head-related Impulse Response，HRIR），与 HRTF 互为傅立叶变换关系，但 HRIR 频域信息是代表声音所包含的信息，是信息传达到两耳时间差所造成的信息差而表现出的时间差，所以 HRIR 必须是在一段连续的不变时间系统（Linear time-invariant System）才有意义。[1]

---

[1] Mario Rossi.Audio[J].*Lausanne:Presses Polytechniques et Universitaires Romandes*. 2007:115-125.

值得注意的是，产生 ILD 的因素有很多。通常将双耳的捕捉范围视为锥形，通过其朝向与声音传播方向的夹角计算出因为耳朵朝向而产生的音量的衰减关系；此外还需要计算由于两耳的不同位置，声音传播到两耳所可能遇到的障碍物，如头骨、皮肤、眼球或口腔等，在不同频率段也会产生的不同程度的音量衰减。因此，理论上只要确定了声源位置和人头朝向，就能推算出两耳音量差和时间差的结果。此处的频域差也需要与人头传输导致的频率差进行区别，因为人头传输所产生的频率差影响，是需要另外进行数据采样以及实验后才能获取，这是由于人面部的器官结构非常复杂，包括鼻腔、眼球、头骨、口腔的张闭以及耳廓都会极大影响声音的吸收和频率改变。目前的数学模型和计算能力很难将每个细节进行完全模拟，只能先根据实验测得数据，再依照实验数据进行大致模拟。[1] 可以将 HRTF 表示为由如下变量所影响的函数：

$$H_L(r,\delta,\varphi,f,s) = \frac{P_L(r,\delta,\varphi,f,s)}{P_0(r,f)}, \quad H_R(r,\delta,\phi,f,s) = \frac{P_R(r,\delta,\varphi,f,s)}{P_0(r,f)}$$

在较早的研究中，(r,δ,φ) 代表声源距离，中心平面和正面平面的夹角，与上文一致，$P_0(r,f)$ 表示声源发出时的声压情况，由于将声源设定为一个点，所以没有左右之分；f 代表频率。[2] 而在 HRTF 研究逐渐成熟之后，华南理工大学谢菠荪教授的团队所做的研究中，另外加入了一个变量 s，用于描述头部传播过程中所产生的时间差的变化，并针对中国人的头部情况进行了相关实验，测得了有关人头模型的数据参数。[3] 即从水平平面来看的话，当声音从声源发出后传播到左右两耳与正头平面形成的夹角分别为 δ_L 和 δ_R，而当人头发生转动时，声源在空间位置不会发生变化，却与人头的相对位置发生变化（如图 9-1-2 所示）。

可见，声音传播的路径发生了改变，如距离 r，夹角 δ_L 和夹角 δ_R 均发生了改变，同时由于头部的转动有可能阻挡了声音的直线传播，因此还需要另外实验获得的参数计算头部对声音吸收所产生的变化 f，从而模拟出音频传播到该头部状态的结果，以此类推到三个空间平面。2020 年进行的相关研究课题中，涉及到两耳的锥形朝向修正为人类两耳廓的朝向角度，这个角度使得正前方所能

---

[1] 钟小丽，谢菠荪. 头相关传输函数的研究进展（一）[J]. 电声技术，2004 (12):44-46.
[2] Wightman F L, Kistler D J. *Measurement and validation of human HRTFs for use in hearing research*[C]. Acta Acoustica United Acoustica,2015,91(03):429-439.
[3] 谢菠荪. 头相关传输函数与虚拟听觉重放[J]. 中国科学：G 辑，2009(09):1268-1285.

够接收到的信息更加清晰准确,而不是像最早的模型假设为两耳朝向两侧。[1]

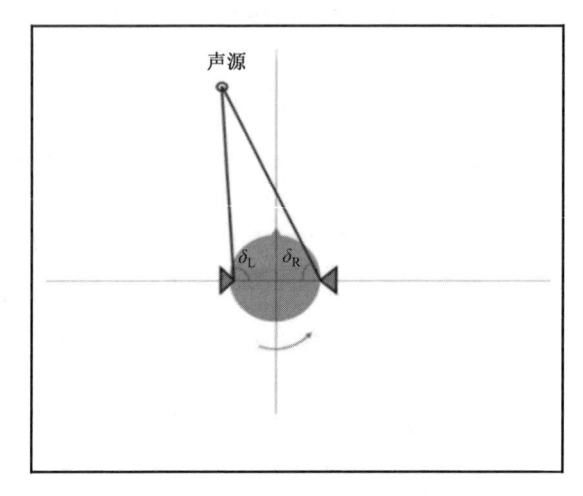

人头朝正前方时
声源传播到两耳与头平面形成夹角示意图

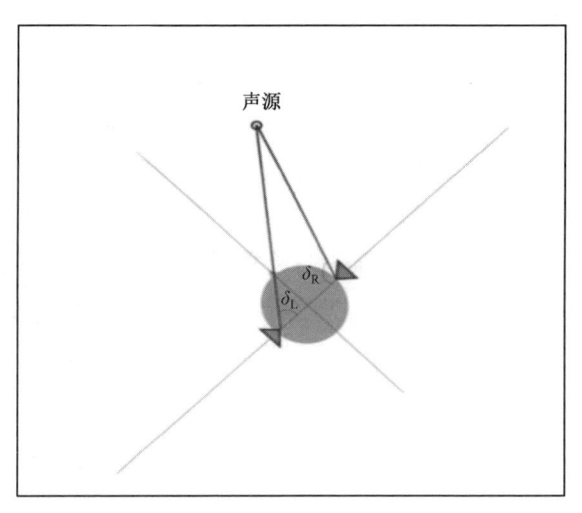

人头转动后
声源传播到两耳与头平面形成夹角示意图

图 9-1-2　人头朝向变化后声源传播到两耳与头平面夹角比较示意图

---

[1] Jens Blauert. *Spatial hearing: the psychophysics of human sound localization*[M]. MIT Press,1997.

目前的技术使用数字音频且依赖于信号的处理，因此使用快速傅立叶变换（Fast Fourier Transformation），这种离散信号处理方法应用于即时演算时可以根据设置的参数较为精确的获得音量差和频率差，但是以现在的技术无法让计算机像人一样反过来逆变换出音源位置，只能大致的推算出声音的脉冲位置，这也是由于傅立叶变换的不确定性所导致的。

人类可以依据两耳捕捉到的声音来判断出空间位置，至于判断的具体原理尚待研究，但可以确定的是其与时间差、音量差和细微的频率差有关联。[1]HRTF通过数学模拟声音传播至两耳所产生的不同，依据声音变化判断空间位置，依旧需要人的主观意识。在欧洲进行的一项有关听觉脑神经的研究显示，关于听觉神经通向的神经中枢主要集中在丘脑位置。大脑在接收到听觉神经传来的频域和响度信号之后对信息进行初步的处理分类，然后根据不同的分类调动大脑皮层区域所对应的区域，对声音的空间，内容等信息进行进一步识别处理。[2]这就证明了观赏者所听到的声音位置并不是其实际存在的位置，而是人的主观意识所判断出的抽象位置。观赏者本质上并不是去观看一个实际存在的空间，而是控制自己的头部选择自己想要观看的视角；通过连续的视觉和听觉信息刺激，构建出一个由计算机模拟出的虚拟空间。为了获得有效且真实的空间声音效果，理想状态下应该对每一个使用的个人单独设置HRTF参数，准确地计算出因每一个耳朵的所在位置和朝向问题对声音接受产生的影响后放置在VR环境中。要做到这一点，需要对每一个使用者都进行测试并调整参数，这需要投入大量的人力、资金和时间，在当前技术条件下是难以实现的。目前，HRTF研究使用一种相对通用的模型数据将使用者——人，作为一个整体对象，设定双耳的参数符合人平常的心理听觉规律，由于相关学科的理论尚不完善，故HRTF的应用领域受到一定的局限。

由此可见，根据人头进行演算空间位置技术的数学原理在上个世纪就已经存在，但由于当时的计算机技术所限，难以将这些技术整合在一起，尚未实现依据人头的位置实时模拟出音效。进入21世纪后，随着信息科技产品性能的飞

---

1 David Schönstein, Brian Katz. *Sélection de HRTF dans une Base de Données en Utilisant des Paramètres Morphologiques pour la Synthèse Binaurale*[C]. 10ème Congrès Français d'Acoustique,Lyon,2010.

2 Gil-Loyzaga, Pablo.*Neuroplasticity in the auditory pathway: From basic research to clinics*[J].Audiological Medicine,2009,07(02).

速提升，以及相关的编程逻辑语言的逐步完善，各种民用便携设备的计算能力得到了飞速发展，也具备了实时计算的能力，并且在 2016 年实现了 VR 技术的商用化、民用化，使得这一技术进入了人们的视野。空间音频技术的发展为 VR 影音作品的创作开拓了新的可能，甚至有学者将这一年定义为 VR 元年。[1] 但显然上述现象还停留在技术与商业发展层面，尤其是作为一项刚刚投入商业普及和产业化的 VR 技术。相较于传统作品而言，VR 作品并没有在艺术作品内容上取得与技术突破相匹配的形式创新；加上兼具技术知识和艺术创造能力的综合性人才的缺乏，以 VR 为形式的艺术作品并没有获得应有的发展。最终，在短短的一年时间里，中国市场经历了对 VR 技术的狂热追捧到快速衰落这一过程，对这个现象进行沉思，不难得出结论：想要 VR 影音技术发挥沉浸式的图像和听觉空间体验，不单纯取决于技术问题，还有更多的艺术创作问题尚待解决。

三、VR 影音作品中空间音频的实现方式

普通的立体声录音只有基本的左右声道的信息，它们不包含录制声音的详细的方向性信息。环绕声做得更好一些，5.1 环绕声将声音相对于五个不同的参考位置进行定位，并增加了一个通过低音扬声器播放的低频通道。该格式假设扬声器被定位在听众的左前、中前、右前、左后和右后。这种方案相比普通的立体声给观众提供了更多的信息，但对于 VR 来说，它仍然不够好，VR 影音作品需要可以实时进行渲染实现空间定位的音频技术。基于对象的空间音频是虚拟空间里附在每个物体上单个的音频文件，而基于场景的空间音频是 Ambisonics 的四通道塑造，无法交互，但能够塑造一个虚拟的声音环境。

（一）双声道输出基于对象（Object-based）的拟真空间音频技术

基于对象的录音通过标记每个声源的强度、位置、方向等信息编码声场，场景中的每一条信息都会被单独记录下来，这种音频传输的理念，不仅可以向听者呈现真实的听觉场景，还可以让制作者或听者更好地控制听觉场景。VR 影音作品中观赏者的运动经常导致听觉场景的变化和声音对象的变化，用户移动的数据相当于控制着渲染的输入。观赏者还可以对混音中的一个或多个单独的

---

1 高红波. 中国虚拟现实（VR）产业发展现状、问题与趋势[J]. 现代传播，2017(02): 8-12.

声音对象进行控制，而不影响其他声音对象。观赏者可以移动、增强、减少或完全静音音轨，而基于通道格式的方法中是不可能在不降低整体原始混音的情况下实现这一效果的。

基于对象的空间音频的另一个优点是，与各种渲染系统相比，生成的声音素材具有更大的可伸缩性。基于通道制作的素材基本上与渲染配置绑定，虽然可以在渲染过程中转换格式，但通过这种转换，原始混合会不可避免地改变。而基于对象生成的素材不需要考虑渲染系统配置或受其影响，因为特定配置的混音是由渲染模块完成的。由于操作的灵活性，这种方式目前已经被主流市场接受，未来很有希望成为实现空间音频的先进方法。

尽管基于对象的空间音频技术的发展潜力巨大，但要完全取代传统的空间音频拾取和呈现的方法，仍然存在一些挑战。其中一个关键的问题是不断增加的数据量，即增加的要传输的声音对象的数量。在传统的基于通道的制作中，数据量由通道数决定，而在基于对象的方法中，包含在拾取的听觉场景中的对象的数量决定了数据量，这将超过典型的多通道扬声器配置。因此，需要额外的编码压缩（特别是在需要数据流传输的应用中），以节省带宽。

（二）多声道输出基于声场（Sound Field）投送空间

一般而言，立体声和多声道环绕声可以定义为基于扬声器、以听众为焦点的设置方法，声音再现与给定扬声器的设置相关联。与立体声和多声道环绕声不同，声场方法是基于声波的、不以扬声器为中心的设置方法。多声道输出构建声场的技术是通过将扬声器摆放在空间的不同位置，通过计算模拟出声音，类似于波前合成系统（Wave Field Synthesis）的技术原理。声场技术的便利在于不需要计算人头的朝向和运动状态，只需要计算声音在空间内的传播状态。鉴于当今录音、广播和重放系统的实际局限性，彼得·费尔格（Peter Fellgett）、迈克尔·格松（Michael Gerzon）和其他研究人员在20世纪70年代开发基于声场格式的Ambisonics，成功实现了"四声道理论"的高保真沉浸空间全景360声音。但在实际推广过程中，却由于种种因素的制约，Ambisonics始终没有大规模应用，直到虚拟现实技术兴起才开始广泛应用于VR影音作品。Ambisonics是一种使用常规音频通道捕捉或表示球形声场的系统，所得到的信号集称为Ambisonics B格式的四通道格式，需要使用至少四个通道来再现完整的三维声场。Ambisonics现已经成为360度视频和VR行业的标准音频格式，是Facebook 360和YouTube 360视频以及Oculus Rift等VR头显常用的音频格式。原因主要有两个：其一，对于传统的环绕声格式来说，随着声场的旋转，声音往往会从一个扬声器"跳"到另一个扬声器。由于不受任何特定扬声器设置的限制，Ambisonics 可以在这种情况下创建平滑、稳定、连续的声音区域；其二，鉴于 Ambisonics 技术使用的球形函数可以将声音均匀地传播到整个三维的球体场景中，声音可以从各个方面表现，而传统的环绕扬声器系统则会受制于扬声器摆放位置，缺少来自侧面和后置扬声器的空间信息。

值得一提的是，四通道的 Ambisonics 格式只是最简单的一阶格式，也是最常见的格式。一阶 Ambisonics 传声器包含 4 个心形指向的传声器音头，分别指向左前（LF）、左后（LB）、右前（RF）、右后（RB），所拾取的原始信号叫做 A-Format，通过 4 个声道的叠加或反相叠加，可以得到 B-Format。B-Format 格式包含 4 个通道的信息，即全方向的 W 信号、前后深度的 X 信号、左右宽度的 Y 信号和上下高度的 Z 信号，从而形成一个包括水平面和垂直面三维信息的完整三维声场。[1] 二阶 Ambisonics 使用 9 个通道，三阶 Ambisonics 使用 16 个通道，而最高级的六阶 Ambisonics 需要 49 个通道。高阶的 Ambisonics B-Format 可以提供比一阶更多的空间分辨率，更多的通道提供更多的空间信息。然而，目前的 Ambisonics 技术仍存在一些缺点，特别是在实际的录音中，空间分辨率较低，而且录音话筒往往会使方向性有些模糊。同时，该系统受需要多个麦克风摆设在空间不同位置的限制，难以适应当下便携录音的市场需求，暂时不容易被市场接受。此外，Ambisonics 能拾取到真实的声场信息，但有时完全真实的声场信息并不是 VR 影音作品所需要的，需要重点表现的声响效果无法强调，这时如果完全按照真实声场的信息进行重现，反而会影响影片的叙事或是影响观赏者的沉浸式体验。

四、VR 影音作品中的声音制作流

VR 影音作品的声音制作流程与电影声音制作流程类似，但空间音频制作区别于传统电影声音制作的地方主要在于声音的空间化呈现需要相应的软件进行三维空间的声像定位和空间感的处理。此外，VR 影视制作多采用耳机监听，因此要对声音实时双耳渲染（Binaural Rendering）后输出给耳机。VR 影音作品

---

1 秦梓元. VR 音频技术在沉浸式广播节目中的应用[J]. 演艺科技传媒，2018(02).

的声音制作流程主要包括同期录音、后期编辑混录以及输出合成三个步骤。拍摄前，录音师需要提前熟悉拍摄环境和拍摄对象，还要根据拍摄对象选择相应的设备进行声场信息的采集与录制。针对直接记录三维声场空间信息，主要有两种拾音制式可供选择：一种是采用双耳拾音技术（Binaural Recording）的人工头或类人工头拾音，例如 Hear360 的 8Ball（四方双耳技术），是一款全指向的人头（omni-binaural）录音话筒，支持指向性录音。这种拾音制式一般不用于影视录音，主要的局限在于它只对水平面的声音信号提供了视角转换时的信号转换，但在垂直面上没有这样的转换，从而对于垂直面上的视角变化没有相应的声音跟随。第二种是采用声场合成技术的原场（Ambisonics）传声器拾音，是现在比较常用的一种拾音制式。目前市面上常见的 Ambisonics 话筒是由四个完全相同的话筒单元构成的一个立方体阵列，例如森海塞尔的 Ambeo，其内部采用了 4 头的 Ambisonics 制式的话筒，并以四面体方式排列，使用起来简单方便，输出的都是 A-Format 的声音信号，但 A-Format 不能直接作为 Ambisonics 格式解码使用，所以录制下来的声音信号通常需要经过一个编码再解码的过程，即将 A 格式的音频文件导入到工作站用话筒自带的插件将其转换成 B-Format，通过 B 格式解码，就可以在影视中用多声道系统再现 360 度的声场。比如，Ambeo 就自带可以转换格式的插件 Ambeo a-b，它可以对录制的音频信号进行选择性的干预，这些信息可以帮助插件识别同期录音时话筒的状态，用以提取通道信息，从而完成 a-b 模式的转换。如需录制人声，通常还需要准备无线话筒对人声进行补录；当现场的环境声与点声源发生冲突时，也需要考虑后期的补录。同期录音还需要选择一个便携的录音机。比较常用的设备是 Zoom F8n Field Recorder，它可以通过 iPad 的显示器来监测电平、时间码和电池电量。对于低成本的项目，也可以选择拾取与录制功能一体的 Zoom H3 VR 录音机，它具有以 Ambisonic 阵列排列的四个内置话筒，所有的编码和解码功能都是内置的，方便后期操作。同期录音时，录音师应确保话筒的主轴方向与摄影机的主轴方向一致，如果后期声向上有错位，可以用软件进行校正。同时，话筒应尽量靠近摄影机，并尽可能保证话筒振膜的增益一致，可设置四个通道声音信号联动，并确保声音信号不失真。传统电影的环绕声录音，录音师需要根据摄影景别的不同，考虑拾音角度和焦点问题，而针对 VR 的实拍作品中的声音更多依赖实地录音，同时话筒需要时刻与摄影机的位置保持一致，对 VR 动画来说，对声音的要求远高于 VR 新闻和 VR 纪录片对声音的要求，尤其在后期制作上。

VR影音作品声音的后期制作需要支持多路母线输出的数字音频工作站（DAW）和三维空间声音处理的插件。常见的音频工作站有Pro Tools Ultimate、Reaper、Nuendo等，出品Pro Tools的AVID是目前国内外电影制作的主流生态系统，而Pro Tools也已成为录音界的行业标准。Pro Tools Ultimate支持使用轨道和总线的1、2、3阶，同时配备了可用于Ambisonics和VR影视声音制作的工具和插件，如用于构建、试听和母带Ambisonics混音的Facebook Spatial Workstation。其中，Facebook 360表，可以测量Ambisonics混音的响度；Facebook Spatialiser插件可用于在Ambisonics声场中定位音频轨道；Facebook 360插件可将Ambisonics混音转换成双耳耳机监听信号，它还能与Facebook视频播放器同步，并捕捉视频观看角度，以便使音视频混音保持同步。混音时，如果需要增加音乐或旁白这些静态的声音（它们不会随着头部的转动而变化），可以通过创建几个立体声轨道，并将这些轨道分配到一个名为头部锁定混合（Head-locked Mix）的立体声辅助（Aux）轨道上。与360度视频同时录制的音轨可以用Facebook 360 Spatialiser插件进行平移，以匹配它们在视频中的位置。在Pro Tools中有三种不同的方法来定位声音的方向。混音师可以自上而下通过调整滑块左、右和上、下的位置定位声源相对于听众的位置，或者使用视频显示直接将声源定位到平面的360度视频版本中。

输出合成时，Ambisonics的母版输出有两种类型，即AmbiX（WYZX标准）和FuMa（WXYZ标准），都是4通路的Ambisonics数据流。通常混音师会将锁定混合轨的声音与Ambisonic声音分开导出，之后需要将4路的Ambisonic轨与两路的头部锁定轨混合。有时针对线性叙事的360度视频内容，客户会特别要求导出固定的立体声音频，而不是空间音频或是能够头部追踪的音频内容，这种情况下，作品的视觉与听觉的关联度一般较低，不会因为视角的切换而导致声音效果与视觉效果的脱节。这种作品的音乐只是作为背景伴随视觉效果存在，是非叙事性音乐。我们在体验视觉效果时，不希望音乐视角在我们前后转头时旋转，因为这会把我们从视觉体验中拉出来。观赏者可以通过VR头显沉浸式观看，与传统的立体声音乐或旁白配合使用。而针对视觉效果同步或与视觉效果一起捕捉的音频内容，没有空间音频的定位将会立刻将观赏者推出体验，失去"在那里"的感觉。因此，在输出合成时，创作者还应根据VR影音作品的具体内容进行导出格式的选择。

艺术的发展离不开技术的支撑，技术的发展为艺术开拓了新的可能。若想

第九章 | VR影音作品中的音频技术与听觉空间营造

要 VR 影音作品实现沉浸式体验，空间音频的创作是不可或缺的重要一环，虽然说空间音频的实现是技术上的产物，但只强调技术是无法创作出好作品的，技术与艺术两者的有机结合才能产生出优秀的作品。

第二节　VR 影音作品听觉空间的艺术营造

从技术上讲，VR 影音作品的技术突破在于借由影像和声音所带来的更加丰富立体的空间感，360 度的全景空间赋予场景更多的可能，而声音对于听觉空间的营造在不同程度上影响观赏者的感知，这其中的影响不仅对于观赏者，对于创作者来说更值得思考。但在其他层面上以影音形式表达的 VR 作品依旧遵循传统的固定媒体形式，同时也依旧是停留在通过对观赏者进行视觉和听觉刺激的形式来叙述作品，相较于传统影视作品，观赏者更有自主性去寻找空间所发生的内容，这种互动能够强化移情作用，将观赏者之于作品内容的心理距离拉得更近。大卫·伯德维尔（David Bordwell）认为，观众的大脑能够处理通过空间声音设置提供给他们的听觉信息层，从而塑造积极的电影体验。[1]这种沉浸感的体验更多的是在听觉空间而不是在视觉空间创造的，原因在于人类对于空间的认识是综合视觉、听觉等其他感官认知而形成的，声音可以在一定程度上反映出空间性，但不可能是空间的全部信息，包括从观赏者身后事件所发出的声音，不在视野中发生，由声音来表达那些缺乏视觉的声音的存在性；人体在音频接收中所允许的感知复杂性要大于眼睛对视觉接收的感知复杂性。米歇尔·希翁（Michel Chion）认为，在某种艺术手法作用下声音有时能比影像更有能力来渗透和阻断我们的感知。[2]

---

[1] David Bordwell. *Cognitive Theory In: Livingston, P., & Plantinga, C. (eds.)*[C].The Routledge Companion to Philosophy and Film London and New York:Routledge,2009:356-365.

[2] [法]米歇尔·希翁. 视听：幻觉的构建[M]. 黄英侠译. 北京联合出版公司，2014.

一、语言营造听觉空间：引导性叙事

语言作为一种人类最为直接的表达方式，通常以人声的方式呈现最为人所习惯，不同时期的影视作品呢中，语言都以非画面视觉形式存在。在任何一个特定的声音环境中，人声总是更能吸引人们的注意力，比如通过人声进行语言文字信息的表达，这种电影中以人声和词语为中心的现象为"文字产生的增值"。[1] 人声被说出的同时还包含着诸多语言文字以外的信息，如语气、语速、音量能表现出说话者当时的情绪状况，语音在空间内传播也能表示当时的空间情况，这种表达单凭文字是无法实现的，必须通过录音以及媒体播放再现，才能以一种声音信息的形式将情景信息传达给观众。一般在传统电影中，画面和声音之间必然会存在一定的同步联系，组成影音作品整体，将人物对白声轨置于中间的扬声器即代表此刻场景发生于正前方的位置，这样的空间位置更符合画面和声音的整体统一；但对于VR作品来讲，观赏者的视角从现实的银幕"正前方"转为360度球形的虚拟空间，角色的对白将不再受到银幕"正前方"的限制，若观赏者此刻向左侧转头，场景就应该相应地移动到观赏者正面的右侧。这种体验就使得观赏者的身份也从被动欣赏变为主动参与，这是VR从技术上需要实现的，作品内部关于语音的空间设计还需要考虑此时观赏者视角的朝向问题，因为这将直接影响作品最后的感官体验。对于VR创作者来说，如何引导观赏者进入预设的情节设定，完成空间故事的讲述成为一个关键的问题，与传统电影用场面调度、剪辑技巧和画外音作为主导的叙事方式不同，VR影音作品更多关注观赏者的感官与虚拟世界之间的交互体验，通过交互设计引导情节的发展。

目前，绝大多数的VR影音作品是通过语言和字幕文字信息进行叙事，同时附加上周围的同期声进行情景描述，此类作品中的旁白常用来提供来自另一个不同的时间或者空间的信息；也有部分创作者为了突出听觉空间的变化，将旁白的声音进行调制以适应不同位置移动所带来的空间变化。短片《亲爱的安杰丽卡》（*Dear Angelica*）就在旁白对听觉空间的塑造上做了一些有益的尝试。创作者用13分钟的时间讲述了一个叫杰西卡（Jessica）的年轻女子给她已故的母亲安杰丽卡写了一封回忆信，安杰丽卡是一名演员，在她的职业生涯中曾参

---

[1] [法]米歇尔·希翁. 视听：幻觉的构建[M]. 黄英侠译. 北京联合出版公司，2014.

演过不同类型的影片。观赏者跟随着杰西卡的几段回忆、幻想和梦境，进入了充满想象的空间。为了区分现实与梦境，创作者设计了杰西卡和另一个男声的旁白。第一个场景中，杰西卡的声音会随着观赏者头部的移动而产生相应的声向变化，通过增加男声旁白的混响，观赏者跟随声音的引导从现实的空间进入到梦境的空间，画面也从灰暗的冷色变为色彩斑斓的暖色，观众可以获得不同的听觉空间感受。第三个场景中，杰西卡与母亲在医院告别，此时的语言声缩小到只有杰西卡自己能听到，之后伴随着观赏者的视角逐渐升高，人们又听到了混响很大的男声旁白的声音。此时，语言对空间环境产生了"扩展（Extension）"作用，即声音所表现出的实际空间的开放度和宽广度超越了视野的边界，却存在于电影角色周围的视野范围之内。[1] 声音蒙太奇创作出了空间非同步的结构关系，将现实与梦境相连，观赏者的听觉被充分调动。

二、声景营造听觉空间：真实环境的再现

对于虚拟现实作品来说，"在场感（Sense of Place）"是一个重要的先决条件，在上文已经论述过，这种"仿佛自己在现场"的感觉来自观赏者将自己移情至虚拟画面所构建的空间之中，其中音景扮演着不可或缺的角色。声景（Soundscape）是当代声音研究（Sound Studies）中的一个重要概念，声景的理论可以帮助我们重新审视VR影音作品中的声学环境，更好地理解作为一种VR影音作品的音景实践。声景一词由景观（Landscape）衍生而来，景观强调的是人对地域的视觉感知，而声景的引入，让人们将焦点从视觉转向听觉，声景可以看作一个声学的环境。在加拿大作曲家默雷·谢弗（Murray Schafer）看来，声景是通过声音理解人们在特定时间与环境相互作用的方式，[2] 特定时间比如早晨、春天、夏天，特定的环境比如林间鸟鸣、教堂钟声、街道的汽车鸣笛声等。传统电影中也常用声景来展现特定时间的听觉空间，而VR声景作品多与真实的声音环境相结合，根据人头部的移动带来听觉空间的变化，基于对现实环境的记录，但又不完全还原现实，是建立在创作者自身的听觉记忆和感知上的听觉体验；借助空间音频技术，使人彻底沉浸在听觉空间中，在现实的、情

---

1 [法]米歇尔·希翁.视听：幻觉的构建[M].黄英侠译.北京联合出版公司，2014.
2 Murray Schafer, R. *The soundscape: Our sonic environment and the tuning of the world*[M]. Rochester: Destiny Books,1997:7-8.

感的层面上创造了一种"在场感"。声景提供的这种"在场感"可以应用于虚拟现实场景中的听觉环境塑造。时长 7 分多钟的 VR 声景作品《寂静之所》（*Sanctuaries of Silence*），展现的是戈登·汉普顿（Gorden Hempton）本人在美国华盛顿州的霍赫雨林中沉浸式的旅行体验。这是一部反叙事的 VR 短片，汉普顿既是录音师、讲述者，也是观赏者。该作品采用双耳音频技术，[1]选用由两个环绕声话筒组成的 Neumann KU-81i 人头话筒录制，全景相机真人实景拍摄（如图 9-2-1 所示）。随着汉普顿视角的切换，听觉空间也随之变化，人头拾音方式包含了相应的 HRTF 信息，该信息是人工头拾音能再现三维声场信息的关键，但该信息很难与观赏者自身的 HRTF 信息完全吻合，因而在声场重现上存在一定误差。有部分观赏者表示声音的强弱变化感受并不明显，对于场景的切换也比较单一，但作为声景与虚拟现实技术相结合的先驱，仍值得探讨。汉普顿本人的创作理念也与谢弗不谋而合：将声音与地域相连，通过对自然听觉空间的探索思考现代工业社会形成以来正面临的噪声污染问题。

图 9-2-1　VR 声景作品《寂静之所》

《寂静之所》属于声景在 VR 影音作品中一种特定类型的作品，这类作品更像是将人所听到的真实环境中的各种声音与全景视频结合进行全景化的视听呈现，但声景的应用场景却不仅限于此，声景提供的这种"在场感"更多时候可以应用于虚拟现实场景中的听觉环境塑造。比如在交互式展览《血肉与黄沙》（*Caren Y Arena*）中，创作者通过一段六分半钟的虚拟现实电影和现实体验空间

---

1 双耳音频技术是一种录音技术，它以特定的方式利用两个或两个以上的话筒来捕捉"3D 声景"。双耳作为一种技术从 1881 年就已经出现了，并且从那时起就以各种方式不断地被使用。

的搭建，实现了观赏者全感官的沉浸式体验，它将观赏者带入一个世界，在这里他们将作为一个移民试图跨越边境，背着行囊，赤脚在沙漠中行走（如图 9-2-2 所示）。尽管视觉效果很重要，但导演亚历杭德罗·冈萨雷斯·伊纳里图（Alejandro González Iñárritu）的重点之一是创造出最有沉浸感的声音。作品的声音设计师凯文·博伦（Kevin Bolen）和比尔·鲁道夫（Bill Rudolph）在采访中表示，在一部 VR 电影中，每个体验者都可能有不同的体验。这意味着，无论观赏者在戴着 VR 头显设备观看场景时眼睛集中在哪里，空间声音都要符合故事的叙事。为了塑造真实感的听觉空间，创作团队就要先去沙漠中去感受沙漠的环境，他们录下了真实的车在沙漠中行进的声音、风声、沙子在身上拂过的沙沙声、狗吠声等等，声音塑造了"在那里"的听觉感受。从上述作品中可以发现，当下 VR 影音作品中的声音更多地使用录音并真实地重现以表达场景，为观赏者带来一种置身其中的移情体验，设计除了录音基础外，更加强调空间思维，创作者需要掌握物体的发声特性，以营造虚拟空间的声场环境。

图 9-2-2　VR 交互作品《血肉与黄沙》

三、VR 影音作品中的听觉主观性

罗兰·巴特（Roland Barthes）曾将听觉分为三种类型，第一种是作为一种警示的听，这是一种基于生物本能的听，表现为对周围一切声音全部接受，这种听是不存在所指的；第二种是辨识性的听，是人对语言符号的认知过程，是针对意义的聆听；第三种主要针对艺术作品的听，借助听者的文化、使用习惯和听觉感受产生新的能指,是一种语言符号的"意指活动"。[1]意指活动区别于意指,其特点是把外界事物与意义联系起来,具体到 VR 影音作品中,声音设计往往基于创作者或者片中人物对现实的主观听觉感受,而观赏者在一定程度上可以自主选择声场环境,将注意力投射到听觉对象上,通过联系自身的感觉经验以及回忆,与作品中的人物产生情感共鸣。与之相反的是米歇尔·希翁提到纯听感受(écoute acousmatique)[2],即一种脱离发声体本体的听觉,只有当人们忘记声音代表的发声主体和发声意图,才能真正地观赏声音本身的形态,形成一种非表意的听觉。20 世纪后,相关学者将这几种表意性的和非表意性的听觉总结为一种"听觉的自我中心主义(Egocentrisme)"[3],即听觉主观性现象,其更关注纯粹听觉所带来的附加信息。相比传统电影里,声音信息被动地与画面同步的接受过程,VR 影音作品更多强调了交互的过程,观赏者有意识地观看和聆听成为了创作的一部分,与观赏者各自的听觉经验产生作用后,赋予作品新的意义。基于 VR 技术的基本算法原理,观赏者可以自己转动头部从而实时改变声音的来源与方向,如今的穿戴设备已经有能力对有人头部转动而产生的空间变化进行演算,进而实现听觉的主观性体验。

相比之下,同一题材虚拟现实作品《失明笔记:走进黑暗》(Notes on Blindness: Into Darkness)中,创作者有意将视觉感官功能弱化,试图让观赏者完全沉浸在赫尔日益增长的听觉空间中,引导观赏者探索周围环境所带来的感官感受。作品采用黑色背景,配合 3D 动画呈现的微光的蓝色调物体和剪影形成,影片共分为六个场景,选取了赫尔录音带中最具听觉属性的场景进行创作。其中,第四个场景——认知之美(Cognition of Beauty),记录了赫尔主观的听觉感受。对于盲人来说,他们无法看到头顶上的屋顶,只有当有暴风雨出现的时候,通过听雨落在屋顶上的声音,才会对屋顶的高度有相应的概念。盲人移动身体获得对空间的感知,而健全人则优先通过视觉的远近认知空间。此处对雨声的处理就将赫尔的主观的听觉感受集中展现出来,空间音频技术为场景带来听觉上的深度感,我们可以听到非常细致的由近及远的滴答声,雨声勾勒出周围一切事物的轮廓,让声音与赫尔的听觉世界相连,使观赏者产生对周围环境的全景式、沉浸式体验。赫尔在他的录音日记中说道,"稳定落下的雨声代替了

---

[1] [法]罗兰·巴特. 显义与晦义[M]. 怀宇译. 中国人民大学出版社,2018.

[2] [法]米歇尔·希翁. 声音[M]. 张艾弓译. 北京大学出版社,2013.

[3] [法]米歇尔·希翁. 声音[M]. 张艾弓译. 北京大学出版社,2013.

一个断断续续、支离破碎的世界，创造了一种连续性的声音体验。"[1]VR 版《失明笔记：走进黑暗》简化为用声音讲述赫尔所听到的世界，观赏者也会不由自主地闭上眼睛达到一个无需视觉化的"纯听"状态，通过声音感受物体，听觉的主观性得以显现。

由于 VR 影音作品的创作仍然处于探索阶段，虚拟现实作品仍然依赖声音叙事，但在 VR 技术下，空间性成为声音叙事的主要突破，使得时间与空间的推进具有了更多的层次。VR 影音作品可以更好地模拟人在环境中移动的感官体验，声景所构建的空间能够让观赏者更好地代入到整个艺术作品中。而电影正是由视觉与听觉交互而成的复合知觉形式[2]，没有主体化的聆听过程，就无法产生相应的听觉感知，电影知觉的形式将是残缺的，个人所看到所听到的感受最终形成个人的美学体验，使得人产生一种主观性欣赏，能够更贴切地带入剧情中主角的所思所想以及言行举止。

第三节　技术瓶颈及新的可能

一、舒适度、安全性问题

我们在观赏 VR 影音作品时，想要达到沉浸式的视听体验，除了需要佩戴头显设备外，还需要佩戴封闭式耳机。

如果罗列当下市场占有率比较高的几款 VR 产品，可以看到所有的 VR 头显设备重量都在 500g 左右，其中 PlayStation VR 由于需要加上额外的信号处理器所以会更加重（如表 9-3-1 所示）。体积方面，三星和 Oculus Go 虽然体积相对较小，但是固定方式并不舒适，头部容易感受到前方重物不适，而 HTC Vive Pro 和 PlayStation VR 虽然重量更重且体积更大，但是它们的固定方式除了两侧以外还有头顶部的绑带，使得头戴眼镜更加稳定，重量分配更加均匀，但是依

---

[1] Akiva Gottlieb. *In "Notes On Blindness": An Unprecedented Film Explores The World Beyond Sight*[EB/OL]，Audible，Nov 28, 2016.

[2] 王文斌. 电影现象学引论[M]. 中国社会科学出版社，2018.

旧会有重物感，较长时间的佩戴将加重头部的负担，势必带来不舒适感，从而破坏 VR 的沉浸感。不仅如此，贴耳式耳机在每次戴上和摘下时总需要调整其位置，长时间佩戴后容易让人产生疼痛和不适感，这样全遮蔽的方式也将带来安全问题，观赏者需要在他人的保护下完成 VR 的体验。这些问题极大影响了 VR 观赏者的用户体验，同时降低用户留存率和使用时长，因此，在耳机方面，各大公司都努力在优化设备性能的同时提升观赏者的使用体验，耳机的类型也从传统的贴耳式耳机转向离耳式耳机。离耳式耳机的优点是将声音暴露给耳朵更宽的部分，使虚拟音频听起来更像是来自真实世界的声音，从而营造更深度的沉浸感。此外，离耳式耳机相对传统的贴耳式耳机，舒适度有明显地提升。一旦摆正耳机，只要不碰它们，再次穿戴头显时不需要再调整。更重要的是，离耳式耳机与耳朵有一段距离，长时间佩戴不会给耳朵造成压力，而且观赏者在使用的时候也能听到周围环境的声音，在一定程度上解决了安全性的问题。

表 9-3-1　代表性 VR 头显设备的重量、尺寸

	三星 Gear VR	HTC Vive pro	Oculus Go	PlayStation VR
重量（g）	330（不含手机）加上手机约 500	555	470	610（不含线材）信号处理器 365
设备尺寸（cm）	20.2×11.6×9.26	34.7×34.4×19.5	19×10.5×11.5	18.7×18.7×22.7

二、AR 音频

VR 体验可以说是进入一个新世界的门户。VR 头显完全遮挡了外界的光线，在不受现实影响的情况下，带给用户的是一个全新的世界。而增强现实（AR）是通过添加可穿戴设备来创造与现实空间结合娱乐的情境，从而实现将现实世界与虚拟内容的融合。AR 视觉增强现实主要通过头显、手机和平板电脑实现，但这项技术有一个长期困扰：视线的焦点问题。观赏者的注意力都聚焦在屏幕上，而不是周围的环境上，就好像给真实的环境增加了一层视觉屏障，基于这个原因，音频是更好的媒介。创作 AR 音频与创作 VR 音频所需的技术不尽相同，但与 VR 头显不同的是，就像 AR 视觉与现实世界的视觉相融合一样，AR 音频也需要与用户在现实世界中能听到的声音相融合。设备有可以播放音频的扬声器，通过耳机传递的氛围确实能补充用户所看到的，而不会妨碍用户，不会试图阻挡音频与现实世界的联系，这意味着音频必须投射到用户可以听到的

水平，而不至于对周围其他人来说太吵。更重要的是，AR 音频需要与虚拟对象同步，而不与现实世界的声音发生冲突。音频在增强现实中的作用相当关键，音频提示可以是一种随意的方式，也是一种干扰性更小的方式。

  Frames 是首款为配合 Bose 全新音频增强现实平台而打造的专用太阳镜。与基于视频的 AR 平台不同，Bose AR 会根据用户的 GPS 位置和用户面对的方向提供音频反馈，这款眼镜的两个镜腿上都设有微小的扬声器，太阳穴附近有话筒，Bose 声称 Frames 是其有史以来最小的音频系统，当用户走在街头时，能够相当清楚地听到来电者的声音，即使其耳朵此时也在接受周围环境的所有声音，但用户也能听得很清楚，而且耳朵里什么设备都没有，人们会以为他（她）是在自言自语。即使扬声器对用户来说声音很大，但它们泄漏的声音却很少，所以用户周围的人听不到它播放的音乐，也听不到用户在和谁通话。虽然它们比一般的太阳镜要笨重一些，但戴在头上并不会觉得太重，重量只有 45 克，未来该技术还能够实现更多的语音功能，比如当我们去到一个陌生的城市游玩时，它可以通过语音播报的形式为我们提供目的地的相关信息。苹果公司推出的 AirPods 就像是沉浸式未来的一个测试，在 2020 年召开的苹果开发者大会 WWDC 上，iOS 14 在苹果的进阶版 AirPods Pro 中实现了空间音频技术。该功能利用加速感应器和陀螺仪追踪头部的运动，追踪技术记录这些运动头部的运动及观看设备的移动数据，并重新映射声场，声音仍然能保持同步运动，带来环绕声的沉浸式体验。空间音频功能还能够实现模拟 5.1、7.1 声道编码的内容，甚至包括全景声。（如图 9-3-1 所示）虽然在开发增强现实耳机方面面临的挑战使其在发展方面落后于虚拟现实技术好几年，但随着 5G 技术的发展和增强现实技术的成熟，AR 音频的应用场景也将辐射到教育、零售、旅游等各个领域，不断地改变我们生活、工作的方式。

图 9-3-1 苹果空间音频技术示意图

三、VR 游戏的启示

在上文已经提到，当前 VR 技术的核心原理在于实时探测人头的运动状态，并进行实时计算得出所应该呈现的虚拟画面和声音；相较于传统的影音作品而言，观赏体验增加了一种交互性。这种交互性并不属于传统意义上的观赏范畴。有研究者认为由此就足够划清影音作品与游戏之间的界限了[1]，作品完成的内容和即时交互本身就是一种矛盾，如早期由幻维数码制作的 VR 作品《星月夜》，随着作品的推进，引领着观众欣赏梵高的作品《星空》，以 VR 技术立体和动态的形式呈现，观众仿佛在夜晚的小镇上行走，随后步入一个小屋，最后进入《阿尔勒的房间》。对于观赏者而言，在观赏作品的全程都可以进行 360 度全视角的观赏，但是对于时间和作品的进行节奏是不自由的，它由作品的创作者主宰；"就算是头能够随意转动，但还是像是绑在轮椅上被推着走一样。"有观赏者给出这样的评论。这也是影音作品在固定媒体上的本质特性，站在了交互性的对立面；另一方面，当代 VR 技术所欲呈现的正是试图借由这种交互性而创造出的一种虚拟现实空间，因为人在现实空间中无时无刻不寻找着与世界进行交互，或接收信息或改造世界，虚拟现实技术究竟是该靠向"虚拟"还是"现实"？这仍然是一个值得继续讨论的问题。

换个角度而言，将当代电子游戏与影音作品进行比较是非常常见的思路，因为电子游戏的形式恰好可以将这种交互性推向极致。VR 影音作品依旧表现为将图像和声音组织在时间和空间的艺术，而游戏则是给时间和空间设定一个虚拟的或者逻辑的规则。如以 Unity 这款当下主流游戏开发软件为例，游戏的开发者即内容的创作者，需要根据主视角的空间远近而设定音量变化的规则和左右均衡，根据空间来设定回声、混响等特效；另一方面除了这种传统的音频处理能力之外，还需要对视角的位移和距离计算进行逻辑定义，即创作者必须掌握一定的计算机语言以及编程能力。这便是开启了另一种媒体作品的制作模式，也是在当下游戏开发中已经形成的趋势。如果仅掌握传统音频处理技术而不熟悉编程等逻辑创作，是无法在 Unity 或者 Wwise 上进行开发创作的，显然也无法胜任当下绝大部分 VR 游戏的音频开发工作。

---

1 刘帆. VR 不是电影艺术的未来[J]. 文艺研究，2018(09).

第九章 | VR 影音作品中的音频技术与听觉空间营造

相比于 VR 技术在影视中的表现，VR 游戏反而能够给予观赏者，或者说玩家一种更强的交互体验。游戏的可操作性完美地解决了即时交互所产生的不确定性问题，玩家不需要死板地观看创作者创作的既定内容，而是可以直接依自己的想法来探索整个虚拟现实世界。可以说传统电影中声画内容被固定在媒体上的关系在 VR 影音作品中仍旧没有本质上的改变，依然需要围绕人进行艺术创作，遵循声画同步，以及人声、环境音、特殊拟音等相互结合的艺术创作要求：一方面，以人为主体的声音更具备语言所具有的叙事性；另一方面，声音和空间之间的相互联系在 VR 技术的支持下，确实给了玩家一种更强的代入感，正是这种交互所增加的代入感引发了玩家更大的参与内容的欲望，这种交互性是单纯影视作品所无法突破的极限。从数据上看，由北京电影学院及社会科学文献出版社于 2019 年 10 月发布的《数字娱乐产业蓝皮书：中国虚拟现实产业发展报告（2019）》[1]显示，VR 视频类内容（含直播）占比正在以每年 1%左右的速度递减，从 2017 年占整体 VR 产业的 35%左右缩减至 2019 年的 32%，与之相反的是 VR 游戏占比已经连续三年逐步增加，这一趋势仍在持续中，而同时用于医疗和教育的功能也在逐步得到开发，相信在 5G 将要普及的未来，VR 技术能够发挥更大的作用。

虚拟现实技术作为一种新的媒介技术，不仅是人器官的延伸，也是人感觉的延伸。有学者表示："'人体延伸'的重要性不在于效率意义上的长度扩延或者力度扩增，'延伸'之后导致的知觉改变，才是关键。"[2]随着录音技术和重放系统日趋完善，沉浸式听觉体验在重放系统的引导下，可以更好地接近自然的听觉环境，观赏者不再依赖于先验知识来理解所听到的声音，而是在寻求自然、真实、亲密的听觉体验，听觉空间成为连接观赏者与作品内容之间交互的中介。虚拟听觉空间技术提高了虚拟环境的在场感和沉浸感，使声音成为环境不可或缺的一部分，空间音频的有效运用唤起观赏者对听觉空间的联想与认知，为观赏者带来交互式的听觉体验。在创作初期，VR 影音的创作者就需要思考如何去营造听觉空间，对听觉空间的讨论或许能使视觉、听觉甚至是触觉达到一种相互平衡的状态，进而使技术融入人的身体经验中，作用于人的大脑与环境，

---

[1] 孙立群. 中国虚拟现实产业发展报告（2019）[R]. 社会科学文献出版社，2019.
[2] 黄旦. "千手观音"：数字革命与中国场景[J]. 探索与争鸣，2016 (11)：21.

引导人的行为，形成人与环境之间的具体关系[1]。在 21 世纪，一部艺术作品之于人的真正含义，不应该只是简单的技术应用或者是对观众的感官刺激，而更应该是借由前两者，让人与人之间进行思想和精神层面的沟通，这也是当代艺术家所致力呈现，学者所致力研究的文化现象。

---

1 具身关系是人与技术的最基本的关系。在具身关系中，人类的经验到的世界被技术的居间调节所改变，人与技术合为一体共同作用于世界。这一关系的表达式为：(人类-技术—世界)。在这一关系中，技术展现出部分透明性，在使用的过程中，与主体融合。

第十章
当下虚拟现实技术瓶颈与未来发展可能

无线通信技术在 21 世纪取消了突飞猛进的发展，互联网和移动终端不断升级和优化着人类的生活和工作方式，人机交互平台的智能化升级，是满足物联网时代万物之间的强联系需求的必然趋势。

2019 年 10 月 19 日至 21 日，"世界 VR 产业大会"在江西南昌举行，VR、VR 教育、VR 医疗……令人应接不暇的各种 VR 产品参展，业界专家、商业精英汇聚，来自 30 多个国家和地区的近 2000 家企业及 7000 余名嘉宾与会，他们展示、交流了 VR 产业的相关动态和前沿资讯。虚拟现实与现有技术、传统产业的连接，将带来无数新的市场空间，"VR+"势必成为继"互联网+"之后的一个新命题，给下一代人机交互平台的发展注入新鲜血液。

第一节　当下影响虚拟现实发展的主要因素

虚拟现实行业的发展受到多种因素的影响,例如头戴显示设备、互动装置、内容生产、通信传输,这些技术与虚拟现实技术联系紧密,相互促进,共同发展。本节将对目前影响虚拟现实发展的四个主要因素进行分析。

一、头显设备

头戴显示设备（Head Mounted Display，HMD）是虚拟现实技术的主要载体和核心组成部分，也是虚拟现实技术实现的最佳载体。HMD能够利用光学镜头将显示器输出的图形图像显示在人眼的视觉舒适的范围内，是一种穿戴式显示设备，能在不占用使用者双手的前提下提供可视化图像。

（一）现有主流头显设备

目前，市面上具有代表性的头显设备产品有以下3类。

1. 手机嵌入类VR眼镜（Screenless Viewer）

手机嵌入类VR眼镜是指设备内部没有其他的计算单元和显示屏的移动VR产品。使用时需将智能手机放入VR眼镜中的托槽中，机身内的一对凸透镜将手机上提前预设好的VR画面等比例放大后投影到双眼，以提供3D立体的观看效果，它通过手机内置陀螺仪检测头部转动，进行360度全景显示。此类设备的优点是轻便易携带和成本低，市面上千元以内的VR眼镜主要都是手机嵌入类。但由于手机本身的硬件限制，此类设备的缺点也较明显，如画质差、延迟高、沉浸感差，加上超近距离投影本身就容易引起晕眩，相对其他VR系统来说，嵌入类产品的用户体验只能算是入门级别的。

目前几种主流的手机嵌入类VR产品有：Google公司的Cardboard纸板眼镜（如图10-1-1所示）、三星Gear VR、暴风魔镜、小米VR、乐视LeVR Pro等。Google公司于2017年推出的Daydream View是目前舒适性较好的手机嵌入类VR眼镜。由于受到市场和技术的牵制，手机嵌入类产品无论在研发还是销量上都境况惨淡。

图10-1-1 Cardboard纸板眼镜

作为手机VR的佼佼者，第一家为旗下移动设备提供VR头显的公司——

三星公司，于 2018 年正式宣告手机 VR 死亡，旗下产品 Gear VR 也走上了"自生自灭"的道路。不过，三星公司表示，他们不会放弃 VR，而是把目光投向对用户体验的提升[1]。

2. 基于主机的 VR 头戴显示设备

这种头显设备指的是将主机作为独立的运算单元，通过数据线连接，将运算结果传输给 VR 头显设备。例如，Sony Project Morpheus 是以索尼 PlayStation 为主机来搭建 VR 显示环境的（如图 10-1-2 所示）。这类 VR 设备依托计算机强大的运算能力，提供给用户更清晰、更流畅的画面和更好的沉浸感。缺点是配件较多，活动范围受限，不具备便携性。目前几种主流的主机类 VR 产品有：Facebook 公司的 Oculus Rift、Crescent Bay（第三代 Oculus Rift 开发版）、CV1（消费者版 Oculus Rift）、SONY 公司的 Project Morpheus、HTC 公司的 HTC Vive、Vive Pro（2018 年新款）。

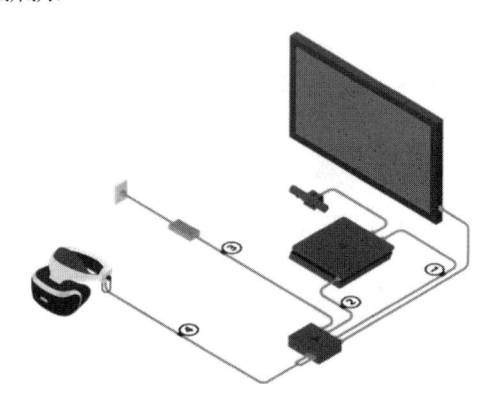

图 10-1-2　Play-Station VR 及必备硬件的连接示意图

3. 一体机头显类产品

一体机头显类产品指自带显示器、陀螺仪、存储和计算模块的设备。这类设备具备独立运算能力，没有复杂的数据线束缚、使用方便、自由，而且性能好，但由于机体集成了处理器和许多硬件单元，所以体积和重量较大，价格也更昂贵。目前主流的 VR 一体机头显设备有 Magic Leap One、微软公司的 HoloLens、HTC 的 Vive Focus、三星 Exyons VR Ⅲ、Pico Neo 等。

---

1 *Interview: Understanding Samsung And Its Future With DJ Koh*[EB/OL].

虚拟现实技术的发展带动了虚拟现实头显设备的发展，头显设备的发展又推动虚拟现实技术在更多领域得到发展，二者相辅相成，相互促进。随着互联网技术的稳步发展，各种先进技术的发展将会带来产品的更新迭代，为它们打开更好更大的局面。

（二）头显设备的发展趋势和瓶颈

1. 高清晰度的图像显示

头显设备显示屏的制作工艺有 CRT、LED、VRD、等离子管等。其中 CRT 显示屏分辨率高，但体积和功耗较大；LED 显示屏功耗低、画面稳定无闪烁，但清晰度较低。目前市场上出售的头显设备大部分使用等同于电视机显示质量的液晶显示。虚拟视网膜显示（Virtual Retinal Display，VRD），也就是所谓的"视网膜屏"是指那些分辨率超过人眼识别极限的高分辨率屏幕，这是一个由苹果公司在 2010 年 iPhone 4 发布会上首次提出的术语，这种技术能呈现亮度较高的图像，视场也很宽，能产生更真实的立体感，是头显设备最新的发展方向。

事实上，在合适的观察距离观看"视网膜屏"，人眼是无法分辨出电子显示屏上的像素点个数的。通常用 ppi（pixel per inch）来衡量屏幕显示的精细程度，ppi 意为每英寸像素的像素点数，ppi 数值越高，显示屏显示的密度越高，拟真度就越高，细节就越丰富，甚至接近于人眼直接观看到的效果。一般来说屏幕的像素密度数值达到 320 ppi 时，在人眼正常的观察距离（大约 30 厘米处）可以达到视网膜屏的效果，即可称之为"视网膜屏幕"。

而对于 AR/VR 这样的超近距离显示设备，ppi 这个单位的描述不够准确，我们需要引进一个跨使用场景的概念——ppd（pixel per degree），意为每弧度上像素点的数量，以此来衡量屏幕显示图像的精细程度。提高 ppd 可以通过压缩视场角（如图 10-1-3 所示）来做到，当屏幕像素不变时，视场角越小，ppd 越高。但因为 VR 近距离显示的特性，视场角的压缩范围有限。所以，提高 VR 画面质量不得不采用另一个办法——提高屏幕分辨率。

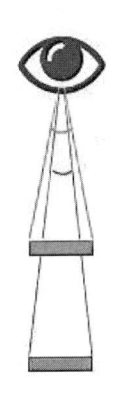

图 10-1-3　压缩视场角示意图

市面上大部分手机屏幕分辨率是 1080p，清晰度不足 2k，少量能达到 4K。而对于 VR 视频来说，4K 分辨率是入门的标准，因此，如果手机分辨率的局限不被突破，那么嵌入式 VR 设备将被行业淘汰。目前，全球各大厂商都在高分辨率小屏幕的研发上下足功夫，国内的京东方、天马都已经有了 1000ppi（甚至 1500ppi）产品。

在一款体积小巧的头显设备上，配备如此高分辨率、高像素密度的显示屏，必然需要十分强大的性能来驱动，就现有的芯片性能而言，距离实现廉价且高分辨率的小屏幕还有一段距离，在那之前，VR 的视觉体验还不足以冲击传统大屏幕。不过科技总是在向前发展，若未来某一天真的出现了还原人眼视觉效果的 VR 头显，我们也不必感到惊讶。

2. 现代光学技术和结构的应用

VR 头戴显示设备的光学系统是实现虚拟现实显示功能的基础，也是各大企业、厂商一直以来都密切关注的技术领域。改进光学技术和结构，需要综合考虑图像质量、设备质量、装配工艺以及材料成本等因素，头显设备的光学系统优劣与用户的观感体验有直接的关系。

头显设备光学系统主要由球面透镜结构实现，这种目镜结构在成像质量、结构体积方面都存在很大的局限性，给头显设备性能提升带来了难度[1]。不过随着光学技术的发展，大量新型光学元件被陆续应用到头显设备光学成像系统的设计中。例如微软的 HoloLens、Magic Leap One 等巨头的旗舰产品，就采用了全息光栅光波导技术。这些技术的出现大大降低了光学系统的体积、质量以及装配难度，VR 光学系统设计中的头显设备群变得越来越丰富。此外，2018 年底，液体透镜等技术也陆续被投入到应用当中，科技公司 Lemnis 就提出了一种变焦头显方案，将显示器移动调节焦距的功能集成到透镜本身，动态地根据用户焦点进行调整。

3."纱窗效应"等画质问题的解决与优化

虚拟现实头显设备的视觉保真度一直以来都是重要的技术瓶颈。在讨论和比较 VR 头显的视觉保真度时，一般关注三个关键要素：纱窗效应、Mura（亮

---

[1] 王蕴琦. 沉浸式头戴显示光学系统关键技术研究[D]. 中国科学院大学（中国科学院长春光学精密机械与物理研究所），2018.

度/颜色不均匀）和混叠。

（1）纱窗效应

"纱窗效应"是一种因画面填充像素数量少而导致的视觉效果，"纱窗"指的是类似纱窗的精细网格。像素在画面中阵列排放，通常紧密地粘合在一起，而有时像素之间出现"间隙"（如图10-1-4所示）。显示屏的"填充系数"描述的就是像素面积与"间隙"面积之间的比例。在低填充系数的显示器上，人眼能明显注意到像素之间的"间隙"，从而出现视觉的"纱窗效应"。

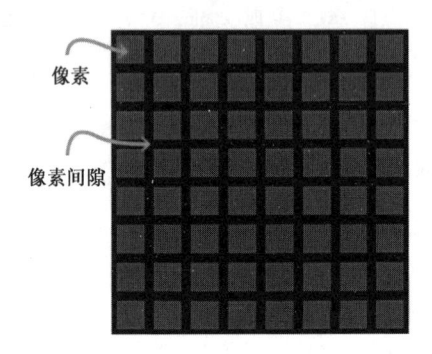

图10-1-4 "纱窗效应"像素间隔示意图

（2）Mura（亮度/颜色不均匀）

Mura是指像素之间颜色和亮度不均匀的现象。即使计算机输出到显示器的画面是由单色值组成的，但由于硬件等各种原因，显示器上每个像素显示完全相同的颜色也只是理想状态。观看像素颜色和亮度不均匀的画面会让人感受到突兀感和跳跃感（如图10-1-5所示）。

（3）混叠效应

显示器画面通常由排列在网格中的方形像素块组成，这意味着只有水平和竖直方向上的线条显示是光滑笔直的，斜线的显示会出现毛刺（如图10-1-6所示）。当显示器分辨率低于画面分辨率时，这种现象尤为明显。增加显示器的像素密度和抗锯齿处理都能拟合线条边缘的毛刺，但是这两种方式都只减轻了混叠效应，面对分辨率越来越高的画质内容，头显设备的显示屏还需要有进一步的对策改善混叠效应对画质的影响。

4. 佩戴舒适度

头显设备的可穿戴性、结构的紧凑性、质量的轻便程度都是开发部门始终需要面临问题。为了配合光学系统理想视场大小的升级优化，头戴设备系统会越来越复杂，重量和体积会越来越大。这就对头戴设备结构的合理规划和设计提出了更高的要求，在技术适配的前提下，必须优化佩戴舒适度。例如有研究显示，为保证使用者身体不受到伤害，头显设备的全重不宜超过 1.6kg。

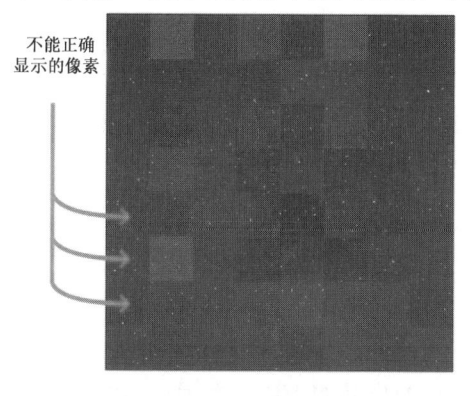

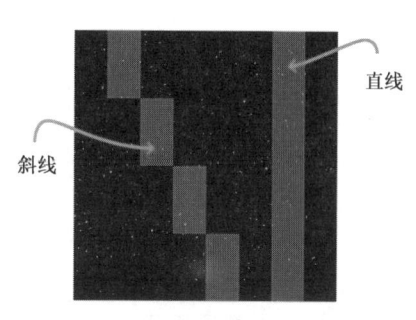

图 10-1-5　Mura 像素块颜色亮度示意图　　图 10-1-6　混叠效应示意图

除了体量大小以外，头显设备的散热性能、材质质感、外形结构等因素也都会影响佩戴感。根据美国专利商标局 2019 年 3 月初公布的专利，苹果公司目前就在努力解决相关的问题。其中，名为"Head-mounted display with adjustment mechanism（具有调节机制的头戴式显示器）"的专利描述了如何穿戴头显，以及如何收紧束带以保持头显的牢固就位等，指出一系列针对头显调节方式的优化。另一个专利申请名为"Thermal regulation for head-mounted display（头戴式显示器的热量调节）"，这个专利主要针对散热问题。由于显示器和计算硬件在运行过程中会产生热量，PC 和笔记本电脑等设备都会采用相应的管理措施，VR 和 AR 头显也不例外。该专利提出可以将从气孔、密封端面（如基于海绵或泡沫等渗透性材料）的缝隙进入头显眼室的空气排进组件腔室，从头显眼室抽出空气可以令头显的穿戴更加清爽，提升长时间佩戴的舒适感。苹果公司表示，这种抽风风扇可以基于多种因素进行调控，包括组件温度、眼室湿度、用户皮肤温度，甚至是出汗水平。

可见，如何在材质、结构、功能等设计上进行优化，提升头显设备的使用感，将是虚拟现实硬件技术更新升级过程中伴随设计人员的课题。

二、互动装置

随着时代的发展，用户与计算机交互的方式正变得越来越自然。指令输入方式从最初的穿孔卡到后来的命令行，再发展到外接鼠标。现在我们有了触控屏、语音助手，以及能够读取头部和手部动作的 VR/AR 头显设备和互动手柄等，在这些交互设备的支持下，我们与虚拟世界的交互越来越便捷、直观。

VR 交互重点研究符合人类习惯的交互技术，以构建人对复杂信息的认知和反应体系。与传统人机交互主要通过鼠标、键盘及操纵杆等设备的方式不同，虚拟现实互动装置采用多通道的交互方式，以用户为行为中心，通过肢体动作、视线口令等多通道实现高效智能的人机交互。

（一）互动装置发展及现状

交互装置的设计研发是虚拟现实走向大众所面临的最大挑战之一。目前，虚拟现实的交互功能主要由类似网页即用户界面（User Interface，UI）的设计和一些实体遥控装置组成，大部分主流厂商出品的 VR 交互界面就是网站的选项、表单，触发模式依旧采用功能趋同于鼠标遥控手柄的操作。实际上，带手柄的设备其实很适合游戏操作，甚至是一种流行的游戏文化标志，但在普通观影、赛事直播等应用情景中，手柄的使用感并不自然，容易影响到沉浸感。因此，为了迎合更多的使用场景，我们需要一种更自然、更贴合人们使用习惯的装置和模式来实现 VR 环境的交互。

苹果推出的多点触摸是移动通信设备中的突破性交互升级，为大众带来了下一个计算平台——手势界面设计。这意味着人机交互已经从键入命令时代发展到触控时代。那么对虚拟现实而言，下一个具有突破性意义的交互模式又是什么呢？下面列举目前为止主流的几种虚拟现实交互方式。

1. 手势交互

双手在人机交互中的作用一直以来处于首要位置。指、拿、翻、抓、触摸等动作相比传统的单击动作，无疑极大地丰富了指令库。手势交互有两种实现方式，一种是光学跟踪，通过图像处理、深度分析等技术提取手势形态信息，代表产品如美国 Leap 公司的 Leap Motion、以色列科技公司的 eyeSight；另一种是带传感器的数据手套或指夹，利用空间位置定位设备来捕捉手势的运动轨迹和时序信息，代表产品如 Oculus 公司的 Gloveone 手套、Dexta Robotics 公司的 Dexmo 外骨骼手套、Tactai 公司的 Tactai Touch 单指指夹（如图 10-1-7 所示）。

Leap Motion 手势识别设备　　　Gloveone 手套　　　Dexmo 外骨骼手套

图 10-1-7　手势交互设备

光学跟踪的优势在于设备简单、易于上手、操作灵活，同时，也相对地对交互设备提出了更高的设计要求，以弥补光学识别潜在地不准确性。传感器数据手套能识别较复杂的手势，准确度高，甚至可以集成反馈机制（手套向手部发送震动等刺激反馈），而缺点在于相对限制了使用场景、准备工作较复杂。两种方式各有优劣，用户可根据不同场景下的使用需求来进行选择。

手势技术进步对虚拟现实中的 UI 机制固然很有帮助，然而实验表明人类并不喜欢长时间通过手势进行操作。所以，单纯的手部追踪不足以代表未来虚拟现实系统的交互方式，但这不妨碍手势交互为下一代交互模式提供灵感，目前为止，虚拟现实的交互仍在被手势控制的操作逻辑所影响。

2. 智能语音交互

智能语音交互技术包括语音识别、语义理解和语音合成。语音识别技术将用户输入的语音转化为相应的文本信息，语义理解技术对从文本中获取的语义信息进行分析处理，语音合成技术将处理后的反馈文本转换成机器合成的语音[1]。

几乎全世界的科技巨头都在押宝"对话即平台"（conversation as a platform）将会成为下一个范式转移，颠覆我们与计算机的交互方式。的确，自从 2011 年微软研究院引入深度神经网络，大幅度提升了特定语料库上的语音识别准确率之后，自然语言的分析处理技术有了突飞猛进的发展。目前市面上有很多智能音箱产品将语音交互做到了真正的自然交流状态。例如 Amazon Echo、Google Home、苹果的 Siri 语音系统、小米的小爱、百度的小度，就连以电商、金融产业为核心的阿里集团旗下也有一款天猫精灵。

不难发现，语音交互技术正在成为最热门、最实用的人机智能交互方式。对于 VR 领域而言，语音交互技术尚有很大的潜力可以挖掘，它极有可能成为

---

[1] 赵沁平，周彬，李甲，等. 虚拟现实研究综述与趋势[C]//中国计算机学会，2016.

VR 交互体验的主要方式。

3. 体感交互

体感交互有多种实现方式，可以通过设备上的传感器（如智能感应环、温度传感器、光敏传感器、压力传感器等），也可通过装备关键部位跟踪传感器，如英国 Tesla Studio 公司推出的数据衣 Teslasuit（如图 10-1-8 所示），整套装备共有 11 个动作传感器。还可以通过场地内激光扫描对用户进行动作捕捉和检测，并进行实时跟踪，完成自然的人机交互，例如 HTC Vive 的 Lighthouse，通过激光扫描识别佩戴者身上的位置传感器，以获得用户的位置和方向信息（如图 10-1-9 所示）。通过体感交互技术，人们可以很直接使用肢体动作与周边装置或环境互动。

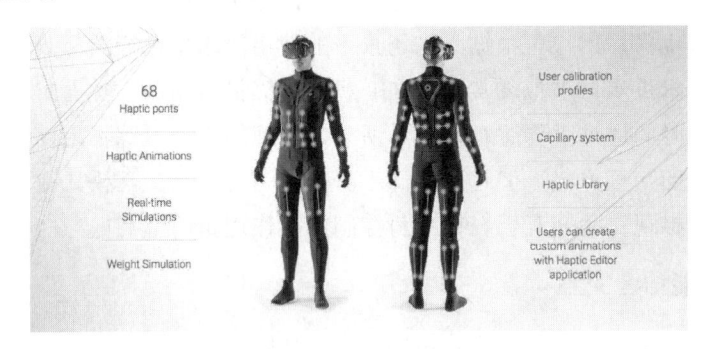

图 10-1-8　Teslasuit

图 10-1-9　HTC 的 Lighthouse 室内定位技术示意图

2019 年 8 月 16 日，数字王国旗下的 3Glasses 与微软合作推出的 Windows Mixed Reality 头显套装蓝珀 S2，搭载数字王国空间（DD Space）遥感座椅，入驻北京国际大兴机场的 VR 体验馆（如图 10-1-10 所示）。

图 10-1-10　北京国际大兴机场的 VR 体验馆

（二）互动装置的发展趋势和瓶颈

2018 年 3 月，记者莎拉·雷朵（Sarah Redohl）为"沉浸作品拍摄者（Immersive Shooter）"网站的"制作者问答"专栏采访了不少于 35 个 VR 故事创作者，尽管他们在 VR 制作上尚未达成广泛共识（如 VR 的定义、故事叙述的规则），但大多数创作者都认为 VR 最好的"武器"是它介于故事和游戏之间的本质，这里强调的其实就是 VR 的交互特性，体验者不是"静观其变"，也不是自主创作，而是参与到创作中来，VR 活动实际上是一种共同创作。

事实是，迄今为止大多数的 VR 作品在交互性上都有明显不足，交互设备仅限于手套、指夹、游戏手柄等各种传感器，而且交互方式停留在"有交无互"的阶段，即使有反馈，形式也只是集中在视觉、听觉、触觉上，针对其他感觉器官的反馈技术还不成熟。由于人类在触觉、力觉的感受上相当敏感，所以装置的触觉反馈精度仍有待提高，而对于温度感觉，目前相关系统造价高昂，距离普及使用尚有距离，至于嗅觉、味觉以及其他更丰富的体感，虽然相关专利层出不穷，但面世产品少之又少，至今仍然处在理论研究和探索阶段。

不过，越来越多的从业者正在通过一系列的新技术来增加 VR 的交互性，如已在 2018 年成为现实的眼动追踪技术，以及不断发展中的脑机接口技术。未来的虚拟现实人机交互系统，将以从具体到非具体、从二维到三维为目标，以更快速敏捷的方式来诠释交互信号，带给人们更丰富、奇妙的体验。

三、内容生产

扎克伯格在 2019 年的第六届 Oculus Connect 开发者大会（OC6）上指出，

"为了使我们所追求的 VR 时代早日到来，我们需要做很多事情，最主要两件事是：研发一系列技术和构建内容生态。对于一系列技术，之前已经提到很多了，对于生态，重点是培养开发者社区，丰富内容库。"可见，VR 要走长远发展之路，除了需要储备硬件技术，还需要储备优质内容。

（一）内容生产的模式和技术瓶颈

虚拟现实内容主要分为 VR 视频、VR 游戏和 VR 应用三大块。虚拟现实内容生产可分为设计开发、建模制作、功能开发、渲染测试这四个处理阶段。

1. 开发采集

理想的虚拟世界要求系统拥有多重感知的能力，为达到这一目标，在硬件上，系统要提供丰富、真实的基于自然的人机交互手段，使参与者能主动与系统沟通并及时收获反馈，同时应高度重视实时性，避免可感的延迟；在软件上，系统逻辑应贴近人类的心理经验，摒弃会破坏沉浸感的设计理念。

开发过程中涉及到的具体场景都是在真实场景上构建的，所以应事先通过摄像技术采集实地场景的具体参数信息，例如材质、纹理、图样等，以构建平面模型。

2. 建模制作

建模是指构建虚拟现实场景的基本方式，通常是指手工建模，工程师根据开发需求利用 3D 建模软件（例如 3ds Max、Maya、XSI、Blender、Cinema 4D 等），对从实景采集到的素材进行细致的纹理处理和三维模型搭建。建模方式除了手工建模之外，还有静态建模（通常用于静态道具角色的创建）和全景拍摄合成。一个好的虚拟现实项目不仅要求场景真实可信、沉浸感强，还要求在运行流畅的同时尽量压缩数据量，减轻处理器的工作强度。因此，建模过程中实时进行场景优化升级很有必要。

目前，VR 内容建模集中在对虚拟环境与对象的固定拓扑几何建模和动力学物理建模[1]。而未来虚拟现实建模要解决的问题，是在建立可变拓扑几何模型和更为全面的物理模型基础上，进一步建立可根据数据进行自我演算、具备一

---

1 赵沁平，周彬，李甲，陈小武. 虚拟现实技术研究进展[J]. 科技导报，2016, 34(14): 71-75.

定"生命力"的智能模型，例如图像数据驱动的人体服装与室内三维场景演化生成[1]等。伴随着多核 CPU 和 GPU 的发展，更大规模、更多细节的动态实时模拟技术正在稳步前进。角色肢体动作的智能化生成、人脸动态表情的识别与构建、虚拟角色智能行为等智能化建模技术的发展，涉及自动控制、人工智能、生物力学、解剖学等交叉学科，在国内外都得到了广泛关注与研究[2]。这些技术会使 VR 系统拥有更逼真的视觉表达，在环境和事件的动态演化、操纵对象的行为上也有更逼真的表现。

除此之外，对于现实世界中包含的海量数据的采集，以及对这些数据进行自动化分析、智能化的建模，将是影响 VR 未来走向的重要研究。

3. 功能开发

功能开发通常指交互功能开发，主要包括功能实现、特效实现两方面。目前主流的功能开发引擎是 Unity 3D 和 Unreal Engine。

功能实现是指将建好模的三维模型文件导入交互开发平台中，按照设计方案，以模块化设计方式在项目中编写独立的功能模块，并对每一项功能进行调试，确保整体交互功能的运行、配合与逻辑衔接。特效实现是指在交互开发平台中对画面进行整体视觉效果编辑的过程，例如粒子、雾化视效，以及立体声音等效果的设计添加。

在完成交互功能的设计与整体调试之后，就可以发布成可执行文件，在虚拟头戴显示器和外部控制器中运行使用了。

（二）内容生产的发展新趋势

VR 内容覆盖文娱教育、工业生产、健康医疗和商业创意等领域。目前，文娱消费级的 VR 内容在数量上占据主导，例如我们日常生活中接触到的 VR 游戏、影视。企业级的内容开发也在近几年不断增长，这类型的内容潜力巨大，但要求内容开发者除了具备 VR 技术能力外，还要对相关应用领域有全面深入

---

1 Xiaowu Chen, Bin Zhou, Feixiang Lu, Lin Wang, Lang Bi, Ping Tan. *Garment modeling with a depth camera*[J]. ACM Transactions on Graphics (TOG), 2015, 34(6).

2 Zhiguo Ren, Wenjing Gai, Fan Zhong, Julien Pettré, Qunsheng Peng. *Inserting virtual pedestrians into pedestrian groups video with behavior consistency*[J]. The Visual Computer, 2013, 29(9).

的了解。

2019年10月,在南昌举办的"世界VR大会"上,赛迪顾问、副总裁宋宇就《2019中国VR/AR产业投融资白皮书》做出了如下解读,"从2016年到2018年,内容一直占据VR/AR投融资50%左右的份额,资本看好内容的发展前景,内容环节将仍是VR/AR产业发展的重要机会点。"伴随VR新技术、新使用场景的出现,内容生产的发展也出现了新的趋势。

1. 室内应用场景带来新的内容需求

2020年初,新冠疫情爆发,由于严格管制和企业复工推迟等因素,疫情将从上游工厂配件供给、线下销售渠道、消费者购买力等方面对第一季度AR/VR市场产生了一定影响。复工限制带来的居家办公模式对于设备升级的需求、"宅经济"对于娱乐产品的依赖以及5G商用覆盖对AR/VR产品的变革式影响,都将驱动AR/VR硬件设备及内容开发的市场快速发展。

中国教育领域的AR/VR应用进展明显,近年来的工信部、发改委、教育部文件中,VR已被列入教育重点发展规划之内,这为AR/VR加速落地提供了政策支持。另外,由于我国学生群体人数众多,巨大的目标用户群将推动市场需求。在疫情期间"停课不停学"等相关号召的推动下,教师群体和学生群体已对远程教育模式展开各类积极尝试[1]。

IDC研究分析师朱利亚·卡罗塞拉（Giulia Carosella）指出:"随着入门成本的降低,以及全面部署的收益变得更加明显,AR/VR的商业普及将继续扩大,市场焦点正在从探讨技术收益转变为展示真实且可衡量的成果,包括生产力和效率的提高、知识的转移、员工的进步、安全性的提升,以及提供更具吸引力的客户体验。"随着消费级和企业级内容不断丰富,硬件技术的革新升级,未来VR的内容需求数量和范围都将进一步拓展。为了迎接可能到来的需求市场,创新内容形式和探索应用场景都是不可或缺的。

2. 高分辨率、高码率、高帧率内容的时代

2019年2月,IDC发布了2019年VR/AR市场十大预测,其中第一项预测就是观影一体机VR市场将继续增长,35%的VR一体机将被应用于家庭观影,这就意味着家庭IMAX观影将有望被定义,厂商将带来更清晰、交互更人性化

---

[1] IDC:庚子初年,疫情之下AR/VR市场展望[EB/OL].

的 VR 观影设备，这将成为 VR 观影普及的起点。

根据国际数据公司（International Data Corporation，IDC）于 2019 年 12 月 13 日发布的《IDC 全球增强与虚拟现实支出指南》（*IDC Worldwide Semiannual Augmented and Virtual Reality Spending Guide*）显示，到 2020 年，全球 AR/VR（增强与虚拟现实）市场相关支出规模将达到 188 亿美元，较 2019 年同比增长约为 78.5%。[1]

对于平面电视、电脑来说，4k 画面的清晰度已经非常高，但对于 360 度沉浸式的 VR 来说，小屏近眼观看的特性带来的视场角远远大于电视、电脑等屏幕终端，所以，想要在 VR 上观看大屏终端意义上的 4k 画面，必须先提高画面分辨率。

早在 2017 年 3 月 28 日，爱奇艺"奇遇 1"VR 一体机就已发布，搭载高通 821 移动平台，并且成为首款采用 4K 分辨率的 VR 一体机。它的出现标志着 4K VR 时代开启。2018 年 5 月，爱奇艺"奇遇 2"VR 一体机采用全球唯一一款定制 4K VR 专用屏幕，并以 Fast-LCD 技术成功解决了拖影问题，继续领跑 4K VR 市场。2019 年 4 月的北京国际电影节上，爱奇艺携手中国联通共同对北影节进行了 5G+4k 的 VR 全景直播。

2019 年以来，越来越多的厂商推出 4k 甚至 8k 配置的 VR 设备，与此同时，业界相关专利和解决方案也层出不穷，高分辨率屏幕走进千家万户已指日可待。这意味着 VR 内容生产即将走进高分辨率、高帧率、高码率的时代。

3. VR 内容技术质量升级

想要 VR 体验得到升级和发展，只有硬件达标是远远不够的，高质量 VR 内容的生产和传输也是决定性要素。以爱奇艺为例，在内容上，它拥有 10000 多小时的 4K 内容片库，在硬件上，用户可以配置"奇遇"4K VR 一体机，爱奇艺就是这样将一整套 4K VR 视频内容送到了用户手中。总结下来，4k VR 内容完整的体验路径为：4k 无损拍摄+4k 内容生产+4k 高码率分发+4k 高清播放。

对于提升 VR 内容质量来说，达到很高的分辨率只是开了个头，对于视频内容而言，影响因素还有决定画面流畅程度的画面帧率和决定画面上下载速率的传输码率确定。帧率是指视频播放时每秒钟涵纳的画面数，对于普通画面来说，30fps 就足够流畅，而对于变化激烈的画面，就需要更高的帧率，目前院线

---

[1] IDC：全球 AR/VR 支出指南发布，2020 年中国市场规模达 57.6 亿美元[EB/OL].

配置最高的放映设备可以观看帧率高达 120fps 的影片（例如 2019 年上映的李安导演的电影《双子杀手》）。码率代表着数据传输的能力，对 VR 内容的呈现起着至关重要的作用。

我们在移动环境下要使虚拟现实内容达到人眼的分辨率，需要提供 300Mb/s 的网速，几乎是当前高清视频体验所需网速的 100 倍，4G 网络的传输效率远远达不到这个标准。根据计算，一段 4k、2D、30fps 的 VR 视频，需要 40Mbps 码率，才能达到比较清晰的效果，一旦低于这个码率标准，则会出现画面模糊。因此，要想提升 VR 内容品质，光提升画质是远远不够的，还需要有更大带宽、更高速率的网络来承载 VR 内容背后的海量数据传输。

四、5G 通信与 VR

5G 通信即第五代移动通信技术，它是 4G 通信的延伸，5G 网络以全新的网络架构，提供 10Gbps 以上的带宽、毫秒级的时延、超高密度连接，实现网络性能的提升。2019 年 10 月 31 日，在中国国际信息通信展览会上，工信部与三大运营商等举行了 5G 商用启动仪式，标志着 5G 迎来正式商用。中信建设于 2019 年 11 月 29 日表示，在运营商的推动下，VR 有望成为最先落地的 5G 应用场景。

（一）互相加持的 5G 网络和 VR 产业

如果 5G 只给大家带来更宽的带宽、更高的速率显然是不够的，中国工程院院士邬贺铨认为，未来 5G 更重要的应用应该是产业上的应用，并提到了其在 VR 上的应用，这也是未来运营商的一大业务增长点。2019 年发布的《5G 新媒体行业白皮书》中提到，5G 技术能够使媒体行业实时高清渲染和大幅降低设备对本地计算能力的需求得以落地，大带宽可以保证海量数据的实时传输，同时降低网络延时，不仅可以帮助实现超高清视频直播，还能让 AR/VR 这样对画质和时延要求较高的应用获得长足发展。

与此同时，VR 的发展也需要 5G 提供保障。VR 体验的清晰度和流畅度分别可以通过提升 VR 内容/终端的分辨率和刷新率来改善，其中，弱交互 VR 要求较大的网络带宽，强交互 VR 除了大带宽之外，还对网络时延提出了更高要求。除此之外，VR 应用中的语音识别、手势交互、眼球追踪等业务都需要低延时处理。所以，超高速、低延时的 5G 网络的出现，成为了 VR 发展道路上的助推剂。Facebook 首席执行官扎克伯格也认为，VR 将在 5G 时代成为具有变革意义的"杀手级应用"。

（二）"5G+VR"使用场景及未来展望

1. "5G+VR"全景视频制播

从演唱会、赛事直播、晚会到现在逐渐普及的大众 VR 全景内容制作，VR 全景制播一直在不断发展。2019 年 2 月 3 日，江西省春节联欢晚会首次采用"5G+8K+VR"方式进行录制播出，这也是电视史上的首台"5G+8K+VR"春晚。在拍摄现场共设计了 4 个 VR 机位，包含中央固定机位、摇臂机位、空中飞猫机位以及游机位，每个机位通过 5G CPE（Customer Premise Equipment，客户前置设备，可将移动信号、有线信号转换成本地局域网信号）连接至现场的 5G 基站及核心网，然后通过核心网专线回传至现场导播切换台，现场导播通过 VR 预览监看系统观看。整体方案通过 5G 网络实现了单基站下多路超高清 VR 全景视频并行的实时传输。

本次"5G+8K+VR"春晚采取了多渠道分发供观众欣赏观看。手机用户可通过扫描电视上春晚节目下方的二维码，在手机端 H5 页面进行观看，也可以在手机 VR App 上进行观看。使用手机观看的用户既可以通过拖拽画面切换观看视角，也可以在观看界面开启陀螺仪模式，通过旋转、移动手机来切换观看视角。PC 端用户可通过互联网 VR 浏览器、播放器，通过鼠标拖拽切换视角的方式观看，而 VR 头显用户可以直接通过头显完全沉浸式观看（如图10-1-11 所示）。

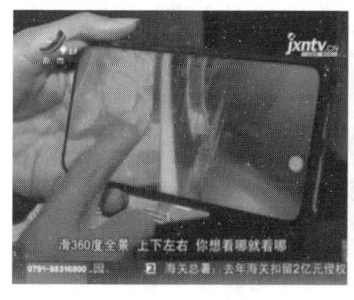

图 10-1-11 用手机 VR App 观看江西春晚的新闻报道截图

硬件上，VR 全景视频采集端需要借助 VR 全景摄像头，将 VR 摄像机各个方位采集到的平面图像拼接缝合成球形画面，并借助图像拼接服务器使整个球形图像无畸变，目前主流的 VR 全景摄像头都能进行视频画面的机内拼接，当视频清晰度提高到 8K 时，则需要通过专用硬件设备进行拼接。VR 全景视频呈现端需要借助 VR 眼镜、VR 一体机等设备。

2."5G+VR"直播

2019 年 10 月 1 日，新中国成立 70 周年阅兵活动顺利举行，VR 全景直播矩阵在当天的直播队伍中首次亮相，中央广播电视总台在长安街两侧设置了共 12 个点位，对分列式进行 360 度全程直播（如图 10-1-12 所示）。这次规模空前的"黑科技"转播，结合了超高清 VR 影像采集、5G 实时回传、视场角（Field of View，FOV）传输等技术，使观众能在一台 4K 解码能力的 VR 头显上观看分辨率高达 8K 的超高画质实况。

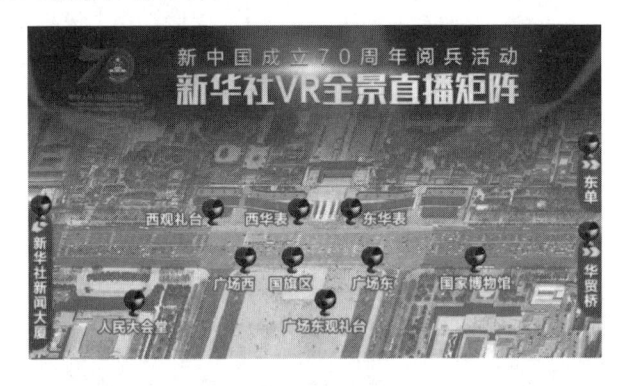

图 10-1-12　新中国成立 70 周年阅兵活动 VR 全景直播矩阵

除了在大型活动直播中一显身手，VR 在体育赛事直播中也频频亮相。在 2019 年 7 月的 European Cup 2019 邀请赛上，赛事的主办方 City Football Group 和协办方 Japan display Inc、银河集团（Galaxy Entertainment）为 VVIP 贵宾席提供了 4K Live VR 直播服务。通过与 360 度视频内容制作公司 ALPHA CODE 深度定制合作，允许 VVIP 席的贵宾通过 Pico G2 4K VR 一体机在多方位近距离观看赛场实况。

这套 VR 直播方案在尼桑体育场现场 4 个方位各架设一个高清摄像头，通过 4G 高速网络信号传输，最终呈现在 Pico G2 4K VR 一体机中。在 VVIP 贵宾席的观众可以通过操控 Pico G2 4K 的手柄或头显上的按键切换视角，从 4 个角度全方位近距离感受赛场体验（如图 10-1-13 所示）。

第十章 当下虚拟现实技术瓶颈与未来发展可能

图 10-1-13　European Cup VVIP 贵宾席内的 VR 头显设备

国内率先推出 5G+VR 赛事直播服务的，是 2019 年 11 月 1 日广州移动联合 CBA 联赛公司进行的篮球赛直播，球迷在"第二现场"戴上 Pico VR 一体机，基于 5G 网络，就可实现沉浸式观看（如图 10-1-14 所示）。

图 10-1-14　CBA 联赛 VR 直播画面

3. 5G+"云 VR"

"云 VR"其实跟"云游戏"一样，都是"云端"服务器下的一个概念，是指把内容或应用数据在云端的服务器里运行，引入"云计算""云渲染"等技术，并借助高速稳定的网络将运行结果以 VR 内容的形式传输到用户终端，使 VR 终端得以在没有本地计算机的情况下，实现实时启动和便捷应用。"云 VR"一方面可以降低硬件端的使用门槛，另一方面能改善 VR 内容离散、版权混乱的局面，实现 VR 资源的海量聚合与高效分发。因此，"云 VR"是 VR 走向规模化和大众化的极佳选择。

在过去的 4G 网络下,想实现这样的便利,必须牺牲掉 VR 内容的清晰度和加载速率,5G 网络的普及,将使这种随时随地的强 VR 业务体验成为现实。通信技术的升级将给消费者的感官体验带来质的飞跃,如何将 5G 与 VR 的结合应用于更多行业,将是未来很长一段时间内的重要研究方向。

(三)6G 时代——畅想 VR 网络新生态

1. 初探 6G——新的想象已经展开

自 20 世纪 80 年代以来,移动通信基本上以十年为周期,出现新一代革命性技术(如图 10-1-15 所示)[1]。步入 21 世纪 20 年代,关于 6G 技术的发展路线已经在各行各业的规划版图中有所勾勒。与前几次移动技术的更迭类似,6G 的大多数性能指标相比 5G 将提升 10 到 100 倍,业内预计到 2030 年,虚拟数字世界将与物理世界深度融合,人类生活将发生巨大变革。可以说,6G 的总体愿景是基于 5G 技术的进一步扩展和升级。

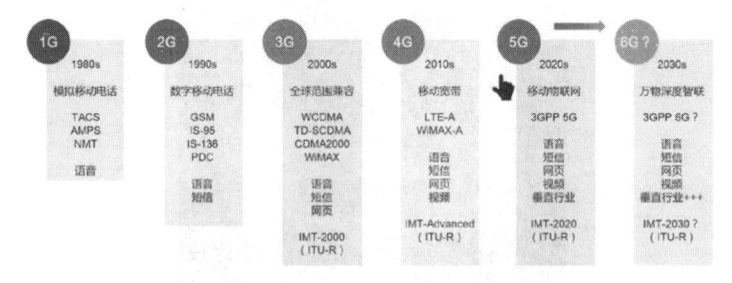

图 10-1-15　移动通信的演进历程(1G~6G)

赛迪智库在 2020 年 3 月发布的《6G 概念及远景白皮书》中指出,未来,6G 将以 5G 提出的三大应用场景(大带宽,海量连接,超低延迟)为基础,不断通过技术创新来提升性能和优化体验,并且进一步将服务的边界从物理世界延拓至虚拟世界,在人—机—物—境完美协作的基础上,探索新的应用场景、新的业务形态和新的商业模式。

2. 扩展现实(XR)——最被人津津乐道的 6G 应用场景

AR/VR 被业界认为是 5G 最重要的需求之一,5G 时代下,VR、AR 和 MR

---

1 赛迪智库.《6G 概念及远景白皮书》[R/OL].

（混合现实）技术出现了合并到 XR（扩展现实）技术的趋势。从网络性能指标看，6G 在传输速率、端到端时延、可靠性、连接数密度、频谱效率、网络能效等方面都会有大的提升，那么从 5G 到 6G，虚拟现实行业会发生哪些变化呢？

《6G 概念及远景白皮书》中明确提到，预计在 2030 年，信息交互形式将进一步由 AR/VR 逐步演进至高保真 XR 交互为主，甚至是基于全息通信的信息交互，最终将全面实现无线全息通信。用户可随时随地享受全息通信和全息显示带来的体验升级——视觉、听觉、触觉、嗅觉、味觉乃至情感将通过高保真 XR 被充分调动，用户将不再受到时间和地点的限制，以"我"为中心享受虚拟教育、虚拟旅游、虚拟运动、虚拟绘画、虚拟演唱会等完全沉浸式的全息体验[1]。

3. 6G 技术发展现状

我国已在国家层面正式启动 6G 研发。2019 年 11 月 3 日，中国成立国家 6G 技术研发推进工作组和总体专家组，华为已经开始着手研发 6G 技术，在加拿大渥太华成立了 6G 研发实验室，国内三大电信运营商也纷纷启动 6G 研发工作，开展太赫兹通信技术研究。

6G 作为"预研发"阶段的新一代通信技术，虽然目前没有系统化的标准，世界各大公司也仅仅处于前期探讨阶段，但通信行业"预研一代、研制一代、使用一代"的重要意义就在于此，为了保证我国在新时代到来时拥有竞争力，必须要提前动手。对于当下发展势头正劲的 5G 技术亦是如此，中国移动研究院首席科学家易芝玲强调："5G 还在发展，6G 被描绘得更远。5G 应用这条路会很长，未来五到十年，社会将因为 5G 的赋能发生多大变化，做技术的人也说不准，社会学家、经济学家们要一起畅想。"

第二节　虚拟现实新技术及其可能性

从 VR 诞生到现在已经 60 多年了，VR 的基本概念和实现途径已经初步形成，也取得了很多较好的应用成果，但距离一个高度逼真、自然交互性强、大众接受度广的应用系统还有一段距离。在那之前，VR 领域还将迎接理论框架

---

[1] 赛迪智库.《6G 概念及远景白皮书》[R/OL].

的重整和技术手段的革新。下面我们将介绍行业里已经出现的虚拟现实新技术，并对它们的可能性进行分析。

一、容积捕捉

容积捕捉（volumetric capture）又称作体积捕捉，指的是通过上百个高分辨率摄像头从多个角度捕捉被摄对象动作，并生成一种可以从任何角度观看的动态图像的过程，容积捕捉生成的是一种自由视点内容，允许用户自主控制视点，并且从任意 3D 位置生成动态场景的新视图。通过配备各种装置捕捉绿幕下的三维动态视频，可以用于高端 VR、AR 和 MR 制作，包括电影、电视和应用程序（如图 10-2-1 所示）。

图 10-2-1　Intel Studios 容积捕捉工作室

容积捕捉后期工具开发公司 Arcturus 的最新统计显示，目前全世界正在运营的容积捕捉工作室数量约有几十个，Intel Studios、4D Views、Mantis Vision、Volograms 和微软公司的 Dimension Studio 是其中规模较大的几个。

Dimension Studio 容积捕捉与 3D 捕捉工作室于 2017 年 10 月 24 日正式在英国伦敦开业，这个工作室汇集了微软此前六年的研究成果，它的成立预示着欧洲下一代沉浸式内容的开始。2018 年，微软继在雷德蒙德、旧金山和伦敦开设工作室后，又与洛杉矶混合现实制作工作室 Metastage 达成了合作，在好莱坞开设了首个混合现实捕捉工作室，在那里，制作人可以使用超过 100 个 1200 万像素的机器视觉相机。将四个顶尖实验工作室开设在世界各地，不难看出，微软正不断扩大它的沉浸式运算基地。

（一）容积捕捉的作用

虚拟现实在刻画逼真的人物形象时，通常需要 3D 和动画虚拟人物，而这些经常会打破虚拟现实构建的虚拟环境，影响体验者的沉浸感体验。我们可以通过微妙的动作差别、眼神接触和流畅度来判断眼前所见并非现实。容积捕捉技术使用先进的画面提取手段，可以很好地改善这种不真实感。

容积捕捉通过捕捉真人动作，创建其动作表演的虚拟资源来解决虚拟动画的真实感不足问题。有了这项技术，制作人可以省去制作原始数字角色的繁重工作，他们只需拍摄真实的动作演员即可，而且真实自然的表演可以快速无缝地融入任何数字设置（如图 10-2-2 所示）。

图 10-2-2　在容积捕捉工作室内接受"捕捉"的舞者

（二）与容积捕捉相似的概念

为了便于读者理解这种新技术，这里再介绍一个与容积捕捉相关且更为常见的图像捕捉概念。它是因好莱坞华纳兄弟电影公司出品的电影《黑客帝国》而名声大噪的计算机辅助的摄影技术特效——"子弹时间"（如图 10-2-3 所示）。

图 10-2-3　电影《黑客帝国》中的子弹时间效果

Dmension Studio 的总监卡卢·马克米兰（Callum Macmillan）拥有 20 年的摄像机技术经验。他对《黑客帝国》中子弹时间的实现方式进行了解释，他们在捕捉工作室设置了一个捕捉舞台来完成对人物动作的捕捉，捕捉舞台包含 8 座移动塔，每座移动塔上设有 12 台摄像机，这形成了一个由 96 台摄像机组成的圆形阵列。这些摄像机的排列路径是基于预先用计算机设计的可视化模型，在空间中摆放构成一个复杂的曲线，阵列通常被同时或者按顺序触发快门，然后每一帧图像被扫描到计算机里进行处理合成，这样动作可以在视角移动的情况下以极慢的速度继续展开，构成对静止物体的视角旋转效果，或者超级慢镜头效果（如图 10-2-4 所示）。

图 10-2-4　"子弹时间"的拍摄环境

（三）容积捕捉的应用现状和未来

　　据 The VR Fund 在 2019 年 11 月发布的产业格局报告显示，VR 用户对容积捕捉技术有了进一步的体验和理解，对它的兴趣和需求也不断增强，随着 5G 技术的渗透，容积捕捉这项技术除了在影像创作上有更大突破，也有望被用于日常的通讯、演出直播等场景。影片《银翼杀手：2049》的衍生 VR 应用《银翼杀手 2049：记忆实验室》已经于 2017 年面世。当用户通过 Oculus Rift 启动应用程序时，一位虚拟女性形象会出现并给予用户欢迎和指引，这个形象实际上是在混合现实捕捉工作室进行容积捕捉而成的。在随后的 VR 体验中，用户将需要扮演一位侦探，在犯罪现场的人群（都是通过容积捕捉实现）身上寻找游戏线索。

容积捕捉在内容实现强交互性上有着巨大潜力，正逐渐成为内容创作的新趋势，它在提升沉浸式体验的同时，也给相关内容的制作效率带来提升。目前这项技术已被应用于音乐、体育和医疗，而这还只是开始，微软在洛杉矶开设的混合现实捕捉工作室与其他工作室一样，都将向独立制作人开放，这也表明他们正在主动引领好莱坞从传统 2D 电影转向沉浸式观影体验的潮流。

二、光场摄影

（一）从 2D、3D 摄影到光场摄影

从胶片时代到数码时代，相机的设计几乎没有什么变化，都是被摄景物通过镜头形成颠倒的图像，只不过从原来在一块银盐胶片上感光，变成在一块电子感光元件上感光。由于被摄体和镜头之间的距离不同，图像移动，传感器也跟着移动，通过调节镜头的焦距，我们可以获得一定距离范围内清晰的图像。如果传感器位于焦平面的前边或者后边，从而得到了比较模糊的图像，这个过程则被称为"虚焦"。

光场摄影与传统相机摄影的不同之处在于，它不仅仅记录落在每个感光单元所有光线的总和，还旨在测定每个进入的光线强度和方向。有了这些信息，用户就可以生成不止一个图像，而是每一个在那一刻进入相机视野的可能的图像。画面中不同焦距的两个物体，可以让其中一个清晰，另一个模糊，也可以让两个物体同时清晰，就像是拍摄时通过调节镜头焦距改变景深获得的照片一样。

2019 年国际消费类电子产品展览会（简称 CES）上，一家来自瑞士的初创公司 CREAL3D 带来了支持显示"数百个从 0 到无穷大的深度平面"的光场显示系统（如图 10-2-5 所示）。根据测试体验者的反馈，通过 CREAL3D 镜头进行观看，设备能够适应人的自然聚焦（如图 10-2-6 所示）。

图 10-2-5　CREAL3D 在 2019CES 上展出的双目版本光场显示设备

聚焦树木的效果　　　　　　　　　聚焦青蛙的效果

图 10-2-6　CREAL3D 光场系统显示图片

举个简单的例子来说明 2D、3D、光场摄影画面的区别。拍摄一个室内环境，2D 只能提供平面效果，就像在翻阅杂志；3D 视频利用两个（或多个）摄像头拍摄，后期制作双目视差效果，让人感受到画面立体感，就像在看立体的模型；在光场视频中，我们会感觉到视频中的虚拟物体就在身边，稍微移动一下位置，近处的虚拟物体的角度会有较大变化，而远处的虚拟物体变化较小，近处和远处的物体光线变化也不一样，感觉仿佛置身于一个真实的 3D 场景中。不过体验光场视频效果需要佩戴支持 6Dof 运动追踪的头显，这样在真实空间的运动会带来虚拟场景的实时变化，真实的运动和虚拟的运动会保持一致。

（二）光场摄影技术原理

光场是一种先进的捕捉、拼接和渲染算法。除了打造视觉立体感的双目视差以外，光场相机还能够提供运动视差（运动视差是一种深度线索，当我们运动时，会发现离我们近的物体运动得快，离我们远一点的物体运动得慢）。通过为静态捕捉图像生成运动视差和非常逼真的纹理和光照，光场可以向你提供极高质量的临场感。用光场摄影技术拍摄视频，能够突破 2D 摄影的视角视域限制，通过单个角度拍摄，可获得被摄物体、场景多个维度的影像，即用摄影的方式对被摄物体进行多角度数字影像信息采集。

（三）光场摄影和虚拟现实

为了理解光场摄影对于 VR 的重要性，我们需要先区分"狭义 VR 视频"和"360 度全景视频"。360 度全景视频很好理解，就是有别于传统视频单一的观看视角，让人们可以 360 度自由观看。而"狭义 VR 视频"在此基础上，还允许人们在视频里自由移动观看（提供场景中任意位置的 360 度自由视角）。此外,360 度全景视频是按照时间轴来进行线性播放的,而"狭义 VR 视频"允许用户在同一时间,站在不同的位置观看(视角移动的过程在观感上可以联想上文中介绍过的"子弹时间")。我们可以进一步联想,在一部理想的 VR 电影里,传统的"推拉摇移"可能都将被取代,镜头位置将由观众自己决定。现在市场上流行的 VR 视频其实大都是"广义 VR 视频",各大视频网站上标称的 VR 视频也基本都是 360 度全景视频。

真正的 VR 视频(狭义的 VR 视频)现阶段只能通过 CG(Computer Graphics,指利用计算机技术进行视觉设计和生产的技术)实现,而不是通过摄像机拍摄。这是因为一台摄像机只能捕捉一个光线的位置,而实现场景里的自由移动,需要捕捉到场景里任意位置的光线,这显然不能只通过增加摄像机的数量来完成。这个看起来不太现实的任务,在光场摄影的概念横空出世时,迎来了希望。换句话说,拍摄真正意义上的 VR 视频,我们需要光场摄像机。

(四)光场摄影的现状和技术瓶颈

通过大量矩阵式摄像头,捕捉和记录周围不同角度射入的光线信号,再利用计算机合成出任意位置的图像,是光场摄影的基本模式。

谷歌的高级工程师和研究人员设计了一套完整的系统——GoPro Odyssey Jump 相机平台,将 16 个镜头弧形安装在旋转平台上,有效捕捉球体表面上的数千张图像,从而捕获和渲染高质量的球形光场静止图像。研究团队指出,为了渲染光场数据集,他们使用了一种可以实时混合数千张光场图形的渲染算法(如图 10-2-7 所示)。

图 10-2-7 谷歌的光场技术

为了展示光场摄影技术的潜能与前景，谷歌公司于 2018 年 3 月 15 日正式在 Steam 上发行了免费应用"Welcome to Light Fields"，支持 HTC Vive、Oculus Rift 和 WMR 头显。

谷歌软件工程师瑞安·欧文贝克（Ryan Overbeck）表示："'Welcome to Light Fields'证明了制造出消费者普遍接受和喜爱的 VR 浏览工具是有可能的，而我们希望这可以鼓励其他人参与开发光场技术和媒体内容。为了最终开发出基于光场的消费级产品，我们需要一个蓬勃发展的光场生态系统。我们需要开放光场编解码器，我们需要艺术家创造美丽的光场影像，我们需要人们使用 VR 并与光场产生联系。"

光场摄影现在还处于不断完善的阶段，受到研发时间、硬件质量等多种因素限制，相比常规的摄影机的发展速度，还很落后。但是随着研发人员的不断研究尝试，电子感光元件不断升级，未来将有更加高科技的电子感光元件被应用到这个技术领域当中，光场摄影作为最能代表 AR/VR 未来的一项成像技术，届时一定会有更大的施展空间。

三、超高清影像技术

超高清影像作为高清影像（1080p）的下一个发展阶段，一般是指分辨率达到 4K（3840×2160 像素）的影像，目前也适用于分辨率 8K（7680×4320 像素）的影像，画面精细度提升 4 倍、16 倍甚至更高，帧率从 30p/s 提升至 50p/s～120p/s，对高速运动的物体表现力加强，画面更流畅，色彩更真实，展现更高的动态范围（HDR），为用户提供更强的临场感和视觉冲击。

极高的分辨率带来了细腻的显示效果，在演示片中，俯瞰镜头几乎能映出一个城市的全貌。但与此同时，4K 超高清素质的影像也带来了庞大的数据量，1 分钟的 4K 未压缩视频体积将近 200GB，码率大概为 30～50Mbps。目前，4K 影像已经从最开始的试验阶段向面向消费者的生产应用阶段迈进，对于 8K 超高清的研究和实验也已经开始兴起，随着 5G 牌照发放，我国进入 5G 商用元年，全新的网络构架、10Gbps 以上的带宽、毫秒级的时延、超高密度的连接将进一步推动超高清影像的发展。

（一）超高清影像技术的意义

2019 年 3 月 1 日，工信部、国家广电总局、中央广播电视总台联合发布《超高清视频产业发展行动计划(2011—2020年)》,要求按照"4K先行、兼顾8K"的总体技术路线,推进超高清视频产业发展和相关应用。根据该行动计划,预计到2022年,超高清视频产业总体规模将超过4万亿元,超高清视频用户将达到2亿。2019年10月19日,《超高清视频产业发展白皮书(2019版)》在2019世界VR产业大会上发布,其中指出超高清视频、VR都是5G时代的现象级应用,超高清和VR结合,是技术迭代、体验升级催生出的新商业模式,未来将促进超高清视频产业、VR硬件技术走向成熟。

目前,全球VR设备的普及率高速增长,这推动了更高质量VR显示器的需求发展,高像素密度、宽视场和高刷新率的显示器将成为消费者的理想选择。另外,对显示系统要求更高的游戏和高端娱乐有可能进一步推动高分辨率VR显示器的市场需求。

(二)虚拟现实领域超高清影像技术的发展

尽管今天市场大部分的VR头显仅支持最高2K的图像显示方案,但更高分辨率的头显已经成功研发并开始进入市场。

2019年柏林国际消费电子展(IFA2019)于9月6日在德国柏林开幕。展会上集中展示了人工智能,面向未来5G网络的移动设备、灵活的屏幕、360度"环绕声"无线扬声器、VR一体机等创新设备,这些具备前瞻性技术创新的消费电子产品将激发大量的购买需求。其中,创维(SKYWORTH)公司展示了基于5G网络搭建的8K VR直播画面,作为公认的5G杀手级应用之一,相比4K VR直播,8K VR直播的分辨率是4K的4倍,体验更清晰、更真实、沉浸感更强,发展前景非常诱人(如图10-2-8所示)。

图10-2-8 创维公司展示了基于5G网络搭建的8K VR直播

2020年1月6日,VR头显制造商Pimax携高端系列VR设备Vision 8K+、

Vision 8KX 亮相国际消费类电子产品展览会（CES2020），这两款设备采用最新的显示技术以及先进的 RGB 像素排列，具备双原生 4K 分辨率和当今消费市场上最高的图像质量，纱窗效应几乎不可见，用户可以在虚拟世界中看到以前无法看到的细节。

随着超高清 VR 技术的成熟，陆续有厂商开始发布 4K 甚至 8K VR 产品，可以预见的是，未来将有更多用户走进超高清影像俱乐部，结合超高清影像技术的 VR 产品将逐步普及。

（三）4K VR 体验的重要元素

支持 4K 显示的 VR 硬件上市，只是开启 4K VR 体验的第一步，4K VR 内容是下一个决定性因素。事实上，目前很多用户家里都有 4K VR 放映设备，但至今依然有很多家庭没有真正地体验到 4K VR 内容，这对硬件无疑是一种极大的浪费。所以 4K 其实不只是硬件技术概念，而是"硬件技术"加"内容品质"的融合概念，没有高清的 VR 内容，再好的 VR 显示器设备也看不出好的效果。所以用户在选购的 4K VR 产品的时候，除了硬件终端的配置，还要考虑到适配平台内容的质量。

以爱奇艺为例，在内容上，有 10000+小时的 4K 内容片库，加上爱奇艺自己拥有领跑行业的观看设备奇遇系列 4K VR 一体机，打造了全面清晰的观影体验路径：4k 无损拍摄+4k 智能生产+4k 高码率传输+4k 极致播放。如本书前文提到的那样，这条路径对于想要进行 4K VR 的普及和推广的公司和厂商有着重要的参考价值。其中"4k 无损拍摄"要做到原料优质，专业 4K 拍摄设备采集，保证内容源头的技术质量；"4k 智能生产"要做到生产流程细致精湛，保证生产过程中对内容码流码率的升级；"4k 高码率传输"要做到通道畅通，保证内容能高效优质地传输到用户手中；"4k 极致播放"要做到播放内核集成 4K 在线高码率。

只有持续完善 4K 构架，才能给到用户真正的 4K VR 体验，不至于让用户手里的 4K VR 硬件变成一个摆设。

（四）5G 时代超高清影像技术与虚拟现实的应用展望

超高清影像视频结合虚拟现实，需要极高的网络传输速率才能保证用户的实际体验，以 8K VR 视频为例，在无压缩的情况下，需要高达 100Gbits/s 的传输速率，即使经过百倍压缩后，也需要 1Gbits/s，4G 网络技术已不能满足需要，而 5G 的出现迎合了发展的需要。

2019 年 4 月举办的北京国际电影节上，爱奇艺携手中国联通共同进行了首次"5G+4K"的 VR 直播，全程保障现场 5G 网络体验，全方位还原北影节盛况，即使观众不能来到北京电影节的现场，通过场外爱奇艺奇遇 VR 一体机的 4K 超高清 VR 直播，也可 360 度感知现场画面，体验身临其境的高码率 4K 观感（如图 10-2-9 所示）。

4K、8K 技术在很多领域都有极大的应用空间。在新闻领域，使用超高清 VR 直播或转播现场报道，可做到不受时间、地域限制；在文保领域，超高清 VR 技术可应用于各大博物馆展播，清晰记录并再现文物的全貌及细节，为参观者带来全新的体验；在影音娱乐领域，提升游戏和影片的观感，打造沉浸式的体验。对于以上种种应用，高清影像技术都能起到奠定基础的作用，5G 与超高清影像技术融合，会对未来的 VR 沉浸体验应用带来革命性的影响。

图 10-2-9　爱奇艺奇遇 VR 直播北影节盛会海报

四、眼动追踪

（一）眼动追踪应用技术浪潮即将到来

眼动跟踪技术通过测量和分析用户注视点或视线方向,提高头显设备性能,优化交互体验。眼动追踪包括三个步骤：眼球动作捕捉、信息处理、发出指令。眼动追踪能为 VR 用户提供更多的操作空间和更自然流畅的使用体验，除此之外，还可以优化渲染流程、降低处理器门槛等。因此，越来越多的厂商研发和收购眼动追踪技术来优化现有的设备体验。

1. 眼动追踪的作用

（1）注视点渲染——算法减负

注视点渲染旨在降低 VR 场景所需的计算能力。这项技术与"中央凹"有关，"中央凹"指的是人类视网膜中心的一个小坑。人眼视网膜中心的分辨率最高，而外围视觉在细节和颜色方面分辨率较低，但对运动比较敏感。注视点渲染的目标是利用这一特点，只以高分辨率渲染"中央凹"位置，亦即人眼注视点区域，然后大幅降低外围视觉的场景复杂度（如图 10-2-10 所示）。这样做可使算力集中在对细节贡献最大的区域，优化系统资源分配。随着 VR 头显分辨率和视场的升级，渲染复杂场景的运算量正以指数级速度增长，注释点渲染的算法优越性已经越来越值得重视了。

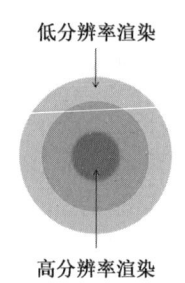

图 10-2-10　注视点渲染

（2）自动用户检测与调整——个性化预设

除了检测眼球运动之外，眼动追踪还可以作为生物识别器。用户戴上头显设备的时候，系统可以识别并加载用户的偏好和过往保存的数据。除此之外，眼动追踪还可以精确测量人眼的瞳距等参数，实现手动或自动调整透镜位置的功能。

（3）动态变焦——解决视觉辐辏调节冲突

VR 头显的显示屏始终都与我们的眼睛保持固定的距离，即便立体视觉深度不同时也是如此，这导致了一个名为"视觉辐辏调节冲突"的问题。眼动追踪系统通过追踪用户眼睛注视点在虚拟场景中的移动路径，将信息发送至显示器以进行相应的调整，将焦点深度设置为眼睛到注视对象的虚拟距离，建立适当的焦平面，以实现动态聚焦。

（4）高效输入——提高用户操作效率

眼动追踪利用用户的注视点来更快、更轻松地完成指令输入。相比于动作交互的大幅度动作，眼动追踪的操作显然便捷和迅速的多，交互过程的减负意味着用户能在更短的时间内实现更多的操作，一定程度上提升操作效率。

（二）眼动追踪发展趋势

对于大部分眼动追踪系统使用红外（IR）光照相机，相机可以检测到眼睛检测不到的红外光，捕获的图像经过处理，确定瞳孔位置，并分析出注视方向。2017 年 1 月，日本公司 FOVE 发布了首款内置眼动追踪功能的头显。与此同时，苹果、Facebook 和谷歌等企业也纷纷开始"抢购"眼动追踪初创公司。到 2018 年，眼动追踪已经在精度、稳定性和成本上取得了显著的进步，开发者和研究人员已经能用上越来越多的相关硬件。Oculus 在 2018 年展示了一款首次集成眼动追踪的新原型；Magic Leap 则确认他们即将推出的开发头显集成了眼动追踪功能。另外，苹果收购了眼动追踪领域的领导厂商之一 SMI，并且已经申请了实施该技术的相关专利。

发展势头正盛，相信在未来数年内，我们将有机会看到眼动追踪成为消费者衡量 VR 头显标准的元素。届时，眼动追踪将能令一系列提升 VR 体验的功能成为现实。

五、脑机接口

（一）概念诠释

脑机接口（Brain Computer Interface，BCI），也称作"脑机融合感知"或"大脑端口"，这项研究主要通过在大脑与外部设备间建立连接通道，使人直接通过脑来表达想法或操纵设备[1]。脑机接口的研究涉及神经科学、神经工程、认知科学、材料科学、人工智能等学科。技术实现上，脑机接口的实现步骤分为以下四步：采集信号、数据编码处理、再编码、执行反馈。采集信号的实现方式又分为以下三种：侵入式、部分侵入式、非侵入式[2]。

---

[1] 杨帮华，颜国正，丁国清，于莲芝. 脑机接口关键技术研究[J]. 北京生物医学工程，2005(04):308-310+315.

[2] Vaughan Theresa M, Heetderks William J, Trejo Leonard J, Rymer William Z, Weinrich Michael, Moore Melody M, Kübler Andrea, Dobkin Bruce H, Birbaumer Niels, Donchin Emanuel, Wolpaw Elizabeth Winter, Wolpaw Jonathan R. (*Brain-computer interface technology: a review of the Second International Meeting*)[J]. IEEE transactions on neural systems and rehabilitation engineering : a publication of the IEEE Engineering in Medicine and Biology Society,2003,11(2).

（二）发展现状及趋势

脑机接口这个概念近年来话题度飙升，2019年9月，Facebook 计划收购脑机接口创企 CTRL-Labs，将它并入自己旗下的"现实实验室"（Reality Lab Division），该实验室主要从事虚拟现实和增强现实应用的相关研发。2019年7月，埃隆·马斯克宣布神经科学初创企业 Neuralink 研发的"神经织网"成功实现人机意念控制。除了 Neuralink、Facebook 这样的科创巨头们纷纷开始行动外，越来越多的初创公司已经加入研发阵营。人机交互初创公司 NextMind 目前正在开发的一种非侵入性无创脑电图（EEG）读取分析装置，在 CES 2020 上获得了"VR/AR 最佳创新奖"和"可穿戴技术荣誉奖"，这个装置可用于控制电脑、移动设备还有 VR/AR 头显等（如图 10-2-11 所示）。

图 10-2-11　NextMind 2020 年 1 月 CES 上展示的开发者套件

脑电波的概念诞生于上世纪 20 年代，它的出现开启了人类对于脑机接口技术想象的大门，经历漫长发展期到了 60、70 年代，脑机接口的概念才逐渐成形；21 世纪初，随着脑电波检测技术的进步，脑机接口技术有了新的突破，相关企业迸发出生机，热度不断攀升。新技术的成型，需要时间来积淀，也需要商业化的蓝图来推动。虽然脑机接口技术尚面临许多难题，但至少它在一些领域体现出了应用价值，比如医疗上应用于治疗癫痫、中风等疾病；在非医疗领域应用于自动驾驶、故障警报等应用场景，都体现出脑机接口技术走向产业化、商业化的可能性。

联合市场研究公司（Allied Market Research）的数据显示，2020 年脑机接口的市场规模将达到 14.6 亿美元，从脑机接口可影响到的应用领域来看，不论是医疗、教育还是消费，都将带来远超于十几亿美金的巨额市场空间。虽然目前绝大部分脑机接口研究仍处于理论研究或小范围实验阶段，距离投入应用还有一定的距离，但至少对输入端而言，近年来业界已经在"读取大脑"方面取得了进步，脑机接口技术影响下 VR 交互的未来面貌已经开始显露。

神经网络科学领域在过去十年间进步显著，我们对大脑理解和反馈信息的方式有了更细致的了解。与此同时，新的人工智能研究也在不断提升我们将语言变成数据、文本的能力。放眼国内外，科创公司进行的研发项目层出不穷，它们所描绘的脑机接口技术如同科幻小说里描述的那样美好，笔者相信在不久的未来里，脑机接口会与 AR/VR 糅合在一起，脑机接口领域一定还会有更多令人兴奋的突破。

参考资料

一、专著

1. [英]奥尔德斯·赫胥黎. 美丽新世界[M]. 陈超译. 上海：上海译文出版社，2017.
2. 刘丹. VR 简史：一本书读懂虚拟现实[M]. 北京：人民邮电出版社，2016.
3. 杨栗洋，陈建英，曾华林，等. VR 战略：从虚拟到现实的商业革命[M]. 北京：中国铁道出版社，2017.
4. [美]吉姆·布拉斯科维奇[美]杰里米·拜伦森. 虚拟现实：从阿凡达到永生[M]. 辛江译. 北京：科学出版社，2015.
5. [英]布莱恩·温斯顿. 纪实之后：纪录片创作新趋向[M]. 王迟译. 北京：中国国际广播出版社，2017.
6. 孙红云. 真实的游戏：西方新纪录电影[M]. 北京：文化艺术出版社，2013.
7. 徐兆吉，马君，何仲，刘晓宇，等. 虚拟现实：开启现实与梦想之门[M]. 北京：人民邮电出版社，2016.
8. 赵曦. 真实的生命力：纪录片边界问题研究[M]. 北京：中国传媒大学出版社，2013.
9. 张以哲. 沉浸感：不可错过的虚拟现实革命[M]. 北京：电子工业出版社，2017.
10. [法]米歇尔·希翁. 视听：幻觉的构建[M]. 黄英侠译. 北京：北京联合出版公司，2014.
11. [法]罗兰·巴特. 显义与晦义[M]. 怀宇译. 北京：中国人民大学出版社，2018.
12. [法]米歇尔·希翁. 声音[M]. 张艾弓译. 北京：北京大学出版社，2013.
13. 王文斌. 电影现象学引论[M]. 北京：中国社会科学出版社，2018.
14. [美]斯凯·奈特. 虚拟现实：下一个产业浪潮之巅[M]. 仙颜信息技术译. 北京：中国人民大学出版社，2016.
15. 安福双，钟建辉. 互联网下一站：5G 与 AR/VR 的融合[M]. 北京：电子工业出版社，2020.

二、论文

1. 喻国明，杨雅. 5G时代：未来传播中"人—机"关系的模式重构[J]. 新闻与传播评论，2020（1）.

2. 张梦雨，黄心渊. 基于移动设备的全景影片交互叙事研究——以Google Spotlight Stories影片Buggy Night为例[J]. 当代电影. 2017（5）.

3. 刘书亮. 移动端自由视角全景影片的美学形态分析——以Google Spotlight Stories的四部影片为例[J]. 现代电影技术. 2016（5）.

4. 田丰，傅婷辉，吴丽娜. VR电影与传统电影叙事时空比较研究[J]. 北京电影学院学报，2020（11）.

5. 韩旭，曲丹. 增强现实/虚拟现实头戴显示专利分析[J]. 河北工业科技，2017，34（05）.

6. 邹博超，刘越，郭玫. 立体图像及显示舒适度评价方法研究进展[J]. 计算机辅助设计与图形学学报，2018，30（09）.

7. 高源，刘越，程德文，王涌天. 头盔显示器发展综述[J]. 计算机辅助设计与图形学学报，2016，28（06）.

8. 聂云峰，相里斌，周志良. 光场成像技术进展[J]. 中国科学院研究生院学报，2011.

9. 刘琼梅，谌艳春. 主动视觉研究的进展与展望[J]. 武汉理工大学学报：信息与管理工程版，2009（04）.

10. 廖媠婧. 文本符号的重构与应用——VR新闻的真实性问题探讨[J]. 出版广角，2020（13）.

11. 华维慧. 从诠释到具身：虚拟现实技术对新闻真实的再生产[J]. 新闻界，2020（11）.

12. 生奇志. 美国广播公司（ABC）移动VR沉浸式报道策略[J]. 编辑之友，2020（10）.

13. 范广斌. 虚拟现实技术在传媒业的应用与未来发展[J]. 传媒，2020（06）.

14. 张伟浩. VR视频新闻的中国化尝试与反思[J]. 青年记者，2019（19）.

15. 刘海鹏. 虚拟现实对新闻传播业的影响探析[J]. 青年记者，2019（35）.

16. 彭兰. 移动化、智能化技术趋势下新闻生产的再定义[J]. 新闻记者，2016（01）.

17. 速途研究院. 2017上半年虚拟现实行业分析报告[J]. 互联网天地，2017（09）.

18．王扬，尚烨，邓扬. 中国"出版+VR/AR"融合发展研究报告[J]. 中国传媒科技，2018（11）.

19．工信部. 到 2025 年虚拟现实产业整体实力进入全球前列[J]. 传感器世界，2019（01）.

三、行业研究报告

1．中国虚拟现实（VR）行业研究报告. 艾瑞咨询. 2016 年.

2．国内 VR 企业案例报告-软件侧. 艾瑞咨询. 2016 年.

3．国内 VR 企业案例报告-硬件侧. 艾瑞咨询. 2016 年.

4．中国 VR 营销趋势前瞻报告. 艾瑞咨询. 2016 年.

5．VR 影视行业简析. 艺恩上海分公司. 2016 年.

6．了解 VR 的一切. 德意志银行. 2016 年.

7．中国虚拟现实（VR）行业研究报告-市场数据篇. 艾瑞咨询. 2017 年.

8．中国 VR/AR 产业发展报告（2017）. 吴静. 两岸创意经济研究报告（2018）. 2018（09）.

9．虚拟（增强）现实白皮书（2018）. 中国信息通信研究院，华为技术有限公司，京东方科技集团股份有限公司. 2019 年 1 月.

10．2018 年 VR/AR 市场数据. 中国电子信息产业发展研究院. 2019 年 10 月.

11．虚拟现实产业发展白皮书（2019 年）. 赛迪智库电子信息研究所，虚拟现实产业联盟. 2019 年 10 月.

12．虚拟现实（VR）体验标准技术白皮书. 中关村现代信息消费应用产业技术联盟视频体验工作委员会（视频体验联盟）. 2019 年.

13．虚拟现实产业发展白皮书. 赛迪智库电子信息研究所虚拟现实产业联盟. 中国计算机报. 2019 年 11 月 25 日第 008 版.

14．虚拟现实医疗应用白皮书（2019 年）. 吴阶平医学基金会，虚拟现实产业联盟，赛迪智库电子信息研究所. 2019 年 10 月.

15．虚拟现实终端检测白皮书（2019 年）. 赛迪智库电子信息研究所，虚拟现实产业联盟，南昌北京理工大学虚拟现实标准检测与评测中心，南昌虚拟现实检测技术有限公司，未来映像高精尖创新中心. 2019 年 10 月.

16．张锐，刘晓红. 中国"VR+影视"产业发展报告（2017）. 科学出版社，2017 年.

后 记

历时近四年，《视听媒体虚拟现实作品内容创作研究》书稿终于完成，在本书写作过程中，世界范围内，虚拟现实技术快速发展、产业兴衰风云变幻，经历了一定的起伏，但总体还是向前、向好发展。人们开发新技术、新产品试图满足人类更多的物质和精神需求，但新技术、新产品的出现往往又会使更高层次的新问题浮出水面，然后人们继续研发新技术、新产品再去解决新出现的问题……人类就是在这样的循环往复中不断进步！

《视听媒体虚拟现实作品内容创作研究》是一个需要将技术和艺术、制作与创作高度结合的前沿题目，需要查阅多方面的研究资料，关注国内外最新的实践案例，并随着客观现实的发展不断更新。

目前，虚拟现实技术的实际应用还处于早期阶段，我们的研究成果也只是近年来虚拟现实技术在"视听媒体"领域应用的阶段性成果，对于其未来发展，我们会持续关注。

本项目研究和书稿写作由多名成员共同完成，是集体智慧的结晶。中国传媒大学新闻传播学部电视学院郭艳民教授是本项目的负责人，撰写了第一、二、四、五、六章文稿等内容，并负责全书文稿的统稿；中国传媒大学继续教育学院实习实践部主任张宁讲师撰写了第三、七、八章文稿；英国爱丁堡大学声音设计专业（MSc in Sound Design）理学硕士、中国传媒大学广播电视学博士丁阳和巴黎第一大学在读博士王兆谷共同撰写了第九章文稿；中国传媒大学广播电视工程专业工学学士、电视编导专业硕士裴晓曦撰写了第十章文稿。

在本项目研究和书稿写作过程中，我们还得到了北京极光科技有限公司金楷（张伟）先生、星云环影科技有限公司史鹏飞先生、北京蝉鸣视觉科技有限公司韩贤明先生等朋友的帮助和支持，在此，一并表示感谢。